法学课程思政案例系列教材

丛书主编 夏锦文 李炳烁

纪检监察学
课程思政案例教程

夏 民 吕 霞 主编

江苏大学出版社
JIANGSU UNIVERSITY PRESS

镇 江

图书在版编目(CIP)数据

纪检监察学课程思政案例教程 / 夏民,吕霞主编
. -- 镇江:江苏大学出版社,2024.7
ISBN 978-7-5684-2124-9

Ⅰ.①纪… Ⅱ.①夏… ②吕… Ⅲ.①高等学校-思
想政治教育-教案(教育)-中国 Ⅳ.①G641

中国国家版本馆 CIP 数据核字(2024)第 053613 号

纪检监察学课程思政案例教程

Jijian Jianchaxue Kecheng Sizheng Anli Jiaocheng

主　　编/夏　民　吕　霞
责任编辑/夏　　冰
出版发行/江苏大学出版社
地　　址/江苏省镇江市京口区学府路 301 号(邮编:212013)
电　　话/0511-84446464(传真)
网　　址/http://press.ujs.edu.cn
排　　版/镇江文苑制版印刷有限责任公司
印　　刷/镇江文苑制版印刷有限责任公司
开　　本/718 mm×1 000 mm　1/16
印　　张/14.75
字　　数/275 千字
版　　次/2024 年 7 月第 1 版
印　　次/2024 年 7 月第 1 次印刷
书　　号/ISBN 978-7-5684-2124-9
定　　价/65.00 元

如有印装质量问题请与本社营销部联系(电话:0511-84440882)

丛书序言

夏锦文

　　"课程思政"的理念主要起源于 2016 年 12 月召开的全国高校思想政治工作会议。习近平总书记在这次会议上高瞻远瞩地指出："要用好课堂教学这个主渠道，思想政治理论课要坚持在改进中加强，提升思想政治教育亲和力和针对性，满足学生成长发展需求和期待，其他各门课都要守好一段渠、种好责任田，使各类课程与思想政治理论课同向同行，形成协同效应。"这段论述深刻地阐明了思想政治理论课与其他专业课程在高校思想政治教育工作中的任务分工，改变了人们长期存在的刻板印象——思想政治教育仅仅是马克思主义学院思政课的功能，仅仅是思政教师的职责。自此，"课程思政"理论逐步被高等教育界广泛接纳，课程思政实践逐步演化成专业课教师的自觉行动，包括法学在内的课程思政实践探索在全国各大高校如火如荼地展开。2020 年 5 月，教育部出台《高等学校课程思政建设指导纲要》，为课程思政建设和实践提供了指引。

　　法学专业承担着非常重要的课程思政任务，即以习近平法治思想为指引，从"培养什么人、怎样培养人、为谁培养人"这一根本问题出发，以新时代高素质法治人才培养为导向，将思想政治教育有机地融入法学专业课程的知识讲解和技能传授。法学专业也具有丰富的课程思政资源，例如法理学中的社会主义法治理念、中国法律史中的中华优秀传统法律文化、宪法中的时代精神和民族精神、民法中的诚实守信和意思自治原则、刑法中的实体正义和平等原则、刑事诉讼法中的程序正义和人权保障理念等。法学专业的教

　　序言作者为中国法学会法理学研究会副会长、江苏省法学会法学教育研究会会长、江苏省社科名家、国家教学名师。

师需要运用科学的方法，把这些课程思政资源发掘好、整理好、运用好。

近年来，江苏大学法学院在课程思政方面做了大量的工作，成果先后入选江苏省高校课程思政示范课程名单、江苏普通本科高校课程思政典型案例名单，承担江苏省教育科学"十四五"规划课题、江苏高校新文科研究与改革实践省级重点培育项目等课程思政研究课题。在此基础上，江苏大学法学院策划出版了"法学课程思政案例系列教材"。这套教材共5册，分别为《理论法学课程思政案例教程》《经济法学课程思政案例教程》《民商法学课程思政案例教程》《刑事法学课程思政案例教程》《纪检监察学课程思政案例教程》，共122个主讲案例。其中，《理论法学课程思政案例教程》涉及法理学、法史学、行政法与行政诉讼法等内容，《经济法学课程思政案例教程》涉及消费者权益保护法、反垄断法、劳动法、证券法、税法等内容，《民商法学课程思政案例教程》涉及《中华人民共和国民法典》中的总则、物权、合同、婚姻家庭、继承部分，以及公司法、破产法、保险法、票据法等内容，《刑事法学课程思政案例教程》涉及刑法总则和分则中的危害国家安全罪、危害公共安全罪、走私罪、金融诈骗罪、侵犯财产罪、贪污贿赂罪等内容。由以上内容可见，这套教材涵盖了目前法学专业教学中的大部分课程和大部分常见、常用的部门法，为其广泛应用奠定了坚实的基础。此外，江苏大学法学院基于近年来在纪检监察学领域的实践探索，组织编写了《纪检监察学课程思政案例教程》，该教材作为"法学课程思政案例系列教材"的分册之一，包含违反中央八项规定精神、违反党的六大纪律、职务违法、职务犯罪等方面的案例，是全国范围内具有首创意义的纪检监察学教材。

这套教材具有较强的实用性。体例上，主要以案例为单元，将法学知识与思政教育融入案例，每个篇章大体上分为"知识点提要""案例介绍""案例分析""课程思政解读""问题拓展讨论""阅读文献推荐"等部分。内容严格按照"马工程"教材所列知识点展开，既有根据核心知识点进行的课程思政案例解读及分析讨论，又有关于知识点的课外拓展。所以，这套教材能够与现在普遍使用的"马工程"教材配套使用。

前述内容即为"法学课程思政案例系列教材"出版之背景、理念、宗旨和丛书的内容、特点。我们将进一步致力于法学课程思政的理论研究和实践探索，不断挖掘法学教育中的课程思政资源，创新法学人才培养中课程思政的教学方法，为我国法学教育汇聚智慧和力量，为高水平法治人才培养拓展更广阔的发展空间。

前言

PREFACE

"纪检监察学"是法学门类下的一门新兴学科，有着自身独特的学科体系、学术体系和话语体系。该学科的发展离不开习近平新时代中国特色社会主义思想的科学指引，植根于中国特色社会主义的纪检监察实践，政治性和实践性是其鲜明的学科品格。在纪检监察人才培养中引入案例教学，在案例教学中融入思政元素，是提升纪检监察人才培养质量的有效途径。

党的十八大以来，纪检监察领域发生了历史性变革，取得了历史性成就。各级纪检监察机关以全面从严治党永远在路上的坚定执着，积极作为，以严的基调、严的措施、严的氛围，有力查处了一批具有典型意义的违纪违法腐败案件，为本书的编写提供了鲜活的素材。本书系统梳理了党员干部和公职人员的违纪违法行为，围绕违反中央八项规定精神、违反党的六大纪律、职务违法、其他违法行为及职务犯罪等方面的典型案例，通过案例相关知识点提要、课程思政解读、案例使用设计、问题拓展讨论及阅读文献推荐等，为纪检监察人才的培养提供案例剖析、课程教学、文献阅读的实践素材。

本书的编写工作始于 2023 年年初，如无特殊说明，书中引用的《中国共产党纪律处分条例》为 2018 修订版，引用的《领导干部个人有关事项报告查核结果处理办法》为 2017 年印发，特此说明。

本书第一章"违反中央八项规定精神的警示"由夏民执笔,第二章"违反党的六大纪律的警示"由吕霞、徐涛、邓宏伟、陈曦执笔,第三章"职务违法的警示"由刘立明、郑淑珺执笔,第四章"公职人员其他违法行为的警示"由苏翔执笔,第五章"职务犯罪的警示"由李永卉、江雪松执笔。单毅君、张颖祺负责全书的统稿工作。

目 录
CONTENTS

第一章
违反中央八项规定精神的警示

! 一、知识点提要

1. 中央八项规定

2012 年 12 月 4 日，党的十八大闭幕不到一个月，习近平总书记主持召开十八届中央政治局会议，审议通过了《十八届中央政治局关于改进工作作风、密切联系群众的八项规定》，即中央八项规定。该规定从改进调查研究、精简会议活动、精简文件简报、切实改进文风、规范出访活动、改进警卫工作、改进新闻报道、严格文稿发表、厉行勤俭节约等八个方面为中央政治局的同志立下规矩。

2017 年 10 月 27 日，党的十九大闭幕刚 3 天，习近平总书记主持召开十九届中央政治局会议，审议通过了《中共中央政治局贯彻落实中央八项规定的实施细则》，该细则巩固和拓展了落实中央八项规定精神的成果，对相关内容进一步作出细化完善。

2022 年 10 月 25 日，党的二十大闭幕仅 3 天，习近平总书记主持召开二十届中央政治局会议，会议除研究部署学习宣传贯彻党的二十大精神之外，一项重要议程是审议《中共中央政治局贯彻落实中央八项规定实施细则》。

2. 中央八项规定精神

中央八项规定是中共中央为了规范政治局成员作风建设所出台的八条纪律要求。中央八项规定出台后，在全国范围内具有导向作用，各级党组织要向中央树立的标杆看齐。根据中央八项规定，各地各部门也制定了自身的具体规定。如《中央军委加强自身作风建设的十项规定》及各省（自治区、直辖市）出台的相关规定等，这些规定均属于落实中央八项规定精神的细则。所以，对广大党员领导干部来说，一旦违反，违反的是中央八项规定精神，而不是中央八项规定。

3. 违反中央八项规定精神的通报

《中国共产党问责条例》规定，通报既是对党组织的问责方式，也是对党员领导干部的问责方式。为抓好中央八项规定精神的落实，各级纪检监察机关相继建立了对违反中央八项规定精神的通报制度，对违反中央八项规定精神的行为一律指名道姓通报曝光。正人先正己，打铁还须自身硬。中央纪委专门制定了《关于公开曝光纪检监察干部违反中央八项规定精神案件的通知》，要求对违反中央八项规定精神并受到党纪政纪处分的各级纪委委员、纪检监察机关干部，各人民团体、国有企业事业单位和金融机构从事纪检监察工作的干部，在中央纪委监委网站公开曝光，内容包括违纪人的姓名、单位、职务职级、主要违纪事实和处理结果。2024 年 1 月 28 日，中央纪委国家监委连续第 124 个月公布全国查处违反中央八项规定精神问题月报数据。

4. 违反中央八项规定精神的数据统计

2018 年 9 月和 2019 年 6 月，中央纪委办公厅先后印发《关于贯彻落实习近平总书记重要指示精神 集中整治形式主义、官僚主义的工作意见》和《关于贯彻习近平总书记重要指示批示精神 深入落实中央八项规定精神的工作意见》；2019 年 6 月，中央纪委国家监委案件审理室专门发出通知，要求在审理报告、处分决定等审理文书中，将形式主义、官僚主义问题在"违反中央八项规定精神"问题中单列表述并处理到位。如果将违反群众纪律、工作纪律等问题认定为形式主义、官僚主义，应该在纪检监察文书的"违反中央八项规定精神"问题中予以单列表述。但如果依照《中国共产党纪律处分条例》第五十条的规定，将某一问题认定为违反政治纪律，则不宜重复认定为"违反中央八项规定精神"，但在汇总"查处违反中央八项规定精神问题"统计数据时，仍应纳入形式主义、官僚主义问题予以统计。

二、主讲案例介绍

贺某在新冠疫情防控工作中搞形式主义、官僚主义问题案

【基本案情及处理结果】

贺某，中共党员，某县国有农场主要负责人。2020年2月，该县为防控新冠疫情，给各单位配发了电子测温计、消毒物品等防疫物资，要求安排专人对进出人员和车辆逐一进行查证、测温和登记，对公共区域定期进行消杀，并向单位职工及时下发防疫物资。此后，贺某召开会议传达了相关要求，派人领取了防疫物资、制作了进出人员和车辆登记表，并安排2名同志在门岗处值守。贺某认为上述工作已经落实了疫情防控要求，遂不再过问具体执行情况，也未对疫情防控工作的实际开展情况进行检查。2月20日晚7时左右，该县纪委监委疫情防控监督检查组在实地检查中发现，该农场存在门岗处值守人员脱岗、未在门岗处配备电子测温计和消毒防疫物品、未按规定对人员和车辆进出情况进行检查登记、带班领导对疫情防控工作要求不了解等问题，随即要求进行整改。2月21日，贺某在未认真核实整改情况也未进行集体研究的情况下，直接签批并向县纪委监委监督检查组报送了《整改报告》，称存在的问题已全部整改到位。2月26日下午5时左右，县纪委监委监督检查组再次进行实地检查，发现该农场仍然存在未对出入人员和车辆进行检查登记、电子测温计存放在储藏室、门岗处无人值守等问题，导致疫情防控工作存在严重隐患。5月16日，该县纪委经审查，认定贺某作为农场主要负责人对疫情防控工作仅做了一般性安排，未及时督促抓好落实，工作浮在表面、流于形式，造成不良影响和严重隐患，应负主要领导责任，决定给予其党内警告处分。

【案情分析】

本案中形成了如下两种不同意见：

第一种意见认为，贺某作为农场主要负责人，工作中不负责任，疏于管理隐患，应认定为违反工作纪律。

第二种意见认为，贺某作为农场主要负责人，虽然召开会议传达了工作要求、领取了防疫物资、制作了登记表并安排了值守人员，但仅仅是以会议落实会议、以文件落实文件，在实际工作中没有见诸行动，防疫物资未按规定保管使用，所谓的登记表、值守人员和防控措施也都是流于形式，是用形式上的"表面文章"代替扎扎实实的落实，造成严重隐患，应认定为形式主义、官僚主义。

第二种意见正确。形式主义、官僚主义的特点是"虚""浮",不实事求是。从本案所表现出来的现象看,贺某确实存在不正确履行职责的问题;但究其问题本质,则是不担当不作为,工作作风漂浮、不严不实,暴露出贺某政绩观错位、责任心缺失、满足于做表面文章等突出问题,是形式主义、官僚主义问题的典型表现。

三、课程思政解读

1. 中央八项规定精神是全面从严治党的重要举措

党的十八大以来,以习近平同志为核心的党中央把全面从严治党纳入"四个全面"战略布局,从制定和落实中央八项规定开局破题,提出和落实新时代党的建设的总要求,持之以恒正风肃纪,开展史无前例的反腐败斗争,打出一套自我革命的组合拳,找到了跳出治乱兴衰历史周期率的"第二个答案",党的自我净化、自我完善、自我革新、自我提高能力显著增强,管党治党宽松软状况得到根本扭转,引领保障党和国家事业取得历史性成就、发生历史性变革,中华民族伟大复兴进入了不可逆转的历史进程。中国共产党是在马克思主义建党学说指导下、按照民主集中制原则建立起来的世界最大政党,历史久、人数多、规模大,既有办大事、建伟业的巨大优势,也面临治党治国的特殊难题。解决好"如何始终不忘初心、牢记使命""如何始终统一思想、统一意志、统一行动""如何始终具备强大的执政能力和领导水平""如何始终保持干事创业精神状态""如何始终能够及时发现和解决自身存在的问题""如何始终保持风清气正的政治生态"等难题,是实现新时代新征程党的使命任务必须迈过的坎,是全面从严治党适应新形势新要求必须啃下的硬骨头。在新时代新征程上,只有一刻不停推进全面从严治党,健全全面从严治党体系,才能永葆百年大党的旺盛生命力和强大战斗力。

2. 中央八项规定精神是作风建设的有力抓手

从十八届中央政治局一开始就为作风建设立下规矩,到十九届中央政治局第一次会议、二十届中央政治局第一次会议,均研究同样内容并进一步深化细化,释放出的正是一以贯之贯彻落实中央八项规定,将作风建设进行到底的鲜明信号。以习近平同志为核心的党中央从制定出台八项规定破题,以上率下推进全党作风建设不松劲、不停步、再出发,刹住了一些长期没有刹住的歪风，纠治了一些多年未除的顽瘴痼疾，使党风政风焕然一新，社风民风持续向好，让人民群众看到了实实在在的成效和变化。国家统计局2019年11月进行的民情民意电话调查显示，98.3%的受调查对象肯定党中央带头贯彻执行中央八项规定及其实施细则精神的情况，96.5%的受调查对象满意中央八项规定及其实施细则精神贯彻执行的总体成效，97.3%的受调查对象对党风、政风和社风好转表示满意。作风建设这一金色名片越擦越亮，深入人心。

3. 作风建设必须常抓不懈

作风建设不可能一蹴而就、毕其功于一役，必须坚决落实党中央关于作风建设的各项部署，坚持"马不离鞍、缰不松手"，反复抓、抓反复，决不能有松劲歇脚、疲劳厌战情绪，继续在常和长、严和实、深和细上下功夫，驰而不息落实中央八项规定精神，不断把作风建设引向深入。当下必须坚持严字当头，以钉钉子精神纠治突出问题。落实中央八项规定精神虽然取得显著成效，但不正之风具有顽固性、复杂性。不作为乱作为等形式主义、官僚主义仍较突出，违规收送礼品礼金、违规吃喝等享乐奢靡问题易发多发，快递送礼、借培训考察之名公款旅游等隐形变异现象凸显，一些不正之风与腐败问题相互交织、催生助长，稍有松懈就会反弹回潮，甚至死灰复燃。必须时刻保持清醒坚定，把严的基调长期坚持下去，持续深化纠治"四风"，重点纠治形式主义、官僚主义，坚决破除特权思想和特权行为，巩固拓展享乐主义、奢靡之风治理成果。要准确把握作风建设地区性、行业性、阶段性特点，找准作风问题的突出表现和新情况新动向，深化整治顽瘴痼疾，深挖细查隐形变异、风腐一体问题，要善于见微知著，及时防治苗头倾向现象，一个问题一个问题解决，推动作风建设持续走深走实。各级纪检监察机关要创新组织制度和监督制度，带头强化自我监督，对存在的"四风"问题要敢于瞪眼、敢于红脸，从严执纪、不留情面。公开曝光是坚持、巩固和深化作风建设的重要举措，是强化监督的制度创新，是党务公开的实践探索。要建立公开曝光常态化制度，发挥党内和人民群众的监督作用，形成有力震慑、使之"不敢"的氛围。踏上新的赶考之路，必须始终把中央八项规定作为长期有效的铁规矩、硬杠杠，不折不扣贯彻党中央决策部署，守正创新、奋楫笃行，推动作风建设高质量发展，为实现党在新时代的使命任务提供坚强作风保障。

四、案例使用设计

1. 夏某违规操办其子婚庆事宜案

【基本案情及处理结果】

夏某，中共党员，某乡副乡长。2020年9月，夏某在其子结婚时邀请该乡政府5名下属参加婚宴，收受该5名下属所送礼金2.5万元。经查，夏某与上述5名下属没有礼尚往来。同时，夏某还邀请25名亲属参加婚宴，收取礼金3万元。夏某受到党内严重警告、政务记大过处分，违规收受的2.5万元礼金被收缴。

【案情分析】

《中国共产党纪律处分条例》第九十一条所规定的"利用职权或者职务上的影响"，既包括利用本人职务上主管、负责、承办某项公共事务的职权，也包括利用职务上有隶属、制约关系的其他人员的职权，以及行为人与被其利用的人员之间在职务上虽然没有隶属、制约关系，但是行为人利用了本人职权或者地位产生的影响和一定的工作联系。判断是否属于"利用职权或者职务上的影响"，一般来说，应审查核实党员干部是否使用本单位或者下属单位、管理服务对象、业务联系单位的财物、场地、交通工具等物资，是否邀请本单位或者下属单位、管理服务对象、业务联系单位的人员参加，等等。在本案中，夏某作为副乡长，邀请与其没有礼尚往来的5名下属参加其子婚宴并收受礼金2.5万元，可以认定为"利用职权或者职务上的影响"操办婚庆事宜。需要指出的是，夏某还邀请了部分亲属参加婚宴，经审查核实，这些人和夏某之间不存在职务上的隶属、制约关系，不是其管理服务对象，所送礼金数额也没有明显超出正常的礼尚往来水平，对于这部分情节不宜认定为违纪违法。

2. 王某组织公款吃喝并违规接受宴请案

【基本案情及处理结果】

王某，中共党员，某县住房和城乡建设局局长。2021年2月19日晚，王某召集本单位5名干部在该县某酒店聚餐，要求按照人均1000元的标准安排餐饮，所花费的6000元以公车加油费、维护保养费等名目列入该局

"三公"经费中予以报销。同年 3 月 21 日晚,王某在该县房地产开发商张某经营的日本料理店接受宴请,享受每人定价 1888 元的套餐。王某受到党内严重警告处分,被责令退赔公款吃喝费用 1000 元,被收缴接受可能影响公正执行公务的宴请费用 1888 元。同时,参加公款吃喝的其他 5 名干部受到了批评教育,并被责令退赔相关费用 5000 元。

【案情分析】

本案中,王某的违规吃喝问题主要表现在两个方面:一是按照《中国共产党纪律处分条例》第一百零三条的规定,王某"违反有关规定组织、参加用公款支付的宴请";二是按照《中国共产党纪律处分条例》第九十二条的规定,王某"接受可能影响公正执行公务的宴请"。实践中,对于这两个问题都应认定为违反中央八项规定精神。在涉案财物处置上,纪检监察机关根据具体案情,在准确认定王某应负担的公款吃喝费用和接受私营企业主宴请时所对应的餐饮费用的基础上,责令王某退赔公款吃喝的相关费用 1000 元,收缴王某接受私营企业主宴请的费用 1888 元。同时,参加公款吃喝的其他 5 名干部受到了批评教育,并被责令退赔相关费用。上述处理区分了党员领导干部和普通党员干部在违规吃喝问题中的责任大小,对王某作为党员领导干部的处理力度更大,既体现了执纪工作的精准性,又对其他 5 名干部起到了教育警示作用,取得了较好的执纪效果。

五、问题拓展讨论

中共中央办公厅(以下简称"中办")、国务院办公厅(以下简称"国办")、中共中央纪律检查委员会(以下简称"中纪委")等部委先后出台了 30 多项廉政新规落实中央八项规定精神,各省、市、县也相继出台了办法、规定。各地都高度重视中央八项规定精神的落实,对违反中央八项规定精神的问题一律从严处理并通报曝光。为更好地将中央八项规定精神落到实处,现全面梳理违反中央八项规定精神问题的类型,将其共分为十类。

1. 违反公务接待管理规定的行为

表现形式:一是超标准、超范围接待;二是借公务接待之机大吃大喝;三是没有实际公务活动的公款吃喝。

党规党纪:

《中国共产党纪律处分条例》第一百零六条：违反公务接待管理规定，超标准、超范围接待或者借机大吃大喝，对直接责任者和领导责任者，情节较重的，给予警告或者严重警告处分；情节严重的，给予撤销党内职务处分。

2. 公款旅游行为

表现形式：一是用公款旅游或以学习培训、考察调研、职工疗养等为名变相公款旅游；二是改变公务行程，借机旅游；三是以各种名义变相用公款出国（境）旅游。

党规党纪：

《中国共产党纪律处分条例》第一百零五条：有下列行为之一，对直接责任者和领导责任者，情节较轻的，给予警告或者严重警告处分；情节较重的，给予撤销党内职务或者留党察看处分；情节严重的，给予开除党籍处分：

（一）公款旅游或者以学习培训、考察调研、职工疗养等为名变相公款旅游的；

（二）改变公务行程，借机旅游的；

（三）参加所管理企业、下属单位组织的考察活动，借机旅游的。

以考察、学习、培训、研讨、招商、参展等名义变相用公款出国（境）旅游的，依照前款规定处理。

3. 违反公务用车管理规定的行为

表现形式：一是违规配备、购买、更换、装饰、使用公务车辆（如公车超标、公车私用等）；二是其他违反公务用车管理规定的行为（如换用、借用、占用下属单位或者其他单位和个人的车辆，接受企业和个人赠送的车辆，以公务交通补贴的名义变相发放福利，公务人员既领取公务交通补贴，又违规乘坐公务用车等）。

党规党纪：

《中国共产党纪律处分条例》第一百零七条：违反有关规定配备、购买、更换、装饰、使用公务交通工具或者有其他违反公务交通工具管理规定的行为，对直接责任者和领导责任者，情节较重的，给予警告或者严重警告处分；情节严重的，给予撤销党内职务或者留党察看处分。

4. 违规收礼、送礼行为

表现形式：一是收受可能影响公正执行公务的礼品、礼金、消费卡等；

二是收受其他明显超出正常礼尚往来的礼品、礼金、消费卡等；三是向从事公务的人员及其配偶、子女及其配偶等亲属和其他特定关系人赠送明显超出正常礼尚往来的礼品、礼金、消费卡等；四是用公款购买赠送、发放礼品。

党规党纪：

《中国共产党纪律处分条例》第八十八条：收受可能影响公正执行公务的礼品、礼金、消费卡和有价证券、股权、其他金融产品等财物，情节较轻的，给予警告或者严重警告处分；情节较重的，给予撤销党内职务或者留党察看处分；情节严重的，给予开除党籍处分。

收受其他明显超出正常礼尚往来的财物的，依照前款规定处理。

《中国共产党纪律处分条例》第八十九条：向从事公务的人员及其配偶、子女及其配偶等亲属和其他特定关系人赠送明显超出正常礼尚往来的礼品、礼金、消费卡和有价证券、股权、其他金融产品等财物，情节较重的，给予警告或者严重警告处分；情节严重的，给予撤销党内职务或者留党察看处分。

5. 违规操办婚丧喜庆等事宜的行为

表现形式：一是利用职权或者职务上的影响操办婚丧喜庆事宜，在社会上造成不良影响；二是在操办婚丧喜庆事宜中，借机敛财或者有其他侵犯国家、集体和人民利益的行为。

党规党纪：

《中国共产党纪律处分条例》第九十一条：利用职权或者职务上的影响操办婚丧喜庆事宜，在社会上造成不良影响的，给予警告或者严重警告处分；情节严重的，给予撤销党内职务处分；借机敛财或者有其他侵犯国家、集体和人民利益行为的，从重或者加重处分，直至开除党籍。

6. 违规发放津补贴或福利的行为

表现形式：一是巧立名目乱发钱物；二是自行提高津贴补贴标准；三是借重大活动筹备或者节日庆祝之机变相向职工发放财物以及违反规定使用专项经费发放津贴补贴；四是虚报冒领财政资金发放津补贴，常用手段是虚构事实套取国有资金发放津补贴；五是违规使用工会会费发放津补贴；六是通过其他隐形变异手段违规发放津补贴。

党规党纪：

《中国共产党纪律处分条例》第一百零四条：违反有关规定自定薪酬或者滥发津贴、补贴、奖金等，对直接责任者和领导责任者，情节较轻的，给予警告或者严重警告处分；情节较重的，给予撤销党内职务或者留党察看处分；情节严重的，给予开除党籍处分。

7. **违反会议活动管理规定的行为**

表现形式：一是违规举办会议，是指违反会议管理规定，到禁止召开会议的风景名胜区开会，或者批准举办各类节日、庆典活动的行为；二是违规举办评比达标表彰活动，是指未按照规定的程序批准，擅自举办评比达标表彰活动或者借评比达标表彰活动收取费用的行为。

党规党纪：

《中国共产党纪律处分条例》第一百零八条：违反会议活动管理规定，有下列行为之一，对直接责任者和领导责任者，情节较重的，给予警告或者严重警告处分；情节严重的，给予撤销党内职务处分。

（一）到禁止召开会议的风景名胜区开会的；

（二）决定或者批准举办各类节会、庆典活动的。

擅自举办评比达标表彰活动或者借评比达标表彰活动收取费用的，依照前款规定处理。

8. **违反办公用房管理规定的行为**

表现形式：一是决定或者批准兴建、装修办公楼、培训中心等楼堂馆所；二是超标准配备、使用办公用房；三是公款包租、占用客房或者其他场所供个人使用等形式。

党规党纪：

《中国共产党纪律处分条例》第一百零九条：违反办公用房管理等规定，有下列行为之一，对直接责任者和领导责任者，情节较重的，给予警告或者严重警告处分；情节严重的，给予撤销党内职务处分。

（一）决定或者批准兴建、装修办公楼、培训中心等楼堂馆所的；

（二）超标准配备、使用办公用房的；

（三）用公款包租、占用客房或者其他场所供个人使用的。

9. **违规接受、提供宴请等活动安排的行为**

表现形式：一是接受、提供可能影响公正执行公务的宴请；二是接受、提供可能影响公正执行公务的旅游、健身、娱乐等活动安排。

党规党纪：

《中国共产党纪律处分条例》第九十二条：接受、提供可能影响公正执行公务的宴请或者旅游、健身、娱乐等活动安排，情节较重的，给予警告或者严重警告处分；情节严重的，给予撤销党内职务或者留党察看处分。

10. 其他违反中央八项规定精神的行为

表现形式：一是出入私人会所；二是违规取得、持有、实际使用运动健身卡、会所和俱乐部会员卡、高尔夫球卡等各种消费卡；三是违规组织、参加用公款支付的高消费娱乐、健身活动；四是谋求特殊待遇；五是在分配、购买住房中侵犯国家、集体利益；六是生活奢靡、贪图享乐、追求低级趣味。

党规党纪：

出现上述行为，均应对照《中国共产党纪律处分条例》的相应条款给予处理。

六、阅读文献推荐

1.《违反中央八项规定精神问题党纪政务处分实务》编写组：《违反中央八项规定精神问题党纪政务处分实务》，中国方正出版社，2022 年。

2.《落实中央八项规定精神 100 条纪律红线》编写组：《落实中央八项规定精神 100 条纪律红线》，中国方正出版社，2018 年。

3.《中央八项规定精神执纪读本》编写组：《中央八项规定精神执纪读本》，中国方正出版社，2020 年。

4.《违反中央八项规定精神案例剖析》编写组：《违反中央八项规定精神案例剖析》，中国方正出版社，2022 年。

第二章
违反党的六大纪律的警示

第一节　违反政治纪律

⚠ 一、知识点提要

掌握政治纪律的概念和基本特征，政治纪律与其他纪律的关系，违反政治纪律行为等知识点。

1. 党的政治纪律

党的纪律主要包括政治纪律、组织纪律、廉洁纪律、群众纪律、工作纪律、生活纪律。《中国共产党纪律处分条例》体现党纪严于国法，突出党纪特色，把政治纪律摆在首位，通过抓住严肃政治纪律和政治规矩这个纲，把严肃其他纪律带动起来，充分彰显了我们党坚持把纪律挺在前面、真正使纪律成为管党治党尺子的坚定决心。

党的政治纪律是维护党的政治原则、政治方向和政治路线，规范党组织和党员的政治言论、政治行动的行为准则。政治纪律在党的纪律中具有头等重要的地位，是保持党的高度统一和团结、巩固党与群众的联系、实现党的各项任务的最重要的保证。它要求党的各级组织和全体党员必须在政治上同党中央的路线、方针和政策保持高度一致，坚决贯彻执行党在社会主义初级阶段的基本路线，以经济建设为中心，坚持四项基本原则，坚持改革开放，决不允许有对抗党的路线、方针、政策和基本政治立场的言论及行动。

2. 党的政治纪律的根本要求

党依据不同时期政治任务的要求，对各级党组织和党员的政治活动和政治行为确定的基本规范，是各级党组织和党员在政治生活中必须遵守的行为准则。政治纪律要求各级党组织和党员必须在政治原则、政治立场、政治观点上同党中央保持高度一致。党组织和党员对党中央已经作出决定的重大方针和政策问题有不同意见，在坚决执行的前提下，可以经过一定的组织程序提出，但决不允许自行其是，公开发表与党的路线、方针、政策相反的言论，采取同党中央的决定、决议相违背的行动。

政治纪律是维护党的政治原则、政治方向和党的政治路线的纪律，是党的最重要的纪律。在市场经济条件下，正确执行党的政治纪律应当从以下几个方面努力：

（1）党内各级组织和全体共产党员必须坚定不移地贯彻执行党的基本路线，即坚持以经济建设为中心，坚持四项基本原则和坚持改革开放。任何背离党的基本路线的言论和行为，都是党的政治纪律所不允许的。

（2）党的思想建设、组织建设和纪律工作必须坚持贯彻执行为党的改革开放政策服务的方针。对于锐意改革的干部和群众，要采取积极支持的态度。对于在改革中出现的失误，除了严重违法乱纪必须依法处理外，都要采取疏导的方针，批评教育帮助的方针。

（3）各级党组织都要注意加强政治纪律教育，提高党员执行党的政治纪律的自觉性。

3. 违反政治纪律的行为

违反政治纪律的行为是指党的组织和党员违反党的政治纪律，危害党在政治上的高度集中统一，依照党内法规规定应当受到党的纪律追究的行为，情节严重的给予开除党籍处分。违纪主体必须是有责任能力的党员和党组织。

4. 违反政治纪律的主要特征

（1）侵犯的客体是党在政治上的高度集中统一。为了维护党和国家的安全和利益，党中央历来强调党的政治纪律，要求党的各级组织和每一个党员必须在政治上同党中央保持一致。党的历史证明，保持党在思想上、政治上的高度一致，是夺取革命、建设、改革胜利的基本条件，是党的最高利益所在。违反党的政治纪律的行为都是侵害党在政治上的高度统一的。因此，《中国共产党纪律处分条例》把党组织和党员违反党的政治纪律行为作为最严重的违纪行为加以追究和惩处。

（2）客观方面必须具有违反政治纪律要求的具体行为。政治纪律是指党的各级组织和全体党员在政治方向、政治立场、政治观点和政治活动中必须遵守的行为规范。这里的"违反政治纪律的行为"主要是指《中国共产党纪律处分条例》第六章所规定的各种违反政治纪律的行为。行为人只要实施了其中的一种行为，就具备了构成违反政治纪律行为的客观要件。

（3）违纪主体必须是有责任能力的党组织和党员。非中共党员不构成违反党的政治纪律行为的主体。

（4）主观方面可能是故意，也可能是过失。有的是故意违反了党的政治纪律，有的出于过失或不明真相违反了党的政治纪律，对于过失或不明真相的党员，可以按照规定从轻、减轻或者免予处分。

二、主讲案例介绍

某部原副部长孙某案

【基本案情及处理结果】

孙某，曾任某部副部长，2020年4月落马，2021年9月30日被开除党籍、开除公职。孙某敛财6.46亿元，2022年7月因受贿罪、操纵证券市场罪、非法持有枪支罪被判死刑缓期执行，在其死刑缓期执行二年期满依法减为无期徒刑后，终身监禁，不得减刑、假释。

经查，孙某从未真正树立理想信念，背弃"两个维护"，毫无"四个意识"，政治野心极度膨胀，政治品质极为恶劣，权力观、政绩观极度扭曲，妄议党中央大政方针，制造散布政治谣言，阳奉阴违，欺上瞒下，捞取政治资本；为实现个人政治目的，不择手段，操弄权术，在党内大搞团团伙伙，拉帮结派，培植个人势力，形成利益集团，成伙作势控制要害部门，严重破坏党的团结统一，严重危害政治安全；狂妄自大，恣意妄为，大搞特权，在抗击新冠疫情一线擅离职守，私藏私放大量涉密材料，长期搞迷信活动；使用侦查手段对抗组织审查。违背组织原则，在组织函询时不如实说明问题，大肆卖官鬻爵、安插亲信、布局人事，严重破坏政法系统政治生态；无视中央八项规定精神，生活腐化堕落，长期收受大量贵重物品，长期接受可能影响公正执行公务的宴请和高档消费娱乐活动，长期安排私营企业主租用高档寓所供其使用，长期沉溺于各种奢靡服务；毫无道德底线，大搞权色、钱色交易；极度贪婪，大肆进行权钱交易，非法收受巨额财物。

2022 年 9 月 23 日，吉林省长春市中级人民法院公开宣判孙某受贿、操纵证券市场、非法持有枪支一案，对被告人孙某以受贿罪判处死刑，缓期二年执行，剥夺政治权利终身，并处没收个人全部财产，在其死刑缓期执行二年期满依法减为无期徒刑后，终身监禁，不得减刑、假释，以操纵证券市场罪判处有期徒刑八年，并处罚金人民币一百万元，以非法持有枪支罪判处有期徒刑五年，决定执行死刑，缓期二年执行，剥夺政治权利终身，并处没收个人全部财产，在其死刑缓期执行二年期满依法减为无期徒刑后，终身监禁，不得减刑、假释；对孙某受贿犯罪所得及孳息依法予以追缴，上缴国库。

【案情分析】

孙某的重要问题是"危害政治安全"。有违反政治纪律的优先处置，违反其他纪律的也要从政治上审视，剖析其背后的政治根源。比如，作为党员领导干部，孙某"四个意识"缺失，对党中央重大决策部署阳奉阴违，丧失了规矩意识、纪律意识、法律意识。在以人身依附为底色的"小圈子"中，只要某个成员的违纪违法行为暴露出来，就会牵出利益链上勾连捆绑的各色人等。孙某及其"小圈子"从一时风光到集体落马，看似突然，实则必然。孙某等人顶风违纪，知法犯法，结党营私，搞团团伙伙，贪污受贿数额巨大，影响非常恶劣，这是一个典型的政治问题和经济问题交织的案件，是十九大以来查处的最严重的案件之一，体现了党中央对腐败分子和腐败行为"零容忍"的态度和决心。

三、课程思政解读

"孙某案"警示我们，必须坚持党的领导，一以贯之依法反腐败；必须树立法治观念，强化反腐败法治思维；必须完善反腐败法制，把权力关进"制度的笼子"；必须严格执行法律，推进反腐败依法治理；必须擦亮"以法反腐"这把利剑，对腐败分子形成有力震慑。

1. 强调政治纪律是马克思主义政党的本质特征

党的六大纪律中，政治纪律是党最根本、最重要的纪律，是维护党的团结统一的根本保证。这是由党作为一个先进政治组织的基本性质决定的，也是由政治纪律与其他纪律之间的内在关系决定的。把纪律挺在前面，首先要把政治纪律挺在前面。

党的十八大以来，以习近平同志为核心的党中央多次强调政治纪律和政治规矩的重要性，政治纪律被提升到前所未有的新高度。保证全党服从中央，维护党中央权威和集中统一领导，是党的政治建设的首要任务，是最根本的政治纪律和政治规矩。各级党组织和广大党员、干部要始终同以习近平同志为核心的党中央保持高度一致，确保全党统一意志、统一行动、步调一致向前进。

2. 严守党的政治纪律和政治规矩是继承我党优良传统的历史要求

习近平总书记说过："我们党是靠革命理想和铁的纪律组织起来的马克思主义政党，纪律严明是党的光荣传统和独特优势。"

重规矩、明纪律是中国共产党取得革命胜利、赢得民心的重要法宝，是党的凝聚力、战斗力、创造力的重要保证。严守党的政治纪律和政治规矩是中国共产党一以贯之的优良传统，党从诞生之日起，就把严明纪律写在了自己的旗帜上。党的一大通过的《中国共产党纲领》，强调每个党员和每个要求入党的人都必须承认党的纲领和政策。党的二大通过的《中国共产党章程》，首次将"纪律"单独成章。党的五大通过的党章修正案突出强调"严格党的纪律是全体党员及全体党部最初的最重要的义务"，1927年党的五大通过的《组织问题议决案》中第一次明确提出"政治纪律"概念。革命战争年代，毛泽东同志提出了"加强纪律性，革命无不胜"的著名论断；改革开放初期，邓小平同志多次强调，我们党要团结起来、组织起来，"一靠理想，二靠纪律"。党的十八大以来，习近平总书记的系列重要讲话多次强调政治纪律和政治规矩，体现了全面从严治党的高标准、严要求。

3. 严守党的政治纪律和政治规矩是全面从严治党的治本之策

党要管党，全面从严治党，就是要靠严明纪律和规矩。党的二十大报告中指出，要"以党的政治建设统领党的建设各项工作，坚持思想建党和制度治党同向发力"；加强党的政治建设，严明政治纪律和政治规矩，落实各级党委（党组）主体责任，提高各级党组织和党员干部政治判断力、政治领悟力、政治执行力。《关于新形势下党内政治生活的若干准则》强调，政治纪律是党最根本、最重要的纪律，遵守党的政治纪律是遵守党的全部纪律的基础。《中共中央关于加强党的政治建设的意见》强调，政治纪律是党最根本、最重要的纪律，是净化政治生态的重要保证。

4. 严守党的政治纪律和政治规矩是实现伟大事业的政治保证

党的十八大以来，全面建成小康社会伟大事业日益面临来自国内外的风险和挑战，更需要以严明的政治纪律和政治规矩确保正确方向、凝聚意志力量，确保各级党组织和广大党员始终同党中央保持高度一致，确保各项任务圆满完成。当前，意识形态领域斗争尖锐复杂，要确保清醒的政治头脑，不受谣言所惑、不被杂音所扰、不为暗流所动，必须严明政治纪律和政治规矩。

5. 坚定理想信念、牢记初心使命，是保持党的先进性的必然要求

思想是启明星，思想是航标灯。理想信念过硬，初心使命才会坚守住。牢记初心使命，就是要把马克思主义根植于头脑之中，使之成为自己的思想自觉、政治自觉、行动自觉，就是要把坚守初心使命、培植精神家园作为坚定的理想信念和正确的政治方向，把增强"四个意识"、坚定"四个自信"、做到"两个维护"落实到行动上，忠诚于党和人民，做到听党话、跟党走、为党分忧，永葆共产党人的政治本色。党员干部要做到自我净化，坚持用好批评和自我批评武器，刀刃向内，自觉抵制腐朽思想文化的侵蚀，自觉克服"四风"问题、特权思想和特权行为等不正之风，提高思想抵抗力和政治免疫力；要通过严格党内政治生活，严明政治纪律和政治规矩，知敬畏守法纪，与时俱进，求新求变，保持干事创业激情，敢于担当，善于担当，在政治素养、思想境界和能力提升上做到自我净化。

四、案例使用设计

1. 某市原环境监察支队支队长沙某落实党中央环境保护决策部署打折扣、搞变通案

【基本案情及处理结果】

2009 年以来，沙某在担任市环保局某分局局长、市环境监察支队支队长期间，对党中央关于生态文明建设的决策部署有令不行、有禁不止，在执法中做选择、搞变通，利用环保执法权大搞权钱交易。特别是 2016 年中央环保督察组开展督察以来，沙某作为环保执法部门负责人，对事关生态文明建设的决策部署不但不坚决贯彻落实，反而借助环保督察形成的治理环保违法问题高压态势，利用掌握的环保执法权，擅自决定对监管范围内十余家存在环境污染违法行为的企业从轻处罚、免予处罚，在环保执法过程中收受相关企业和个人所送巨额贿赂，把党和人民赋予的环保执法权变为谋取私利的工具，严重背离党中央部署要求，造成恶劣社会影响。

【案情分析】

该案是违反政治纪律和政治规矩，落实中央决策部署打折扣、搞变通的典型案件。沙某作为市环境监察支队支队长，本应在贯彻落实党中央环境保护决策部署中带好头、做表率，但其表面上坚决贯彻落实党中央决策部署，实际上却阳奉阴违、不讲党性，与党中央决策部署背道而驰，在环保执法工作中做选择、搞变通，大搞权力寻租、选择性执法，滥用手中权力，是典型的有令不行、有禁不止，造成党中央关于生态文明建设的决策部署得不到有效贯彻和执行，是典型的违反政治纪律和政治规矩的行为。

2. 某省某局原党组书记、局长杨某拉帮结派案

【基本案情及处理结果】

杨某，男，某省某局原党组书记、局长，调任省直机关之前，他在某少数民族自治州工作了30多年。

从一名普通干部逐渐成长为一名正厅级干部，杨某没有把组织的用心培养转化成为努力工作的正能量，反而凭个人好恶结成了以他为核心的"小圈子"。

"这种'圈子文化''码头文化'看似漫无目的，实则是在制造政治生态中的雾霾。"杨某在忏悔书中这样自述。团团伙伙、拉帮结派，将生活中的朋友圈政治化，形成"小圈子"，营造"小气候"，培植"小势力"，"三小"现象实际上形成了宗派主义、山头主义，影响到一个地方的政治生态。

担任某州委副书记、州长期间，杨某自行其是，当面一套、背后一套，经常在"小圈子"内非议组织决策，多次散布与自己身份不相符合的言论，发表不负责任的议论。作为政府"一把手"，他对州委重大决策部署，合意的就执行，不合意的就消极应付甚至反对。他表面上表态拥护省委对某州的人事安排决定，却在"小圈子"内非议、表达不满，把本应向组织反映的一些问题在下属中去议论，极大地影响了当地干部队伍的团结。

2017年8月，杨某受到开除党籍、开除公职处分，其涉嫌犯罪问题移送司法机关依法处理。曾经费尽心机在某大山深处藏匿的300余万元现金，最

终也被办案人员查获。

依据《中国共产党纪律处分条例》等有关规定，经某省纪委常委会会议审议并报省人大常委会会议批准，决定给予杨某开除党籍处分；经某省监察厅厅长办公会议审议并报省政府批准，决定给予其开除公职处分；收缴其违纪所得；将其涉嫌犯罪问题、线索及所涉款物移送司法机关依法处理。

【案情分析】

杨某身为党员领导干部，理想信念丧失，背离党的性质和宗旨，毫无党性观念和组织原则，对党不忠诚、不老实，顶风违纪、我行我素，严重违反党的纪律，违反国家法律规定；利用职务上的便利，为他人谋取利益并收受巨额财物，涉嫌受贿犯罪；违反法律规定和"三重一大"决策制度，不正确履行职责，给国家造成重大损失，涉嫌渎职犯罪，且在党的十八大后不收敛、不收手，性质恶劣、情节严重。

3. 谢某发表不当言论案

【基本案情及处理结果】

2019 年 6 月，谢某在"中国近现代史纲要"课程教学中发表不当言论，事后相关言论被学生传播至寝室 QQ 群，造成不良影响。2019 年 7 月，谢某受到党内警告处分。

【案情分析】

谢某身为党员领导干部、高校教育工作者，授课时发表不当言论，造成不良影响，违反了《中国共产党纪律处分条例》第四十六条第一款第（三）项之规定"丑化党和国家形象，或者诋毁、诬蔑党和国家领导人、英雄模范，或者歪曲党的历史、中华人民共和国历史、人民军队历史的"，情节较轻的，给予警告或者严重警告处分。

五、问题拓展讨论

1. 政治纪律、政治规矩：严防"七个有之"，牢记"五个必须"

2022 年 10 月 16 日，习近平总书记在中国共产党第二十次全国代表大会上的报告中提出："加强党的政治建设，严明政治纪律和政治规矩，落实各级党委（党组）主体责任，提高各级党组织和党员干部政治判断力、政治领悟力、政治执行力。"

2014 年 10 月 23 日，习近平总书记在中国共产党第十八届四中全会第二次全体会议上的讲话中提出无视党的政治纪律和政治规矩"七个有之"。

"七个有之"，即"一些人无视党的政治纪律和政治规矩，为了自己的所谓仕途，为了自己的所谓影响力，搞任人唯亲、排斥异己的有之；搞团团伙伙、拉帮结派的有之；搞匿名诬告、制造谣言的有之；搞收买人心、拉动选票的有之；搞封官许愿、弹冠相庆的有之；搞自行其是、阳奉阴违的有之；搞尾大不掉、妄议中央的也有之"。

"五个必须"：2015 年 1 月 13 日，习近平总书记在中国共产党第八届中央纪律检查委员会第五次全体会议上的讲话中指出，讲规矩是对党员、干部党性的重要考验，是对党员、干部对党忠诚度的重要检验。遵守政治纪律和政治规矩，必须维护党中央权威，在任何时候、任何情况下都必须在思想上、政治上、行动上同党中央保持高度一致；必须维护党的团结，坚持"五湖四海"，团结一切忠实于党的同志；必须遵循组织程序，重大问题该请示的请示，该汇报的汇报，不允许超越权限办事；必须服从组织决定，决不允许搞非组织活动，不得违背组织决定；必须管好亲属和身边工作人员，不得默许他们利用特殊身份谋取非法利益。各级党组织要把严守纪律、严明规矩放到重要位置来抓，努力在全党营造守纪律、讲规矩的氛围。

2. 违反政治纪律的行为

根据《中国共产党纪律处分条例》第六章"对违反政治纪律行为的处分"的规定，违反政治纪律的行为主要有：

（1）在重大原则问题上不同党中央保持一致且有实际言论、行为或者造成不良后果的行为。（《中国共产党纪律处分条例》第四十四条）

（2）通过网络、广播、电视、报刊、传单、书籍等，或者利用讲座、论坛、报告会、座谈会等方式，公开发表坚持资产阶级自由化立场、反对四项基本原则，反对党的改革开放决策的文章、演说、宣言、声明等的行为。（《中国共产党纪律处分条例》第四十五条第一款）

（3）发布、播出、刊登、出版前款所列文章、演说、宣言、声明等或者为上述行为提供方便条件的行为。（《中国共产党纪律处分条例》第四十五条第二款）

（4）通过网络、广播、电视、报刊、传单、书籍等，或者利用讲座、论坛、报告会、座谈会等方式，公开发表违背四项基本原则，违背、歪曲党的改革开放决策，或者其他有严重政治问题的文章、演说、宣言、声明等的；妄议党中央大政方针，破坏党的集中统一的；丑化党和国家形象，或者诋毁、诬蔑党和国家领导人、英雄模范，或者歪曲党的历史、中华人民共和国历史、人民军队历史的行为。（《中国共产党纪律处分条例》第四十六条第一款）

（5）发布、播出、刊登、出版前款所列内容或者为上述行为提供方便条件的行为。（《中国共产党纪律处分条例》第四十六条第二款）

（6）制作、贩卖、传播第四十五条、第四十六条所列内容之一的书刊、音像制品、电子读物、网络音视频资料等的行为。（《中国共产党纪律处分条例》第四十七条第一款）

（7）私自携带、寄递第四十五条、第四十六条所列内容之一的书刊、音像制品、电子读物等入出境的行为。（《中国共产党纪律处分条例》第四十七条第二款）

（8）在党内组织秘密集团或者组织其他分裂党的活动的行为。（《中国共产党纪律处分条例》第四十八条第一款）

（9）参加秘密集团或者参加其他分裂党的活动的行为。（《中国共产党纪律处分条例》第四十八条第二款）

（10）在党内搞团团伙伙、结党营私、拉帮结派、培植个人势力等非组织活动，或者通过搞利益交换、为自己营造声势等活动捞取政治资本的行为。（《中国共产党纪律处分条例》第四十九条）

（11）党员领导干部在本人主政的地方或者分管的部门自行其是，搞山头主义，拒不执行党中央确定的大政方针，甚至背着党中央另搞一套的行为。（《中国共产党纪律处分条例》第五十条第一款）

（12）落实党中央决策部署不坚决，打折扣、搞变通，在政治上造成不良影响或者严重后果的行为。（《中国共产党纪律处分条例》第五十条第二款）

（13）对党不忠诚不老实，表里不一，阳奉阴违，欺上瞒下，搞两面派，做两面人的行为。（《中国共产党纪律处分条例》第五十一条）

（14）制造、散布、传播政治谣言，破坏党的团结统一的行为。（《中国共产党纪律处分条例》第五十二条第一款）

（15）政治品行恶劣，匿名诬告，有意陷害或者制造其他谣言，造成损

害或者不良影响的行为。(《中国共产党纪律处分条例》第五十二条第二款)

(16)擅自对应当由党中央决定的重大政策问题作出决定、对外发表主张的行为。(《中国共产党纪律处分条例》第五十三条)

(17)不按照有关规定向组织请示、报告重大事项的行为。(《中国共产党纪律处分条例》第五十四条)

(18)干扰巡视巡察工作或者不落实巡视巡察整改要求的行为。(《中国共产党纪律处分条例》第五十五条)

(19)对抗组织审查的行为。包括串供或者伪造、销毁、转移、隐匿证据;阻止他人揭发检举、提供证据材料;包庇同案人员;向组织提供虚假情况,掩盖事实;其他对抗组织审查的行为。(《中国共产党纪律处分条例》第五十六条)

(20)组织、参加反对党的基本理论、基本路线、基本方略或者重大方针政策的集会、游行、示威等活动,或者以组织讲座、论坛、报告会、座谈会等方式,反对党的基本理论、基本路线、基本方略或者重大方针政策的行为。(《中国共产党纪律处分条例》第五十七条第一款)

(21)以提供信息、资料、财物、场地等方式支持上述活动(第五十七条第一款所列)的行为。(《中国共产党纪律处分条例》第五十七条第二款)

(22)未经组织批准参加其他集会、游行、示威等活动的行为。(《中国共产党纪律处分条例》第五十七条第四款)

(23)组织、参加旨在反对党的领导、反对社会主义制度或者敌视政府等组织的行为。(《中国共产党纪律处分条例》第五十八条第一款)

(24)组织、参加会道门或者邪教组织的行为。(《中国共产党纪律处分条例》第五十九条第一款)

(25)从事、参与挑拨破坏民族关系制造事端或者参加民族分裂活动的行为。(《中国共产党纪律处分条例》第六十条第一款)

(26)其他违反党和国家民族政策的行为。(《中国共产党纪律处分条例》第六十条第四款)

(27)组织、利用宗教活动反对党的路线、方针、政策和决议,破坏民族团结的行为。(《中国共产党纪律处分条例》第六十一条第一款)

(28)其他违反党和国家宗教政策的行为。(《中国共产党纪律处分条例》第六十一条第四款)

(29)信仰宗教或者参与利用宗教搞煽动活动的行为。(《中国共产党纪

律处分条例》第六十二条）

（30）组织、参加迷信活动的行为。（《中国共产党纪律处分条例》第六十三条）

（31）组织、利用宗族势力对抗党和政府，妨碍党和国家的方针政策以及决策部署的实施，或者破坏党的基层组织建设的行为。（《中国共产党纪律处分条例》第六十四条第一款）

（32）在国（境）外、外国驻华使（领）馆申请政治避难，或者违纪后逃往国（境）外、外国驻华使（领）馆的行为。（《中国共产党纪律处分条例》第六十五条第一款）

（33）在国（境）外公开发表反对党和政府的文章、演说、宣言、声明等的行为。（《中国共产党纪律处分条例》第六十五条第二款）

（34）故意为上述行为提供方便条件的行为。（《中国共产党纪律处分条例》第六十五条第三款）

（35）在涉外活动中，其言行在政治上造成恶劣影响，损害党和国家尊严、利益的行为。（《中国共产党纪律处分条例》第六十六条）

（36）不履行全面从严治党主体责任、监督责任或者履行全面从严治党主体责任、监督责任不力，给党组织造成严重损害或者严重不良影响的行为。（《中国共产党纪律处分条例》第六十七条）

（37）党员领导干部对违反政治纪律和政治规矩等错误思想和行为不报告、不抵制、不斗争，放任不管，搞无原则一团和气，造成不良影响的行为。（《中国共产党纪律处分条例》第六十八条）

（38）违反党的优良传统和工作惯例等党的规矩，在政治上造成不良影响的行为。（《中国共产党纪律处分条例》第六十九条）

👍 六、阅读文献推荐

1. 《中国共产党章程》，中国方正出版社，2023 年。

2. 《中国共产党纪律处分条例》，中国方正出版社，2018 年。

3. 《中华人民共和国公职人员政务处分法》，法律出版社，2020 年。

4. 《中国共产党纪律检查机关监督执纪工作规则》，中国方正出版社，2019 年。

5. 《关于新形势下党内政治生活的若干准则》编写组：《关于新形势下

党内政治生活的若干准则》，中国方正出版社，2016年。

6. 本书编写组：《党员必须牢记的政治纪律》，人民出版社，2018年。

7. 本书编写组：《纪法界限实务参考——违反政治纪律行为与常见职务违法犯罪行为比较》，中国方正出版社，2022年。

第二节　违反组织纪律

！一、知识点提要

1. 党的组织纪律

党的组织纪律，是指党的组织和党员必须遵守和维护党在组织上团结统一的行为准则，是处理党组织之间和党组织与党员之间关系的纪律。共产党是无产阶级的有组织的队伍，严格的组织纪律约束，维护了党的力量和权威，保证了党的坚强的战斗力，保证了党的路线的贯彻执行，保证了党的先进性。

2. 根本要求

组织纪律的核心是党的民主集中制原则。党章和《关于新形势下党内政治生活的若干准则》对党内的民主集中制作出了规定：

（1）党员愿意参加党的一个组织并在其中积极工作、执行党的决议和按期交纳党费。

（2）党员个人服从党的组织，少数服从多数，下级组织服从上级组织，全党各个组织和全体党员服从党的全国代表大会和中央委员会。

（3）党的各级领导机关，除它们派出的代表机关和在非党组织中的党组外，都由选举产生。

（4）党的上级组织要经常听取下级组织和党员群众的意见，及时解决他们提出的问题。党的下级组织既要向上级组织请示和报告工作，又要独立负责地解决自己职责范围内的问题。上下级组织之间要互通情报、互相支持和互相监督。

（5）党的各级委员会实行集体领导和个人分工负责相结合的制度。凡属重大问题都要按照集体领导、民主集中、个别酝酿、会议决定的原则，由党的委员会民主讨论，作出决定；委员会成员要根据集体的决定和分工，切实履行自己的职责。

（6）在党的纪律面前人人平等，党的领导人的活动必须处于党和人民的监督之下，不允许任何党员，特别是党的领导人凌驾于党的纪律之上。

（7）党内不允许搞派别组织进行派别活动，也不允许在党外参加和支持非法组织和非法活动。违背上述原则的行为，都是违反了党的组织纪律，都应当受到党的纪律的追究。

3. 违反组织纪律的行为

违反组织纪律的行为，是指违反党内法规以及国家法律法规中所规定的有关党和国家组织工作方面的原则、规定和制度，依照党内法规应当受到党的纪律追究的行为。

4. 违反组织纪律行为的主要特征

（1）侵犯的客体是党和国家有关组织工作方面的原则、规定和制度。

（2）客观方面必须具有违反党和国家有关组织工作方面的原则、规定、制度的行为。这里所说的"违反党和国家有关组织工作方面的原则、规定、制度的行为"，是指《中国共产党纪律处分条例》第七章规定的各种违纪行为。比如"拒不执行或者擅自改变党组织作出的重大决定的行为"，"拒不执行党组织的分配、调动、交流等决定的行为"，"违反有关规定程序发展党员的行为"，等等。

（3）违纪主体必须是有责任能力的党员和党组织。非中共党员不构成违反党的组织纪律行为的主体。主体既包括一般主体，也包括特殊主体，如党员领导干部。

（4）主观方面多数是故意，个别违纪行为是过失。比如，《中国共产党纪律处分条例》第七十六条第二款规定的用人失察失误的行为就是过失。

二、主讲案例介绍

徐某因不按规定报告个人有关事项行为受到严重警告处分案

【基本案情及处理结果】

徐某，中共党员，某市甲县副县长。徐某及其妻李某、女儿徐某某（未婚，与徐某夫妇共同生活）名下有 6 套住房、2 个车位。徐某于 2019 年 1 月填报《领导干部个人有关事项报告表》时，在"本人、配偶、共同生活的子女的房产情况"一栏，只填报了其本人名下的 3 套住房，没有填报李某和徐某某名下的其他 3 套住房、2 个车位。同时，徐某给女儿购买的 100 万元投资型保险产品也未填报。

2019 年 5 月，组织部门通过抽查发现了徐某填报的住房和投资理财相关情况与实际不符，在组织与其谈话期间，徐某辩解称其不是故意隐瞒，而是漏报了相关情况。

2019 年 6 月，徐某因不按规定报告个人有关事项行为受到党内严重警告处分。

【案情分析】

《中国共产党纪律处分条例》第七十三条规定，有下列行为之一，情节较重的，给予警告或者严重警告处分：

（一）违反个人有关事项报告规定，隐瞒不报的；

（二）在组织进行谈话、函询时，不如实向组织说明问题的；

（三）不按要求报告或者不如实报告个人去向的；

（四）不如实填报个人档案资料的。

篡改、伪造个人档案资料的，给予严重警告处分；情节严重的，给予撤销党内职务或者留党察看处分。

隐瞒入党前严重错误的，一般应当予以除名；对入党后表现尚好的，给予严重警告、撤销党内职务或者留党察看处分。

1. 在认定不按规定报告个人有关事项行为的过程中，漏报和瞒报有什么不同？徐某的情况属于漏报还是瞒报？

漏报与瞒报在客观上都表现为不报告、未报告、不如实报告、不及时报告，但两者在主观方面有本质区别：漏报是应报而遗漏报告，主观上表现为过失，反映出报告人对报告工作的不认真；而瞒报是应报而隐瞒不报，主观上表现为故意，即知道应当报告或应当知道应报告而不报告，反映出报告人对党不忠诚、不老实。根据《领导干部个人有关事项报告查核结果处理办法》（以下简称《办法》）第五条，以及《中国共产党纪律处分条例》第七十三条第一款第（一）项之规定，查核结果为瞒报的，可能构成违纪，给予党纪处分；而对漏报的，无论情节轻重，仅能给予组织处理，不能给予党纪处分。所以，行为人往往为了不被追究党纪处分，而主张自己是漏报而非瞒报。根据《办法》的有关规定，未报告房产 1 套以上的和未报告持有股票、基金、投资型保险等情况的，一般认定为隐瞒不报行为。本案中，徐某明知妻子李某和女儿徐某某名下有 3 套住房、2 个车位，也明知自己给徐某某购买了100万元投资型保险产品，却没有填报在《领导干部个人有关事项报告表》上，其有对党不忠诚、不老实的主观故意，应当认定为隐瞒不报。

2. 只要瞒报就会构成违纪吗？

瞒报未必都构成违纪。违纪行为必须具备三个要素，即违规性、危害性和应受纪律处理或处分性。瞒报行为具有违规性和危害性，若有纪律处理或处分依据的，则构成违纪行为，否则不是违纪行为。《中国共产党纪律处分条例》第七十三条规定的不按规定报告个人有关事项行为，只有情节较重才能给予警告或者严重警告处分，情节较轻则不构成本违纪行为。对构成违纪的瞒报行为，若符合《中国共产党纪律处分条例》第十九条规定情形，可以免予党纪处分，同时给予批评教育、责令检查、诫勉或者组织处理。对构成违纪的瞒报行为，若具有加重处分情节的，也可以给予撤销党内职务处分并匹配相应的政务处分。本案中，徐某填报的住房和投资理财相关情况与实际严重不符，差距较大，而且其在组织与其谈话期间仍然企图掩盖自己的过错，不忠诚、不老实，达到了情节较重的程度，构成不按规定报告个人有关事项违纪行为。

三、课程思政解读

党的十八大以来，习近平总书记从战略和全局的高度，对加强党的组织纪律建设、增强全党组织纪律性做了深刻阐述。习近平总书记强调，组织纪律性是党性修养的重要内容，必须严格执行各项组织制度；要明确组织纪律界限，严肃查处违反组织纪律的行为。这些重要论述，为加强党的组织纪律建设指明了方向，我们要认真学习领会、坚决贯彻落实。

加强组织纪律是我们党不断从胜利走向胜利的重要保证。组织纪律是我们党的纪律的重要组成部分，是处理党组织之间、党员个体之间，以及党组织与党员个体之间关系的规范。从历史和现实看，加强组织纪律，对于中国共产党这样一个马克思主义政党有着极其重要的意义。

加强组织纪律是建设坚强有力的马克思主义政党的必然要求。无产阶级政党是以实现共产主义为最终目标而组建起来的政治组织，对组织纪律的要求比任何一个其他政党都要高。马克思曾指出："必须绝对保持党的纪律，否则将一事无成。"恩格斯说："巴黎公社遭到灭亡，就是由于缺乏集中和权威。"列宁进一步阐述了组织纪律的极端重要性，指出："无产阶级在争取政权的斗争中，除了组织而外，没有别的武器。"毛泽东同志强调："加强纪律性，革命无不胜。"这些重要论述，深刻阐明了加强组织纪律建设对于马克思主义政党的极端重要性。

加强组织纪律是我们党的优良传统和强大政治优势。新民主主义革命时期，严明的组织纪律是我们党在恶劣的环境中能够生存下来、不断发展壮大、夺取全国革命胜利的重要保证。党的一大通过的《中国共产党第一个纲领》规定了党的有关纪律。党的二大初步确立了民主集中制的基本要求。党的六届六中全会首次正式提出"四个服从"这一重要组织纪律。针对党内存在的"左"倾思想，以及主观主义、宗派主义、"党八股"现象，从1942年开始，我们党开展了一次持续数年的全党整风运动，使全党的组织纪律进一步完善和发展，达到了空前团结和统一。1948年9月，党中央在西柏坡召开的政治局扩大会议决定建立请示报告制度，有力推进了党的作风建设和纪律建设，保证了政令军令畅通，取得了解放战争的伟大胜利。

加强组织纪律是实现"两个一百年"奋斗目标和中国梦的迫切需要。实现"两个一百年"奋斗目标和中华民族伟大复兴的中国梦的关键在党，必须凝聚起全党的智慧和力量。新形势下，党的建设面临许多新情况，在组织纪律方面出现了许多新问题。有的个人主义、自由主义严重，目无组织纪律，跟组织讨价还价，不服从组织安排；有的党组织和领导干部在处理一些应该由中央和上级组织统一决定的重要问题时，事前不请示，事后不报告；有的变着法把一件完整的需要汇报的大事情分解成一件一件可以不汇报的小事情，让组织程序空转；有的领导班子既有民主不够、个人说了算的问题，也有集中不够的问题，班子里各自为政，把分管领域当成"私人领地"；有的只对领导个人负责而不对组织负责，把上下级关系搞成人身依附关系；有的办事不靠组织而靠熟人、靠关系，形形色色的关系网越织越密，方方面面的潜规则越用越灵、越来越多；有的党组织对党员、干部疏于管理，缺乏严肃认真的组织生活；等等。这些问题如不及时解决，党就会成为一盘散沙，"两个一百年"奋斗目标和中国梦就不可能实现。社会主义建设时期，严明的组织纪律确保我们党成为马克思主义执政党，带领全国各族人民卓有成效地开展社会主义建设的伟大实践。党的八大通过的《中国共产党章程》规定："党是以一切党员都要遵守的纪律联结起来的统一的战斗组织；没有纪律，党决不能领导国家和人民战胜强大的敌人而实现社会主义和共产主义。"

党的历史充分证明，什么时候党的组织纪律执行得好，党员的组织观念、党的意识就比较强，党就能团结带领全党全国各族人民战胜前进道路上的困难和挑战，不断取得新的更大胜利；什么时候党的组织纪律执行得不好，组织观念薄弱、组织涣散的情况就容易出现，党组织的凝聚力和战斗力就会被削弱，党的事业就会遭受损失。

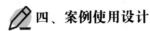

四、案例使用设计

某省某州原副州长、某市原市长张某某案

【基本案情及处理结果】

某省某州原副州长、某市原市长张某某：每次开会先定调干部选任，个人说了算。张某某"搞家长制""一言堂"在单位是有名的，与其共事的党员干部印象最深刻的是每次开会他都首先定调，对其他同志说："我先说我的意见。"一开始也有人"不识相"，等他说完后提出不同看法，结果被他"教育"一番，久而久之，再没有人敢提不同意见。

市委作出的决定，执行还是不执行？张某某有自己的选择，但凡与自己想法一致的，执行；但凡不一致的，那就是一个字——拖。有一次，某市委制定了一项决议，然而张某某对此却有另外的想法，他对手下人说："对于市委的决策，不想执行的时候怎么办？最好的办法就是拖。"于是，每次召开市长办公会，张某某就把这个议题放到最后，一旦快要到这个议题的时候，他就会去上厕所，回来就对参会的人说："哎呀，时间太晚了，这个议题下次再议。"这次推下次，下次再推下次，最终这件事情不了了之。

特别是在干部选拔任用上，张某某更喜欢搞个人说了算，凡是得不到他认可的人，休想到市政府重要部门工作。为了干部人事问题，张某某和其他常委常闹矛盾。凡是张某某"认可"的人，他都极为"照顾"，如某市政府某室原主任白某某，在张某某推荐下被提拔为某市副市长，一上任就大搞权钱交易，随之落马。

张某某违反党的组织纪律，同时犯受贿、巨额财产来源不明罪，受到法律严惩。

【案情分析】

民主集中制是党的根本组织制度。党章明确规定，必须充分发扬党内民主，尊重党员主体地位，保障党员民主权利，发挥各级党组织和广大党员的积极性创造性。必须实行正确的集中，保证全党的团结统一和行动一致，保证党的决定得到迅速有效的贯彻执行。加强组织性纪律性，在党的纪律面前人人平等。

《中国共产党纪律处分条例》第六十三至六十八条明确了"违反民主集中制原则"等违反组织纪律的行为，比如"不按照有关规定或者工作要求，向组织请示报告重大问题、重要事项"等，并对处分情形做了明确规定。

其中第六十三条规定，违反民主集中制原则，"拒不执行或者擅自改变党组织作出的重大决定""或者违反议事规则，个人或者少数人决定重大问题的"，给予警告或者严重警告处分；情节严重的，给予撤销党内职务或者留党察看处分。

💬 五、问题拓展讨论

1. 对于组织部门抽查发现的个人有关事项填报与实际不符的情况，纪检监察机关拟予以纪律处分的，需要从哪些方面认定？

组织人事部门经查核验证，对未报告行为作出漏报或瞒报的查核结论，并非进行违纪事实认定。所以，不能将组织人事部门的查核结果直接作为认定违纪甚至作出处分决定的事实依据。报告人陈述其故意瞒报个人有关事项的，要结合其填报具体内容、时机等因素，查明其瞒报的动机，判断其陈述与其他证据是否存在矛盾，避免仅因其陈述而认定违纪事实。虽然动机不影响违纪的认定，但直接关系主观故意的认定，也是量纪的重要因素，应予以查明，不能因对该违纪行为的处分档次较轻或行为人认错悔错态度好而降低证明标准。对报告人辩解没有瞒报故意的，应通过调取有关书证、询问知情人员，结合其具体情况，查明是对主观故意的辩解，还是对行为性质、动机的个人理解。对性质、动机理解不当的，应当做好教育引导工作，使其端正态度。对证据确凿而报告人拒不认错的，应予严肃处理，在量纪时慎用从轻。

2. 父母给子女买的保险都属于应当报告的个人有关事项吗？填报投资型保险应该注意什么？

父母给子女买的保险并非都属于应当报告的个人有关事项。《关于领导干部报告个人有关事项的规定》中所称的投资型保险，是指具有保障和投资双重功能的保险产品，包括人身保险投资型保险和财产保险投资型保险。人身保险投资型保险，是指在人寿保险公司、健康保险公司或养老保险公司等购买的，保险产品名称中含有"两全保险""年金保险""投资连结型"或者"万能型"等字样的保险产品。财产保险投资型保险，是指向财产保险公司缴纳投资金（包括保险储金、投资金、保障金、投资认购金等），获取保险保障，并按合同约定取得本金及其收益（亏损）的财产保险产品。投资型保险与传统型保险的重要区别在于，保险约定事项中是否约定返还已缴纳保费，传统型保险不返还已缴纳保费，而投资型保险约定在一定情况下返还已缴纳保费。

领导干部应当报告的投资型保险，是指本人、配偶、共同生活的子女为投保人的投资型保险。领导干部应当报告的个人有关事项中的保险仅为投资型保险。传统型保险（比如机动车交通事故责任强制保险），不管是谁为谁购买，都不属于需要报告的个人有关事项。领导干部应当报告的投资型保险，无论被保险人或受益人是谁，都属于需要报告的个人有关事项。本人、配偶、共同生活的子女以外的人（包括父母）为投保人的投资型保险，即使被保险人或者受益人为领导干部本人、配偶或共同生活的子女，也不属于需要报告的个人有关事项。

对于投资型保险，我们可以通过中国保险协会网站公开的《财产保险投资型保险产品名录》进行查询。应该注意的是，在填报持有投资型保险的情况时，应填报自购买保险以来累计缴纳的保费、投资金，而不是当年缴纳的保费、投资金。

👍 六、阅读文献推荐

1.《中国共产党纪律处分条例》，中国方正出版社，2018 年。

2.《中华人民共和国公职人员政务处分法》，法律出版社，2020 年。

3. 中国纪检监察报评论部：《党的十九大以来全面从严治党新观察》，人民出版社，2019 年。

4. 刘炳香：《以案学纪——〈中国共产党纪律处分条例〉案例精讲》，中国方正出版社，2019 年。

5.《关于新形势下党内政治生活的若干准则》编写组：《关于新形势下党内政治生活的若干准则》，中国方正出版社，2016 年。

第三节　违反廉洁纪律

⚠ 一、知识点提要

1. 党的廉洁纪律

廉洁纪律是党组织和党员在从事公务活动或者其他与行使职权有关的活动中应当遵守的廉洁用权的行为规则，是实现干部清正、政府清廉、政治清明的重要保障。严明党的廉洁纪律，就是要遏制腐败蔓延势头。每个党员都必须时刻清楚这一点，筑牢拒腐防变的思想防线，永葆共产党人清正廉洁的政治本色。

2. 党的廉洁纪律的根本要求

党员干部必须正确行使人民赋予的权力，清正廉洁，反对任何滥用职权、谋求私利的行为。要坚持公私分明，先公后私，克己奉公；坚持崇廉拒腐，清白做人，干净做事；坚持尚俭戒奢，艰苦朴素，勤俭节约；坚持吃苦在前，享受在后，甘于奉献。要廉洁从政，自觉保持人民公仆的本色；廉洁用权，自觉维护人民的根本利益；廉洁修身，自觉提升思想道德境界；廉洁齐家，自觉带头树立良好家风。

3. 违反廉洁纪律的行为

违反廉洁纪律的行为，是指党组织和党员干部在从事党的工作中或者其他与行使职权有关的活动中，违反应当遵守的廉洁从政、廉洁用权的各种行为规范和规则，依照党内法规应当受到党的纪律追究的行为。

4. 违反廉洁纪律的主要特征

（1）侵犯的客体是党员干部职务的廉洁性和清正廉洁的政治本色。我们党是全心全意为人民服务的马克思主义政党，除了党和国家给予的合法利益外，任何党员都不应当谋取不正当利益，特别是不得利用职权谋取私利。党员干部特别是党员领导干部都是为党和人民工作的人，手中都或多或少掌握一定的权力，应当按照党中央的要求，廉洁履行职责，廉洁行使权力，始终保持职务行为的廉洁性，永葆共产党人清正廉洁的政治本色。如果党员干部特别是党员领导干部不能够廉洁用权，就违反了党的纪律，按照《中国共产党纪律处分条例》的规定，应当受到纪律处分。

（2）客观方面必须具有违反廉洁纪律要求的行为。这里的"违反廉洁纪律要求的行为"主要是指《中国共产党纪律处分条例》第八章所规定的各种违反廉洁纪律的行为。行为人只要实施了其中的一种行为，就具备了构成违反廉洁纪律行为的客观要件。

（3）违纪主体必须是有责任能力的党员和党组织。非中共党员不构成违反党的廉洁纪律行为的主体。

（4）主观方面可能是故意，也可能是过失。有的是故意违反了党的廉洁纪律，有的是出于过失或疏忽违反了党的廉洁纪律。对于出于过失或疏忽违反了党的廉洁纪律的党员，如果其能够主动及时纠正，可以按照规定从轻或者减轻处理。

二、主讲案例介绍

某集团有限公司原党委书记、董事长王某某案

【基本案情及处理结果】

王某某，男，中共党员，曾任某市某县某镇党委副书记、镇长，某乡党委书记，某县城市开发投资（集团）有限公司（以下简称某城投公司）党委书记、董事长，某集团有限公司党委书记、董事长等职。

2010年至2020年，王某利用担任某城投公司党委书记、董事长职权或者地位形成的便利条件，通过他人为某实业有限公司谋取不正当利益；利用担任某县某镇党委副书记、镇长及某城投公司党委书记、董事长职务上的便利，为某实业有限公司股东周某某谋取利益，非法收受该公司及周某某给予的财物共计69.5万余元人民币（币种下同）。

2020年9月，王某以其哥哥王某甲的名义以47万余元的价格购买某实业有限公司开发的商品房一套，购买价格低于市场价格11万余元。2020年年底，王某妻子伍某某将该商品房以68万元的价格交由中介出售。2021年4月10日，该商品房以65万元的价格出售给王某乙，王某甲收到王某乙65万元购房款后，将其中60万元转给伍某某。之后，王某、伍某某将该60万元连同自有资金用于归还银行贷款、购买房屋、装修房屋等。

2021年9月9日，某市纪委监委将王某案指定某区纪委监委管辖。2021年9月22日，某区纪委监委对王某立案审查调查，并于9月28日对其采取留置措施。2021年12月17日，经某市监委批准，对王某延长留置时间

3 个月。

2022 年 3 月 11 日，经某区纪委常委会会议研究，某区监委于 2022 年 3 月 14 日将王某涉嫌受贿罪一案移送某区人民检察院审查起诉。

2022 年 4 月 2 日，某区纪委监委将王某严重违纪违法案移交某县纪委监委。2022 年 4 月 24 日，经某县委批准，某县纪委监委给予王某开除党籍、开除公职处分。

2022 年 4 月 13 日，某区人民检察院追加王某涉嫌洗钱罪。2022 年 4 月 27 日，某区人民检察院以王某涉嫌受贿罪、洗钱罪向某区人民法院提起公诉。

2022 年 7 月 28 日，某区人民法院一审判决王某犯受贿罪、洗钱罪，数罪并罚，决定执行有期徒刑 3 年 6 个月，并处罚金人民币 25 万元。现判决已生效。

三、课程思政解读

本案涉及的课程思政元素：一是如何通过本案的法院判决来理解廉洁纪律的概念；二是如何通过本案理解王某与相关主体的民事行为与刑事行为相互交叉呈现出的特点；三是如何认定王某接受他人免除借款利息的行为是民事行为还是违反廉洁纪律的受贿行为。

1. 如何通过本案的法院判决来理解廉洁纪律的概念

党的廉洁纪律要求党内人员不拿群众一针一线、坚决清除损害人民事业的腐败分子、选拔领导干部要考虑人民群众的意见、鼓励人民群众监督党员领导干部的工作、党员领导干部要做人民的公仆及用权力为人民谋利益、及时查办与民争利的腐败案件等，充分体现了人民至上、自觉维护人民利益的理念。这种爱民、护民的理念也促进了人民群众对党的反腐败工作满意度的逐年提升。大多数群众在这几年非常认可党中央的反腐败工作。在获得人民群众越来越多的支持下，党中央也会有更大的决心和勇气在多领域深入开展反腐败工作和制定更多的廉洁纪律规则。

本案中，2010 年至 2019 年，王某利用职务便利多次为周某某谋取利益。2015 年 9 月，王某出借给周某某 90 万元，约定月息 2 分、年复利计算。2019 年 1 月，王某向周某某提出结算该笔 90 万元借款的本息时，周某某为表示感谢，提出以多计算 90 万元一年利息的方式给予王某好处费，王某同意。2019 年 6 月，王某与周某某结算 90 万元借款的本息共计 200.3 万余元，这 200.3 万余元包含了 90 万元本金、90 万元本金产生的利息、多计算 90 万元一年的利息及该利息产生的复利共 40 余万元。随后，王某让周某某归还其 100.3 万余元，剩余 100 万元则作为新的借款出借给周某某。该笔事实中，王某利用其职务便利为周某某谋取利益，并通过民间借贷形式收受周某某好处费，双方在主观上达成行受贿合意，符合权钱交易的本质特征，该行为构成受贿。王某借给管理服务对象周某某 90 万元，约定月息 2 分、年复利计算，其主观动机是为了获取大额回报，客观上周某某确有借款需求，且相关借款投入了生产经营，并非以借为名输送利益。王某的行为影响公正执行公务，根据《中国共产党纪律处分条例》第九十条第二款规定，王某违反了党的廉洁纪律，故该笔 90 万元借款获取的利息总额 110.3 万余元扣除受贿数额 40 余万元，剩余 70 余万元应认定为违纪数额。

2. 如何通过本案理解王某与相关主体的民事行为与刑事行为相互交叉呈现出的特点

王某作案手法隐蔽复杂，其受贿行为均在民事活动中完成，民事行为与刑事行为相互交叉，具体而言有以下特点：一是受贿行为隐蔽复杂。本案中，王某利用职务便利，为周某某在某项目开发过程中协调矛盾纠纷。周某某为表示感谢，与王某协商，通过向其借款并定期支付利息的方式输送利益，以民事行为掩饰权钱交易的本质。王某"协调各方"为某实业有限公司顺利中标某地块后，通过向该公司借款，并同意周某某提出的免除利息以示感谢的建议，使该受贿事实更加隐蔽。二是做法周密，以房产交易掩盖受贿行为。王某为了规避组织审查调查，借用其哥哥王某甲的名义以明显低于市场的价格购买某实业有限公司开发的商品房一套，再以市场价格卖出，一进一出，表面上看是房产交易，实质仍是权钱交易，同时还涉嫌洗钱罪。

3. 如何认定王某接受他人免除借款利息的行为是民事行为还是违反廉洁纪律的受贿行为

2016 年 11 月，在王某的帮助协调下，某实业有限公司顺利中标某地块。2017 年 10 月，王某以伍某某的名义向某实业有限公司借款 40 万元。2019 年 7 月，王某与某实业有限公司结算时，双方约定该笔 40 万元借款按照月息 2 分、年复利计算利息共计 18.3 万余元。为表示感谢，以及希望继续获得关照，周某某主动向王某提出免除该笔利息 18.3 万余元，王某表示同意。在日常生产生活中，自然人与自然人、自然人与法人等平等民事主体之间因资金需求难免存在借贷的情形。本案中，王某与某实业有限公司之间的"借贷关系"却隐藏着权钱交易的本质。一是王某与某实业有限公司的主体地位不平等，该公司在王某公权力的范围内从事工程项目建设；二是客观上王某为某实业有限公司谋取了不正当利益；三是根据相关证据，同一时期某实业有限公司出借给他人的资金是收取利息的，主观上该公司股东周某某与王某之间达成以免息方式行受贿的合意。根据中华人民共和国最高人民法院、中华人民共和国最高人民检察院（以下简称"两高"）《关于办理贪污贿赂刑事案件适用法律若干问题的解释》第十二条规定："贿赂犯罪中的'财物'包括货币、物品和财产性利益。财产性利益包括可以折算为货币的物质利益如房屋装修、债务免除等，以及需要支付货币的其他利益如会员服务、旅游等。"综上，王某利用职务之便为某实业有限公司提供帮助，此后通过向该公司借款并被免除应支付的利息的方式获得财产性利益，符合受贿犯罪的构成要件，应认定王某构成受贿罪。

教师在教学中可以围绕课程思政案例主要讨论以下两个问题。

第一，如何坚持和持续完善党的廉洁纪律？

坚持廉洁纪律首先是要继承和创新马列主义的廉政思想。马克思、恩格斯在他们的著作中高度赞扬了巴黎公社的廉政措施，并且要求无产阶级建立一个清正、廉洁的政党；列宁也要求俄共（布）加大党内的廉政监督和对腐败行为的惩治力度。党的发展历程充分表明，党的廉洁纪律思想起源于马列主义的廉政思想。例如：马克思、恩格斯主张党内领导干部要接受社会民众的工作监督、与党内的腐败分子展开坚决斗争、撤销腐败分子的公共职务等思想，列宁主张禁止党内人员的贪污受贿行为、建立反腐败的法律和专门机构、提高反腐败机构人员的工作能力以及要求他们秉公执法等思想，在党的廉洁纪律中都有充分的体现。党传承和发扬马列主义的廉政思想，也是党保持无产阶级政党本质的现实需要。由于年代的限制和信息掌握的不足，马克思、恩格斯和列宁难以为党的廉洁纪律建设提供全套的方案，所以具有开拓进取精神的中国共产党根据不同历史时期反腐败工作中出现的新情况和新问题，提出了有中国特色的廉洁纪律思想。中国共产党提出的新的廉洁纪律思想既促进了马列主义的中国化，丰富和发展了马列主义的廉政思想，也对其他国家无产阶级政党的反腐败斗争起到了很好的借鉴作用。

党的廉洁纪律建设没有停留在某个历史阶段，而是一个持续推进的过程。为解决某个历史时期出现的突出的廉洁问题，党中央通常会制定新的廉洁纪律规则。例如，在改革开放初期，一些领导干部出现了生活特殊化的现象，党中央就及时制定了《高级干部生活待遇若干规定》；为明确上下级纪委在反腐败工作中的关系，党在十八届三中全会作出了《中共中央关于全面深化改革若干重大问题的决定》。党在十八大以后根据反腐败工作的新形势，修订了以前的很多廉洁纪律规定。例如，党中央在 2013 年制定的《建立健全惩治和预防腐败体系 2013—2017 年工作规划》，以及从 2015 年至 2018 年制定的《中国共产党廉洁自律准则》《中国共产党党内监督条例》《中国共产党纪律处分条例》，都对以前相关条例或准则的内容进行了适当增删。其中，党中央制定的《建立健全惩治和预防腐败体系 2013—2017 年工作规划》增加了反腐败工作的新原则和措施，明确了党风廉政建设的责任人和信息共享的途径，所以该工作规划比原有的实施纲要更加全面和具体。党中央制定新的廉洁纪律规则、健全原有的廉洁纪律规则，体现了党自我完善、自我提高的理念，确保党的廉洁纪律能够满足不同历史时期反腐败工作的需要，促进党内形成"不能腐"的廉洁机制。

第二，如何通过廉洁教育强化遵守廉洁纪律的思想？

廉洁教育作为腐败预防机制中的一个环节，历来受到党的高度重视。毛泽东同志在其著作中和中央委员会的全体会议上多次号召党员领导干部要培养大公无私的品质，发扬艰苦奋斗、勤俭节约的优良传统。习近平总书记在中央纪律检查委员会上也多次要求党员领导干部恪守廉洁纪律，坚持权为民所用、利为民所谋的理念。党的十三大及以后党的全会报告都倡导廉洁，反对腐败行为。党中央还主持开展各种廉洁教育。中共中央纪律检查委员会的官方网站设置了党纪法规、监督举报、审查调查、巡视巡察等栏目，为党员领导干部系统学习廉洁纪律的内容、了解中央纪委的反腐败工作动态提供了制度平台。党中央有关部门还制作了很多反腐倡廉的影视片。全国各地以党的优秀人物纪念馆、党的重大事件纪念馆等为基础建立的廉洁教育基地，为党员领导干部学习党的先进人物廉洁思想和党的廉洁传统提供了有效渠道。党的基层组织也经常开展典型腐败案件的警示教育，要求基层党员干部始终保持清醒头脑，不损害基层群众的利益，多为他们办实事、办好事，在基层工作中充分发挥先锋模范作用。

虽然党内大多数党员领导干部能够自觉遵守党中央制定的各项廉洁纪律，但仍有少数党员领导干部存在侥幸心理，漠视党的廉洁纪律，从事损人利己的腐败活动。党的各级纪委在查明腐败案件的事实之后，通常会给予腐败案件的人员或组织相应的党纪处分。即使在革命战争年代，党迫切需要战斗经验丰富、军事才能突出的人员，但如果他们中的一些人严重损害了党和人民的利益，党领导的司法机构也会严厉惩罚他们。党作出这种惩治决定不是不通情理，而是要在党和人民军队中产生惩前毖后的效应，促进党和军队的其他人员自觉地维护党和人民的利益。只有维护党的廉洁纪律，才能进一步增强人民军队的战斗力，党才能获得更多的社会民众的政治支持。在社会主义建设与改革时期，尤其是党的十八大以后，即使一些党员领导干部担任党和国家的重要职务，也曾有较大的战功或政绩，如果在工作和生活上严重违反了党的廉洁纪律，也会受到党纪的严厉惩治。党中央领导的"打虎""拍蝇""猎狐"行动，充分表明党对腐败案件持"零容忍"的态度。党的各级纪委依法严厉惩治腐败案件，体现了党自我革新、自我净化的理念，有助于在党内形成"不敢腐"的廉洁氛围。

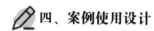 四、案例使用设计

1. 某高校党委书记以权谋私案

【基本案情及处理结果】

山东省某高等专科学校原党委书记、某市教育局原局长张某利用职务便利，单独或伙同妻子、女儿索取、收受 40 多个单位或个人的房产、现金、银行卡、购物卡等财物，折合人民币 864 万余元；贪污公款 324 万余元；挪用公款 1000 万元给他人用于经营活动，谋取个人利益。

张某不仅自己到处伸手，而且默许、纵容亲属利用其职务影响收受钱财。其妻子、女儿对张某的严重违纪违法行为不仅不制止、不规劝，而且主动参与其中，伙同张某收受贿赂达 255 万余元，占张某受贿案值近三分之一，起了推波助澜的作用。家庭成员合伙作案，违纪违法家族化特征明显，结果全家人都受到了党纪国法的惩处。其妻子借张某的名义帮助别人安排工作、为房地产商和教学仪器供应商等谋取利益，与张某收受、索要汽车、房产、现金等贿赂 235 万余元，被开除党籍、开除公职，因犯受贿罪被判处有期徒刑 10 年；其女儿怂恿张某指派市教育局所属学校采购请托人所售教学设备，主动索贿 40 万元；其妻妹长期帮助张某夫妇保管、经营、隐匿违纪违法所得，并利用赃款炒房、放贷获利；其妻兄借负责开发市教育局房产项

目之机，从中获利 60 万元。

张某案中涉案党员和公职人员 43 人。2014 年 10 月 11 日，经某市委批准，市及有关区县纪检监察机关逐一立案调查，根据情节、性质、态度和一贯表现，依纪依规作出处理：给予开除党籍、开除公职等党纪政纪处分 25 人，给予警示诫勉处理 18 人。

【案情分析】

权力是人民赋予的，要为人民用好权，让权力在阳光下运行。严以用权，就是要坚持用权为民，按规则、按制度行使权力，把权力关进制度的笼子里，任何时候都不搞特权、不以权谋私。

《中国共产党纪律处分条例》第八十七条：纵容、默许配偶、子女及其配偶等亲属、身边工作人员和其他特定关系人利用党员干部本人职权或者职务上的影响谋取私利，情节较轻的，给予警告或者严重警告处分；情节较重的，给予撤销党内职务或者留党察看处分；情节严重的，给予开除党籍处分。

2. 黄某违规接受礼品礼金和服务案

【基本案情及处理结果】

某省某厅原厅长黄某收受贿赂礼金近亿元，其中有 6 万欧元其想不起来是谁送的。在黄某担任某市经贸委主任、某市副市长、省某厅厅长期间，于逢年过节时收受省某厅、省属有关企业、某市党政领导干部与社会老板贿赂、礼金近亿元。其中不少是一些老板和领导干部以"人情往来"为由交到黄某及其家人手里的，少的一万两万元，多的达成百上千万元。对于每一笔账，黄某与其妻子陈某都默默记在心里。如果有一年行贿者没有"纳贡"，陈某还会觉得奇怪。

黄某收受的红包礼金之多令人咋舌。专案组曾在黄某家里发现一个装有 6 万欧元的信封，但直到接受组织调查，夫妻二人都想不起来是谁送的。而且黄某夫妇有一个"交往不交易"的谬论，认为并没有发生实质性的权力交易，收点红包礼金不过是"礼尚往来"。在离开某地后，他也收受一些老同事和当地老板的红包礼金，认为"反正与他们已经脱离直接关系了"。然而，这些"进贡"者或许不追求立竿见影的回报，但最终都是为了获得权力的庇护和回报。

2015年9月，黄某因违规利用职务上的便利为他人谋取利益，收受他人贿赂等问题被开除党籍、开除公职，其违纪所得被收缴。

【案情分析】

全面从严治党，首先是从落实中央八项规定精神破的题，成效有口皆碑，必须驰而不息、坚持巩固深化。《中国共产党纪律处分条例》将党的十八大以来落实中央八项规定精神、反对"四风"方面的要求转化为纪律条文，体现了作风建设永远在路上、不是一阵风。

《中国共产党纪律处分条例》第八十八条：收受可能影响公正执行公务的礼品、礼金、消费卡和有价证券、股权、其他金融产品等财物，情节较轻的，给予警告或者严重警告处分；情节较重的，给予撤销党内职务或者留党察看处分；情节严重的，给予开除党籍处分。

3. 周某违规从事营利活动案

【基本案情及处理结果】

某省某市人大常委会原副主任、原党组成员周某，领导老板"一肩挑"，当官发财"两不误"。

按道理，既然选择了做人民公仆，就须断了发财的念头。但看着别人下海经商，有声有色，周某坐不住了。为了掩人耳目，周某与"老下属"兼本姓人财政局副局长、经管局局长周某某合谋，由周某某出面成立公司，而周某利用权力地位形成的便利条件进行后台运作，赚了钱后，大家"五五分成"。

2009年3月，周某以妻弟的名义与周某某各出资25万元的苗圃基地正式开业，周某实际占有50%股份。至此，周某"舞权"的戏台正式搭建起来。2010年、2011年，周某两次受周某某请托，利用职权或职务上的影响，帮助周某某的弟弟在未经招投标程序的情况下承接了某开发区一道路绿化工程和某开发区污水处理厂绿化工程。因这两项绿化工程在施工过程中使用了周某某与周某共同经营的苗圃基地里的苗木，工程完工结算后，周某某的弟弟支付给周某某苗木款130万元。周某某收款后，按照之前约定，先后6次通过他人将收到的一半苗木款共计65万元转交给周某。

因违规从事经营活动及其他问题，2015年3月，周某接受组织调查。2015年9月，经某省纪委常委会会议审议并报某省委批准，决定给予周某开除党籍、开除公职处分；收缴其违纪所得；将其涉嫌犯罪问题及线索移送司法机关依法处理。

【案情分析】

当官和发财是两条道，当官就不要发财，发财就不要当官。党员尤其是党员领导干部，要严于律己、清正廉洁，耐得住寂寞、经得起诱惑，永葆共产党人的政治本色。

《中国共产党纪律处分条例》第九十四条：违反有关规定从事营利活动，有下列行为之一，情节较轻的，给予警告或者严重警告处分；情节较重的，给予撤销党内职务或者留党察看处分；情节严重的，给予开除党籍处分：（一）经商办企业的；（二）拥有非上市公司（企业）的股份或者证券的；（三）买卖股票或者进行其他证券投资的；（四）从事有偿中介活动的；（五）在国（境）外注册公司或者投资入股的；（六）有其他违反有关规定从事营利活动的。

4. 谢某违规占有、使用公款公物案

【基本案情及处理结果】

某省某市原副市长谢某：喜新厌旧、贪心不足，长占民企车辆直至案发。

手里已经有了一辆车，但用旧了就想把别人的新车换过来。谢某长期占用民营企业车辆，受到严肃查处。

2009年，时任某市委副秘书长、办公厅主任的谢某以工作繁忙、公车接待不方便为由，要求所辖业务范围内的某公司为其配置一辆车。该公司遂购置了一辆帕萨特，供谢某个人长期使用。

2012年，某市委派出一名工作人员到该公司任帮办。该公司为其配备了一辆新款帕萨特。看到别人开着新车，谢某又"眼红"了，便找到上述公司，要求调换过来。于是他又将这辆新款帕萨特占为己有，一直用到案发。

"勤廉奉业甘风雨，读罢春秋好回家！"这是网上流传的谢某的诗作。这位文采过人的官员嘴上说着"勤廉奉业"，行为上却是另外一套。2015年10月，谢某因违反廉洁自律的规定，长期占用民营企业车辆；为谋取不正当利益，行贿人民币7万元；利用职务上的便利为他人谋取利益，收受贿赂人民币500余万元，产生利息100余万元等问题被开除党籍、开除公职，违纪所得被收缴，涉嫌犯罪问题由司法机关依法处理。

【案情分析】

作为一名共产党员，要克己奉公，多做贡献。公款姓公，一分一厘都不能乱花；公权为民，一丝一毫都不能私用。领导干部必须时刻牢记这一点，做到公私分明、克己奉公、严格自律。

《中国共产党纪律处分条例》第一百零一条：利用职权或者职务上的影响，侵占非本人经管的公私财物，或者以象征性地支付钱款等方式侵占公私财物，或者无偿、象征性地支付报酬接受服务、使用劳务，情节较轻的，给予警告或者严重警告处分；情节较重的，给予撤销党内职务或者留党察看处分；情节严重的，给予开除党籍处分。

【党纪条规链接】

《中国共产党纪律处分条例》为党组织和党员划定了廉洁纪律的"红线"，主要划分为8个方面39条负面清单。

第一方面：利用职权或者职务上的影响谋取私利。

利用职权或者职务上的影响为他人谋取利益，本人的配偶、子女及其配偶等亲属和其他特定关系人收受对方财物。

相互利用职权或者职务上的影响为对方及其配偶、子女及其配偶等亲属、身边工作人员和其他特定关系人谋取利益搞权权交易。

纵容、默许配偶、子女及其配偶等亲属、身边工作人员和其他特定关系人利用党员干部本人职权或者职务上的影响谋取私利。

党员干部的配偶、子女及其配偶等亲属和其他特定关系人不实际工作而获取薪酬或者虽实际工作但领取明显超出同职级标准薪酬。

利用职权或者职务上的影响，为配偶、子女及其配偶等亲属和其他特定关系人在审批监管、资源开发、金融信贷、大宗采购、土地使用权出让、房地产开发、工程招投标以及公共财政支出等方面谋取利益，或者在吸收存款、推销金融产品等方面提供帮助谋取利益。

第二方面：违规收送财物及接受宴请和活动安排。

收受可能影响公正执行公务的礼品、礼金、消费卡和有价证券、股权、其他金融产品以及其他明显超出正常礼尚往来的财物。

向从事公务的人员及其配偶、子女及其配偶等亲属和其他特定关系人赠送明显超出正常礼尚往来的礼品、礼金、消费卡和有价证券、股权、其他金融产品等财物。

借用管理和服务对象的钱款、住房、车辆等，影响公正执行公务。

利用职权或者职务上的影响操办婚丧喜庆事宜，在社会上造成不良影响或者借机敛财，有其他侵犯国家、集体和人民利益的行为。

接受、提供可能影响公正执行公务的宴请或者旅游、健身、娱乐等活动安排。

违反有关规定取得、持有、实际使用运动健身卡、会所和俱乐部会员卡、高尔夫球卡等各种消费卡，或者违反有关规定出入私人会所。

第三方面：违规从事营利活动。

通过民间借贷等金融活动获取大额回报，影响公正执行公务。

违反有关规定从事营利活动，经商办企业、拥有非上市公司（企业）的股份或者证券、买卖股票或者进行其他证券投资、从事有偿中介活动、在国（境）外注册公司或者投资入股以及有其他违反有关规定从事营利活动的情形等。

利用参与企业重组改制、定向增发、兼并投资、土地使用权出让等决策审批过程中掌握的信息买卖股票，利用职权或者职务上的影响通过购买信托产品、基金等方式非正常获利。

违反有关规定在经济组织、社会组织等单位中兼职，或者经批准兼职但获取薪酬、奖金、津贴等额外利益。

党员领导干部离职或者退（离）休后违反有关规定接受原任职务管辖的地区和业务范围内的企业和中介机构的聘任，或者个人从事与原任职务管辖业务相关的营利活动，或担任上市公司、基金管理公司独立董事、独立监事等职务。

党员领导干部的配偶、子女及其配偶，违反有关规定在该党员领导干部管辖的地区和业务范围内从事可能影响其公正执行公务的经营活动，或者在该党员领导干部管辖的地区和业务范围内的外商独资企业、中外合资企业中担任由外方委派、聘任的高级职务或者违规任职、兼职取酬。

党和国家机关违反有关规定经商办企业。

第四方面：违反工作生活待遇规定。

党员领导干部违反工作、生活保障制度，在交通、医疗、警卫等方面为本人、配偶、子女及其配偶等亲属和其他特定关系人谋求特殊待遇。

在分配、购买住房中侵犯国家、集体利益。

第五方面：违规占有、使用公款公物。

利用职权或者职务上的影响，侵占非本人经管的公私财物，或者以象征性地支付钱款等方式侵占公私财物，或者无偿、象征性地支付报酬接受服务、使用劳务。

利用职权或者职务上的影响，将本人、配偶、子女及其配偶等亲属应当由个人支付的费用，由下属单位、其他单位或者他人支付、报销。

利用职权或者职务上的影响，违反有关规定占用公物归个人使用，时间超过六个月。

占用公物进行营利活动，以及将公物借给他人进行营利活动。

违反有关规定组织、参加用公款支付的宴请、高消费娱乐、健身活动，或者用公款购买赠送或者发放礼品、消费卡（券）等。

违反有关规定自定薪酬或者滥发津贴、补贴、奖金等。

第六方面：公款旅游。

公款旅游或者以学习培训、考察调研、职工疗养等为名变相公款旅游。

改变公务行程，借机旅游。

参加所管理企业、下属单位组织的考察活动，借机旅游。

以考察、学习、培训、研讨、招商参展等名义变相用公款出国（境）旅游。

第七方面：违反公务接待、会议活动、办公用房、公务交通工具等管理规定。

违反公务接待管理规定，超标准、超范围接待或者借机大吃大喝。

违反会议活动管理规定，到禁止召开会议的风景名胜区开会。

违反会议活动管理规定，决定或者批准举办各类节会、庆典活动。

擅自举办评比达标表彰活动或者借评比达标表彰活动收取费用。

违反办公用房管理等规定，决定或者批准兴建、装修办公楼、培训中心等楼堂馆所。

违反办公用房管理等规定，超标准配备、使用办公用房。

违反办公用房管理等规定，用公款包租、占用客房或者其他场所供个人使用。

违反有关规定配备、购买、更换、装饰、使用公务交通工具或者有其他违反公务交通工具管理规定的行为。

第八方面：搞权色、钱色交易。

搞权色交易或者给予财物搞钱色交易。

五、问题拓展讨论

一顿饭、一杯酒看似小事，实际上却往往是通向腐败深渊的开端。不正之风与腐败问题互为表里、同根同源，腐化变质常常起始于吃喝送礼、人情往来，进而催生权钱交易、利益输送。作为党员干部、公职人员，要时时自警自省，处处慎权、慎欲、慎独、慎行，谨防"温水煮青蛙"式的"围猎"手段，切不可麻痹大意、因小失大。

习近平总书记指出："党教育培养一名领导干部不容易，一旦在廉政方面出了问题，党组织多年的培养和本人以前的一切努力就毁于一旦。"抓好党员干部违反廉洁纪律行为的预防处置，如何从分析其心理活动和心理特点入手，寻根溯源，对应施策？

六、阅读文献推荐

1. 王士龙：《全面加强党的纪律建设》，中国方正出版社，2023 年。

2. 中国共产党天津渤海轻工投资集团有限公司委员会党校编绘：《画说〈中国共产党廉洁自律准则〉〈中国共产党纪律处分条例〉》，中国民主法制出版社，2016 年。

3. 丁伟：《违反廉洁纪律类案件审查流程与调查谈话技巧》，中国方正出版社，2016 年。

4. 本书编写组：《纪律通识》，中国方正出版社，2021 年。

5. 本书编写组：《违规违纪典型案例警示录——党员干部不可触碰的 80 条纪律红线》，红旗出版社，2018 年。

第四节　违反群众纪律

一、知识点提要

1. 党的群众纪律

群众纪律是党的各级组织和党员在贯彻执行党的群众路线和处理党群关系过程中必须遵循的行为规则。群众纪律是党的性质和宗旨的体现，是密切党与群众血肉联系的重要保证，是我们党区别于其他政治组织的显著标志和政治优势，更具有执政党纪律的特色。

2. 党的群众纪律的根本要求

党的各级组织和全体党员不允许以任何借口、手段侵犯和损害人民群众的正当权利和利益。其主要内容是：增强群众观念，全心全意为人民服务，树立群众利益高于一切的思想；尊重和维护人民群众的正当权利与利益；尊重人民群众的宗教信仰、风俗习惯；爱护人民群众的财产和生命；关心人民群众的疾苦；以平等的态度对待人民群众；在政治上维护人民群众的权利；在物质生活和精神文化生活上关心人民群众的利益和需要；尊重人民群众的社会主义积极性，倾听人民群众的呼声，接受人民群众的批评、监督和帮助；保护和捍卫人民群众的利益，同危害人民群众利益的行为作坚决的斗争。

3. 违反群众纪律的行为

违反群众纪律的行为，是指违反党内法规以及国家法律法规中所规定的有关联系群众、服务群众等群众工作中必须遵循的行为规范和规则，依照党内法规规定应当受到党的纪律追究的行为。

4. 违反群众纪律的主要特征

（1）侵犯的客体是党同人民群众的血肉联系。一切依靠群众，一切相信群众，一切为了群众，从群众中来、到群众中去，始终保持党同人民群众的血肉联系，始终赢得最广大人民群众的信任和拥护，是我们党的立党之本、执政之基。因此，所有违反群众纪律的行为最终都会破坏党同人民群众的血肉联系，损害党的执政基础。对这些行为，《中国共产党纪律处分条例》必须将其作为严重的违纪行为加以追究和惩处。

（2）客观方面必须具有违反群众纪律要求的具体行为。党的群众纪律是关系到党同人民群众的各个方面，既是维护群众利益的需要，也是处理党群关系的行为准则。这些行为准则有的是明确具体的，有的是笼统的。有的违反了行为准则，性质是恶劣的，后果是严重的，需要给予党纪惩处；有的则情节轻微，允许教育改正，不一定要上升到纪律惩处。因此，这里的"违反群众纪律的行为"主要是指《中国共产党纪律处分条例》第九章所规定的各种违反群众纪律的行为。行为人只要实施了其中的一种行为，就具备了构成违反群众纪律行为的客观要件。

（3）违纪主体必须是有责任能力的党员和党组织。非中共党员不构成违反党的群众纪律行为的主体。

（4）主观方面可能是故意，也可能是过失。行为人有的是故意违了党的群众纪律，有的是出于过失或不明真相违反了党的群众纪律，对于过失或不明真相的党员，可以按照规定从轻或者减轻处理。

二、主讲案例介绍

侵犯群众知情权案

【基本案情及处理结果】

王某，中共党员，在 2014 年 6 月至 2015 年 7 月任某镇某村党支部副书记、村主任期间，不公开上级政府支持本村新农村建设资金和企业支持本村新农村建设项目资金的使用情况。村民对此意见很大，强烈要求按照有关规定公开，王某却置之不理。其行为侵犯群众知情权，已构成违反群众纪律。2015 年 11 月，镇纪委给予其党内警告处分。

【案情分析】

王某的行为违反了《中共中央办公厅 国务院办公厅关于加强农村基层党风廉政建设的意见》第（七）项关于"村级组织要把各级政府支农惠农政策、社会各界支持新农村建设的项目、新农村建设的各项资金及其使用情况"，纳入村务公开内容的规定。根据 2003 年《中国共产党纪律处分条例》（以下简称"2003 年条例"）第一百四十八条关于"有其他侵犯党员权利、公民权利的行为"的，视情节轻重，给予警告直至开除党籍处分的规定，给予其党内警告处分是应当的。

对王某侵犯群众知情权的行为，2015 年、2018 年修订的《中国共产党纪律处分条例》（以下简称"新条例"）比 2003 年条例作出了更严格的规定。2015 年条例第一百一十一条、2018 年条例第一百一十九条规定："不按照规定公开党务、政务、厂务、村（居）务等，侵犯群众知情权，对直接责任者和领导责任者，情节较重的，给予警告或者严重警告处分；情节严重的，给予撤销党内职务或者留党察看处分。"应当注意的是：第一，对侵犯群众知情权的行为，2003 年条例将其归入侵犯党员权利、公民权利的行为之中，新条例将其列入违反群众纪律的行为之中，说明中央对维护群众纪律更加重视。第二，对侵犯群众知情权行为的处理，2003 年条例没有单列条款，而是放到兜底条款之中，不明确，新条例单列条款，很明确。第三，对侵犯群众知情权行为的处理对象，2003 年条例规定不明确，新条例规定非常明确，既要对直接责任者追究纪律责任，又要对领导责任者追究纪律责任。直接责任者可以是党员，也可以是党员干部或者党员领导干部；领导责任者包括主要领导责任者和重要领导责任者。这充分体现了中央全面从严治党的"从严"精神。

本案中，王某作为村党支部副书记、村民委员会主任，侵犯群众知情权，对没有公开上级政府支持新农村建设资金和企业支持新农村建设项目资金使用情况的行为负直接责任，应当给予其相应的党纪处分。

三、课程思政解读

保障群众知情权看起来是小事，实则是大事。保障群众知情权既是我们党全心全意为人民服务根本宗旨的具体体现，又是我们党赢得人民群众拥护的一个重要方面，还是我们党推进民主法治建设的一项重要内容。侵犯群众知情权就会背离党"一切为了群众，一切依靠群众"的群众路线，就会脱离人民群众，就会严重影响我们党长期执政的群众基础。

1. 我们党历来高度重视保障群众知情权

早在延安时期，毛泽东同志就提出："只有让人民来监督政府，政府才不敢松懈。只有人人起来负责，才不会人亡政息。"特别是改革开放以来，党中央为保障群众的知情权，采取了一系列有力措施。党的十五大提出"关于扩大基层民主"的要求；党的十七大提出要"完善政务公开、村务公开等制度"。1998 年，中央专门下发了《关于在农村普遍实行村务公开和民主管理制度的通知》等文件。2006 年中央下发的《关于加强农村基层党风廉政建设的意见》中要求推进乡镇政务公开、村务公开和党务公开。党的十八大以来，党中央更加重视保障群众的知情权。党的十八届四中全会通过的《中共中央关于全面推进依法治国若干重大问题的决定》强调："全面推进政务公开。坚持以公开为常态、不公开为例外原则，推进决策公开、执行公开、管理公开、服务公开。"2015 年，党中央把侵犯群众知情权写进修订的《中国共产党纪律处分条例》之中，这为保障群众知情权提供了更加坚实的制度基础。

2. 我们党历来重视严明群众纪律

新民主主义革命时期，我们党制定的"三大纪律八项注意"就特别强调"不拿群众一针一线"等群众纪律。党的七大修订通过的党章将"为人民服务，巩固党与人民群众的联系"写入其中。社会主义建设时期，我们党又把群众纪律作为"党政干部三大纪律八项注意"的一项重要内容，要求党政干部做到关心群众生活，以平等态度对人，同群众打成一片。改革开放后，十二大以来的党章都把"坚持全心全意为人民服务"作为加强党的自身建设的一项基本要求。党的十三届六中全会作出了《关于加强党同人民群众联系的决定》。为加强农村党风廉政建设，密切党和群众的联系，中央专门制定了《关于加强农村党风廉政建设的意见》和《农村基层干部廉洁履行职责若干规定（试行）》。党的十八大以来，党中央更加重视党同群众的联系，2012 年 12 月党中央制定了《关于改进工作作风密切联系群众的规定》，自上而下开展的党的群众路线教育实践活动、"三严三实"专题教育、"两学一做"学习教育等，都强调遵守群众纪律、维护群众利益。2015 年修订的《中国共产党廉洁自律准则》要求党员领导干部"廉洁从政，自觉保持人民公仆本色""廉洁用权，自觉维护人民根本利益"。2015 年、2018 年修订的《中国共产党纪律处分条例》，在第九章中将违反群众纪律的行为单设为一类，对侵害群众利益、漠视群众诉求、侵害群众经营自主权、侵害群众知情权行为等作出了处分规定。这些都表明，我们党对群众纪律越来越重视，对维护群众利益的力度越来越大，对违反群众纪律行为的处理越来越严厉。

3. 我们党如此重视严明群众纪律的原因

首先，重视严明群众纪律是由我们党的性质和宗旨决定的。我们党是工人阶级的先锋队，而工人阶级来源于人民群众，与人民群众是天然的"鱼水"关系、同盟关系。其次，重视严明群众纪律是全面从严治党的必然要求。"治国必先治党,治党务必从严。"党的十八大以来,习近平总书记从实际出发,提出全面从严治党的战略,这是我们党适应新形势、面对新挑战的需要。要全面从严治党,就必须加强纪律建设。群众纪律是党的六大纪律之一,党的群众纪律的好坏,事关群众满意度和获得感,事关党群干群关系,事关党的执政之基的巩固。最后,重视严明群众纪律是新时期党在农村工作的需要。我们党在新时期执政实践中,一些地方和单位还存在侵害群众利益、漠视群众诉求、损害党群关系的违纪现象。这些不良现象都从根本上违背了我们党的宗旨,破坏了我们党在人民群众中的形象。为制止这些损害群众利益的违纪行为,中央出台了"八项规定",严厉查处发生在群众身边的腐败问题和不正之风,湖南省委出台了"九条规定",并积极开展"雁过拔毛"专项治理,重点整治侵害群众利益的问题,严肃查处违反群众纪律的行为,并把典型案例在《湖南日报》、三湘风纪网等媒体上曝光,党风为之一新,民心为之一振。

"得众则得国,失众则失国。"我们党最大的政治优势是密切联系群众,党执政后的最大危险是脱离群众。要密切联系群众,就必须遵守群众纪律,维护群众利益。只有这样,才能真正得到人民群众的支持和拥护,我们党的执政根基才会牢固,党的建设和党的事业才会长期兴旺发达。

四、案例使用设计

1. 群众诉求能解决而不解决受处分案

【基本案情及处理结果】

刘某,中共党员,某县公安局某派出所政治教导员。2014年10月底,辖区居民曾某到该派出所分管户籍工作的刘某处咨询"非转农"办理情况,刘某在接待时与曾某发生争执。同年11月5日,曾某按照派出所要求将"非转农"申报材料送该派出所审查,刘某审批后,没有按照工作程序要求将申报材料送县公安局复审,而是要求曾某自己送审,导致曾某先后9次往返派出所和县公安局之间,至2015年4月还未办理。曾某因不满该派出所的办事作风,约电视台记者到该派出所暗访,刘某在接待时态度冷漠,造成不良影响。刘某的行为严重违反了群众纪律。2015年5月,县纪委、县监察局分别给予其党内严重警告和行政记过处分。

【案情分析】

刘某的行为，违反了 2003 年条例第一百三十一条第一款第（五）项关于"在工作中违反有关规定或者不负责任，对涉及人民群众生产、生活等切身利益的问题能解决而不解决的"，"对负有直接责任者，给予严重警告或者撤销党内职务处分"的规定，县纪委给予其党内严重警告处分是恰当的。同时，鉴于其违反了《公安机关人民警察内务条例》第三十一条关于"公安民警接待前来办事、报警、报案、求助、咨询的群众，应当认真受理，不得以任何借口推诿、扯皮、耍态度，严禁态度冷、硬、横"的规定，按照《行政机关公务员处分条例》第二十八条关于"严重违反公务员职业道德，工作作风懈怠、工作态度恶劣，造成不良影响的，给予警告、记过或者记大过处分"的规定，给予其行政记过处分也是恰当的。

对刘某的上述行为，2015 年条例第一百零八条、2018 年条例第一百一十六条都有相应的处理规定，其中 2015 年条例规定："有下列行为之一，对直接责任者和领导责任者，情节较重的，给予警告或者严重警告处分；情节严重的，给予撤销党内职务或者留党察看处分：（一）对涉及群众生产、生活等切身利益的问题依照政策或者有关规定能解决而不及时解决，造成不良影响的；（二）对符合政策的群众诉求消极应付、推诿扯皮，损害党群、干群关系的；（三）对待群众态度恶劣、简单粗暴，造成不良影响的；（四）弄虚作假，欺上瞒下，损害群众利益的。"应当注意的是，新条例对此作出了比 2003 年条例更加明确的规定：第一，将其归入单设的违反群众纪律章节中，更加突出维护群众利益的重要性；第二，扩大了漠视群众正当诉求而予以纪律处分的情形范围。这说明，党中央更加重视维护群众利益。

我们党最大的政治优势是密切联系群众，党执政后最大的危险就是脱离群众。一段时间以来，一些党员干部不作为的问题较为突出，一些党员干部身上不同程度地存在着对待群众的"冷漠病"，对群众高高在上，颐指气使，面对群众缺乏耐心，对群众的诉求漫不经心，遇事推诿塞责。党员干部不作为，有的是因为能力问题，但更多的还是因为为群众服务的态度问题、责任问题。在他们看来，对群众的合理诉求，拖一拖、缓一缓，哪怕是让群众多跑几趟，顶多是作风上的小事，没啥大不了的。殊不知，这种行为表面上看只是工作态度问题，实质上既是政治立场问题，也是对待群众的态度问题、感情问题。对群众讲不讲感情，这是党员党的宗旨意识强不强的重要体现。

本案中，群众户籍变更对户籍民警、分管户籍工作的刘某来说只是履职过程中的一件普通"小事"，但对群众来说却是一件关系他们切身利益的"大事"。刘某身为派出所政治教导员，本应当按照党章要求，做到坚持权为民所用、情为民所系、利为民所谋，他却在工作中表现出冷、硬、横的态度，并一次次刁难群众，导致群众一趟趟来回奔波而误工、费时、误事，最终导致群众不满，造成不良影响。这种脱离群众、凌驾于群众之上的行为，受到严厉的党纪处分是应当的。

2. 弄虚作假损害群众利益受处分案

【基本案情及处理结果】

张某，中共党员，2011年8月开始任某村党支部书记、村委会主任。2013年至2014年，该村申报农户国家种粮补贴9万余元，未将种粮补贴足额发放给种粮农户，而是将一半款项用于村组道路建设。张某作为该村党支部书记，对此负有主要领导责任，其行为已构成严重违反群众纪律的错误。2016年3月，某县纪委给予其党内严重警告处分。

【案情分析】

张某的行为违反了中共中央办公厅、国务院办公厅印发的《农村基层干部廉洁履行职责若干规定（试行）》（2011年第21号，以下简称《规定》）第六条第（四）项关于"以虚报、冒领等手段套取、骗取或者截留、私分国家对集体土地的补偿、补助费用以及各项强农惠农补助资金、项目扶持资金"的禁止性规定。《规定》第二十二条规定，村民委员会成员违反相关条款的，"对其中的党员，应当追究党纪责任的，依照《中国共产党纪律处分条例》给予相应的党纪处分"。依照2003年条例第一百二十六条关于"在财经方面有其他违纪违法行为"，视情节轻重，给予警告直至开除党籍处分的规定，给予其党内严重警告处分是应当的。

对张某的行为，新条例比2003年条例规定更为明确。2015年条例第一百零八条、2018年条例第一百一十六条规定："弄虚作假，欺上瞒下，损害群众利益的"，对直接责任者和领导责任者，视情节轻重，给予警告直至留党察看处分。值得注意的是，2003年条例将群众的补贴截留用于其他开支归为"违反财经纪律的行为"，新条例将之归为"违反群众纪律的行为"，这既体现了纪法分开，又体现了党中央对维护群众利益的高度重视。

党的十八大以来，中央强力正风肃纪，严厉惩治损害群众利益、违反群众纪律的违纪行为，党风政风为之一新，党心民心为之一振。但同时也应该看到，一些违反群众纪律、损害群众利益的现象时有发生。上述案例中，没有将种粮补贴足额发放到种粮农户手中，而是用于村组道路建设的行为，就是一种典型的违反群众纪律的行为。

以农户名义申报国家种粮补贴后，没有足额发放给群众，而是截留用于其他开支，这种现象在基层个别地方依然存在。虽然补贴没有落入个人腰包，而是用于村组道路建设，但这是一种亟待治理的不正之风，是一种典型的违反群众纪律的行为。党中央为提高粮食产量，鼓励广大农户扩大粮食种植面积，陆续出台了种粮直补政策、农资综合补贴政策等，如 2015 年财政部、农业部出台了《关于调整完善农业三项补贴政策的指导意见》（财农〔2015〕31 号）。基层党组织作为联系群众的桥梁和纽带，必须坚决毫无条件地将党的各项方针政策不折不扣地落实到位。基层党组织将申报的种粮补贴移作他用，既会影响国家粮食生产政策的落实，又会降低群众实际获得感和满意度，还会严重损害党的形象。虽然冒领的资金用于村组道路建设，但违反党的群众纪律的性质没有改变，是一种侵害群众之利益、树立个人之政绩的行为。村党支部作为基层党组织，理应发挥战斗堡垒作用。张某作为村党支部书记，理应不忘共产党员的初心，做群众的贴心人，把党在农村的各项强农惠农政策落到实处，让人民群众切实感受到党的强农惠农政策带来的实惠。张某不但没有落实党的政策，反而变换形式损害群众利益，严重违反群众纪律，受到相应的党纪处分是应当的。

张某的教训告诉我们，广大党员干部特别是基层党员领导干部要不折不扣地贯彻落实党的各项方针政策，切实维护广大人民群众的切身利益。损害群众利益，违反群众纪律，就要受到党纪的追究。

五、问题拓展讨论

不作为、乱作为等漠视、损害群众利益的行为有哪些表现形式？

（1）对涉及群众生产、生活等切身利益的问题依照政策或者有关规定能解决而不及时解决，慵懒无为、效率低下，造成不良影响的。"涉及群众生产、生活等切身利益的问题"，是指与群众切身利益密切相关的所有事项和问题，主要包括企业改制、土地征用、城镇拆迁、食品药品质量、安全生产、环境保护等群体性问题。有本行为的，需要造成不良影响才能给予纪律处分。

（2）对符合政策的群众诉求消极应付、推诿扯皮，损害党群、干群关系的。本项是对党员不作为违纪行为的规定。一是群众的诉求要符合政策规定。如果群众的诉求不符合政策规定，党员应当向群众说明和解释。二是对符合政策的群众诉求消极应付、推诿扯皮。消极应付，指的是拖拉懒散，工作不认真不主动，对于群众可能没有考虑到的也不主动提醒，导致群众做无用功。推诿扯皮，是指人员、部门之间相互推脱，可以办的不办，本应是自己办的推给别人或其他部门来办的行为。三是损害党群、干群关系，如引发群众的极大不满、群体性事件，造成群众生命、人身或者财产损失。这是对危害结果的要求。

（3）对待群众态度恶劣、简单粗暴，造成不良影响的。党的群众纪律要求党员要密切联系群众，尽心尽力为群众办事。本项违纪行为必须是造成不良影响的。

（4）弄虚作假，欺上瞒下，损害群众利益的。《关于加强和改进党的作风建设的决定》强调，正确认识和评价干部政绩，建立和完善科学的考核标准，坚决刹住弄虚作假、欺上瞒下、追名逐利的歪风。"弄虚作假，欺上瞒下"，是指编造各种情况欺骗上级、同级、下级，欺骗群众，把坏的说成好的、假的说成真的，或者对应该汇报、公布的情况不汇报、不公布，或者公布虚假内容等。

（5）有其他不作为、乱作为等损害群众利益行为的。考虑到现实中损害群众利益行为的表现形式多种多样，除已列出的四种典型行为外，还可能存在其他行为，因此作出这一兜底规定。

根据《中国共产党纪律处分条例》第一百一十六条规定，有上述行为之一，对直接责任者和领导责任者，情节较重的，给予警告或者严重警告处分；情节严重的，给予撤销党内职务或者留党察看处分。

👍 六、阅读文献推荐

1.《中国共产党纪律处分条例》，中国方正出版社，2018 年。

2. 中共中央文献研究室：《习近平关于全面从严治党论述摘编》，中央文献出版社，2021 年。

3.《党员必须牢记的 100 条党规党纪——〈中国共产党纪律处分条例〉

解读（修订版）》编写组：《党员必须牢记的 100 条党规党纪——〈中国共产党纪律处分条例〉解读（修订版）》，人民出版社，2018 年。

4.《中国共产党组织工作条例》编写组：《中国共产党组织工作条例》，党建读物出版社，2021 年。

5.《关于新形势下党内政治生活的若干准则》编写组：《关于新形势下党内政治生活的若干准则》，中国方正出版社，2016 年。

第五节　违反工作纪律

！一、知识点提要

1. 党的工作纪律

《中国共产党章程》明确规定："党的纪律是党的各级组织和全体党员必须遵守的行为规则。"党的纪律是以各级党组织和全体党员为规范约束对象，以明文的制度和规矩呈现的规则体系。党的纪律内容表述方式多样，既有"六项纪律"之说，即政治纪律、组织纪律、廉洁纪律、群众纪律、工作纪律、生活纪律，也有"正面清单"和"负面清单"的概括总结。"正面清单"是指党员干部在工作生活中应该做或必须做的各项纪律要求。"负面清单"是指党员干部在工作生活中不得做或不能做的各项纪律要求。

2. 党的工作纪律的根本要求

党的工作纪律关系到党组织和党员的工作作风与工作效率。党的建设历史表明，严密的组织性和铁的纪律是党的事业获得胜利的根本所在，也是全党统一意志、统一行动的重要保证。在新时代，必须坚持从马克思主义政党的本质属性和保持党的纯洁性的高度提高对工作纪律建设意义的认识。正确履职、担当尽责、作风优良，这是党的工作纪律要求的重要内容，也是党的各项工作正常开展的重要保证。党的工作纪律是党组织和党员在党的各项具体工作中必须遵循的行为规则。正确执行党的工作纪律，应当从以下两个方面努力：

第一，强化党性意识和担当意识。共产党员要保持先进性，不仅要自己做到遵守党纪国法，还要坚决和消极腐败现象及违法违纪行为作斗争，自觉维护党纪国法的尊严，这是检验共产党员党性原则是否坚强的重要标志。每个共产党员都要深刻认识党和人民的利益高于一切，维护党和人民的利益就是维护每个共产党员的根本利益。增强同违反群众纪律的行为作斗争的信心和勇气。党员干部可以通过不断加强党性锻炼和理论学习来提高自己的思想认识和觉悟，把遵守党的纪律看作自己应尽的义务，而不是对自己的约束。通过开展各种学习实践活动，首先从主观上加强党性修养，增强纪律意识，提高守纪律的自觉性，把守纪律、讲规矩摆在更加重要的位置。作为一名共产党员，要做到遵守规矩、纪律，坚守自身的使命，时刻谨记共产党代表的是最广大人民的根本利益，将为民的宗旨牢记于心。

第二，建立和完善作风建设机制。建立和完善作风建设机制包含了作风导向机制、作风激励机制、作风监督机制和作风考核机制。作风导向机制可以通过实行在岗业务学习考试制度、工作时间之外监督举报制度、党风廉政建设责任制度等形成良好的作风导向。作风激励机制可以通过实行工作绩效考核制度、工作失误责任追究制度对作风建设好的单位和个人予以肯定，反之则给予批评。作风监督机制可以通过实行思想汇报制度及领导干部行为监督检举制度等建立由纪检监察、组织人事等部门组成的作风建设监督机构，经常地开展督查并且通报督查的情况。建立作风考核机制可以通过实行重大事务集体讨论制度、民主生活会制度等将作风建设纳入干部考核和党风廉政建设责任制考核范围，来建立和完善作风建设机制。

3. 违反工作纪律的行为的概念和特征

违反工作纪律的行为，是指党组织和党员在从事党的各项工作中违反应当遵循的行为规范和规则，依照党内法规应当受到党的纪律追究的行为。违反工作纪律的行为侵犯了党的正常工作秩序。党的工作纪律关系到党组织和党员的工作作风和工作效率，是党组织和党员开展各项工作的重要保证，也是推进党的事业健康有序发展的重要保障。工作纪律的"红线"包括五个方面：贯彻上级决策部署和新发展理念不力，工作失职失责，形式主义与官僚主义，违规干预与插手市场经济、司法等活动，违反保密、考试、外事纪律。

违反工作纪律的行为主要特征有以下四点：

第一，侵犯的客体是党和国家机关的正常工作秩序和管理制度。党的工作纪律是党组织和党员开展各项工作的重要保证，是推进党的事业顺利有序发展的重要保障。我们党作为中国特色社会主义事业的坚强领导核心，肩负着实现"两个一百年"奋斗目标的任务，肩负着14亿多人民的信任和期盼。党的各项工作都是为完成党的历史使命服务的，必须遵循一定的程序和规则，不能一盘散沙、杂乱无序，这样既不利于党的事业，也不利于群众利益。作为马克思主义执政党，我们党既要靠理想信念来凝聚和团结全国人民共同奋斗，也要靠严明的纪律来保障党的各项事业顺利推进。因此，凡是违反了党的工作纪律的行为都必然侵害党和国家机关的正常工作秩序，影响党组织发挥领导核心作用，影响党组织的战斗力和凝聚力，最终损害党的执政能力和执政基础。对这些行为，《中国共产党纪律处分条例》必须将其作为严重的违纪行为加以追究和惩处。

第二，客观方面必须具有违反工作纪律要求的具体行为。党的工作纪律是党组织和党员在从事党的各项工作中必须遵守的行为规则。这些行为规则有的是明确具体的，有的是笼统的。有的违反了行为规则性质是恶劣的，后果是严重的，需要给予党纪惩处。有的则情节轻微，允许教育改正，不一定要上升到纪律惩处。因此，这里的"违反工作纪律的行为"主要是指《中国共产党纪律处分条例》第十章所规定的各种违反工作纪律的行为。行为人只要实施了其中的一种行为，就具备了构成违反工作纪律行为的客观要件。

第三，违纪主体必须是有责任能力的党员和党组织。非中共党员不构成违反党的工作纪律行为的主体。

第四，主观方面可能是故意，也可能是过失。有的是故意违反了党的工作纪律，有的出于过失或不明真相违反了党的工作纪律，对于过失或不明真相的党员，可以按照规定从轻或者减轻处理。

二、主讲案例介绍

某县人社局原副科长不正确履职案

【基本案情及处理结果】

孙某，中共党员，某县人社局原副科长，负责退休人员对照本人或视频审核工作。2018年12月至2020年12月，由于孙某不正确履行职责，未按照规定定期对退休人员进行对照本人或视频审核工作，致使2名退休人员死亡后继续领取退休金达2年，金额达24万元，造成不良影响。2021年3月，因被举报，县纪委监委对其立案审查调查，相关人员多领取的24万元已被追缴，给予其党内严重警告处分，政务撤职处分。

【案情分析】

孙某的问题是不正确履行职责。不正确履行职责是指行为人履行了职责，但没有按照规定履行职责。孙某身为党员干部、人社局工作人员，违反法律规定，在社会保险管理工作中违反《中华人民共和国社会保险法》的有关规定，不正确履行职责，未定期对退休人员进行对照本人或视频审核工作，致使2名退休人员死亡后继续领取退休金24万元，造成不良影响，其行为属于玩忽职守行为。此案件是一个典型的工作纪律案件，孙某缺乏责任担当，造成国家和群众利益受损，社会危害是显而易见的，影响非常之恶劣。此种行为，贻误的是党和国家事业的发展，损害的是民生福祉。

三、课程思政解读

孙某不正确履职案警示我们，必须严肃执纪问责，亮红牌、发警示，释放强烈信号，深挖根源、找准症结，精准纠治、增强实效。必须坚持党的领导，纠治形式主义、官僚主义，整治"贯彻党中央重大决策部署不担当、不用力""玩忽职守不作为"等作风问题。必须树立和践行正确的政绩观，设身处地了解群众疾苦，摆正工作态度，改善工作作风。必须依法反腐，严格执行法律，推进反腐败依法治理。必须强化监督，创新监督手段，拓展监督渠道，早发现、早提醒、早纠正。做到心中有责、心中有畏，造福人民，营造风清气正的干事创业氛围。

1. 党的工作纪律是党的各项具体工作中必须遵循的行为规则

在新时代，要贯彻党的路线方针政策，保证党的各项工作顺利进行，推动党的各项事业高质量发展和社会全面进步，离不开铁的工作纪律。党的工作内容丰富，包括宣传工作、教育工作、组织工作、纪律检查工作、群众工作、统一战线工作等，对党是否绝对忠诚、是否遵从党组织要求、是否做到廉洁自律、是否始终保持与人民群众的血肉联系，都体现在具体的工作实践中，贯彻执行好党的路线方针政策离不开严明的工作纪律。

2. 要贯彻执行好党的路线方针政策就必须严守党的工作纪律

党的各项工作都有其内在的规律和秩序，维护好党的各级组织和机关正常运转需要良好的工作秩序作为保证，良好的工作秩序也是党的组织和党员干部形象的展现。工作纪律为工作秩序提供参照和监督，只有严格遵守工作纪律，才能保证工作秩序规范顺畅，保证党的各项工作井然有序进行。在新时代，要贯彻党的路线方针政策，推动党的各项事业高质量发展和社会全面进步，离不开铁的工作纪律。

全面从严治党必须把严守党的纪律置于重要的位置。全面推进依法治国进入新的时期，全面从严治党面临新的形势，在这种情况下更加需要党的团结统一和步调一致，确保党成为中国特色社会主义事业的坚强领导核心。

3. 严明工作纪律是改进工作作风的重要抓手

工作作风是党员干部在工作中所表现出的态度和行为。工作作风关乎党的形象、政府威信。工作作风问题不是小事，如果任不良工作作风发展，就会把党同人民群众隔开，只有对违反工作纪律的行为严格追究责任，才能形成良好的工作作风，始终保持党同人民群众的血肉联系，夯实党的执政基础。

4. 党的工作纪律是全面从严治党的纪律底线

深入推进全面从严治党离不开严明的工作纪律。只有从严管党治党，才能确保党在发展中国特色社会主义历史进程中始终成为坚强领导核心。认真遵守和执行党的工作纪律，能够有力地保证党的各项工作顺利有序地开展，进而为实现党的任务和使命奠定基础。2018 年修订的《中国共产党纪律处分条例》针对遵守和执行党的工作纪律中存在的突出问题，在第十章"对违反工作纪律行为的处分"中规定了 13 条违纪处分条文。通过纪律约束，把权力关进制度的笼子里，防止滥用职权，克服和纠正工作中的形式主义和官僚主义。不论违反哪种纪律，最终必然损害党的执政基础，危害党的团结统一，所以党员干部必须从政治的高度来认识工作纪律，把对党忠诚、为党分忧、敢于担当作为遵守工作纪律的基本要求。

四、案例使用设计

1. 某县人大常委会原主任利用职权干预建设工程案

【基本案情及处理结果】

某县人大常委会原主任于某为了满足儿子的"奢华梦想"，利用职权和职务上的影响插手、干预建设工程，帮助其子承揽多个工程项目，他向县发改委、国土房管局及部分乡镇的相关负责人打招呼，某村安全饮水、道路硬化、土地开发、土地复垦等工程项目源源不断到了于某其子手上。于某违反有关规定干预和插手市场经济活动，造成不良影响，损害了人民群众的根本利益。于某背弃职责使命，疏于自我管理，破坏党的工作纪律，在其位不谋其政。

【案情分析】

上述案例反映出某县人大常委会原主任于某在反腐高压态势下不收敛、不收手、不知止，是典型的有令不行、有禁不止。其利用职务便利，在工程项目建设过程中为自己或他人谋取利益，滥用手中权力，是典型的违反工作纪律的行为，也反射出腐败问题的顽固性、反复性。要以案为鉴、吸取教训，强化理想信念，增强纪法敬畏，在处理政商关系上"亲"而有度、"清"而有为，始终做到守底线、讲原则、重操守。

2. 利用职务上的便利，截留使用罚没款项案

【基本案情及处理结果】

2016年10月至2018年12月，某街道执法大队年轻干部不正确履行职责，伙同他人截留罚款18200元不上缴财政，用于垫付街道拆违费用、执法大队日常支出及队员吃喝花费。2019年7月，该干部受到党内严重警告处分。

【案情分析】

近年来，在持续保持高压态势之下，某街道执法大队年轻干部依然对"小金库"情有独钟，对党中央和市委、区委的三令五申充耳不闻，置党纪国法于不顾、擅权妄为、巧立名目、随意截留、乱收乱支，暴露出个别单位党组织全面从严治党宽松软，制度机制形同虚设，个别党员干部党性观念缺失、法纪意识淡薄等状况。要从案例中吸取教训，举一反三，坚决抵制私设"小金库"的不正之风，牢固树立红线不可触碰、底线必须坚守的纪律意识，务求做清正廉洁的表率。

3. 履职不力，把关不严，造成重复报销案

【基本案情及处理结果】

2013年至2015年，某区住建系统某年轻干部在负责现金收付和银行结

算等工作期间，未认真履行工作职责，对原始凭证、报销申请审核不仔细，出现 10 笔多报销、重复报销的问题，共计多支付报销费用 21332 元。2020 年 5 月，该年轻干部受到警告处分。

【案情分析】

该区住建系统某年轻干部工作作风漂浮，不深入了解实际情况，验收、审核走形式，签字随意，任性用权，导致群众利益受损；工作中不落细不落实，执行制度不严格，对风险隐患防范不力，造成国有资金损失。这些不作为、慢作为和不正确履职的表现，反映出该年轻干部宗旨意识弱化、责任心不强、作风不严不实、纪法意识淡薄等突出问题，其最终受到严肃查处，教训深刻，令人警醒。讲认真是共产党的看家本事，任何时候、任何情况下都不能动摇和丢弃，特别是在实现"两个一百年"奋斗目标的新征程上，没有"最讲认真"的态度和作风，一切都将无从谈起。

4. 违背信贷审批独立性原则，审批通过多宗不符合条件授信项目案

【基本案情及处理结果】

某国有银行分行原风险总监、信审会主任陈某在任期间违反法律法规，违背信贷审批独立性原则，通过会前打招呼、会中暂停录音表达个人观点、压制不同意见、增加实际没有效力的授信担保等方式，操控信审会，审批通过了多宗不符合条件的授信项目，形成大额不良贷款，造成重大损失。陈某对该国有银行总行的反复风险提示置若罔闻。经查，陈某严重违反党的工作纪律等多种纪律，涉嫌违法发放贷款罪和受贿罪，被开除党籍、开除公职，涉嫌犯罪问题被移送检察机关。

【案情分析】

案例中，陈某作为党员干部，党性觉悟不高，纪律规矩意识淡薄，不但弃守职责、放松防线，更将信贷审批权作为自己谋取私利的工具，从风险防控者异化为风险制造者，给国有资产造成重大损失。"正人必先正己"，广大党员干部要吸取教训，引以为戒，时刻牢记纪律和规矩，控好风险，管好自己，廉洁修身、谨慎用权；要以身作则，率先垂范，模范遵守宪法和法律，增强纪律观念，自觉向违规违纪行为说不，以规定为戒，慎思笃行，以强担当和硬作风把工作做细、做实。

💬 五、问题拓展讨论

《中国共产党纪律处分条例》关于工作纪律5个方面24条负面清单：

第一方面：贯彻上级决策部署和新发展理念不力。

1. 工作中不负责任或者疏于管理，贯彻执行、检查督促落实上级决策部署不力，给党、国家和人民利益以及公共财产造成较大损失。

2. 贯彻创新、协调、绿色、开放、共享的新发展理念不力，对职责范围内的问题失察失责，造成较大损失或者重大损失。

第二方面：工作失职失责。

3. 党组织在党员被依法判处刑罚后，不按照规定给予党纪处分，或者对违反国家法律法规的行为，应当给予党纪处分而不处分。

4. 党组织在党员受到党纪处分后，不按照干部管理权限和组织关系对受处分党员开展日常教育、管理和监督工作。

5. 党组织在党纪处分决定或者申诉复查决定作出后，不按照规定落实决定中关于被处分人党籍、职务、职级、待遇等事项。

6. 因工作不负责任致使所管理的人员叛逃或出走。

7. 在上级检查、视察工作或者向上级汇报、报告工作时，对应当报告的事项不报告或者不如实报告；纵容、唆使、暗示、强迫下级说假话、报假情。

8. 在党的纪律检查、组织、宣传、统一战线工作以及机关工作等其他工作中，不履行或者不正确履行职责。

第三方面：形式主义与官僚主义。

9. 贯彻党中央决策部署只表态不落实。

10. 热衷于搞舆论造势、浮在表面。

11. 单纯以会议贯彻会议、以文件落实文件，在实际工作中不见诸行动。

第四方面：违规干预与插手市场经济、司法等活动。

12. 违反有关规定干预和插手建设工程项目承发包、土地使用权出让、政府采购、房地产开发与经营、矿产资源开发利用、中介机构服务等活动。

13. 违反有关规定干预和插手国有企业重组改制、兼并、破产、产权交易、清产核资、资产评估、资产转让、重大项目投资以及其他重大经营活动等事项。

14. 违反有关规定干预和插手批办各类行政许可和资金借贷等事项。

15. 违反有关规定干预和插手经济纠纷。

16. 违反有关规定干预和插手集体资金、资产和资源的使用、分配、承包、租赁等事项。

17. 违反有关规定干预和插手司法活动、执纪执法活动，向有关地方或者部门打听案情、打招呼、说情，或者以其他方式对司法活动、执纪执法活动施加影响。

18. 违反有关规定干预和插手公共财政资金分配、项目立项评审、政府奖励表彰等活动。

第五方面：违反保密、考试、外事纪律。

19. 泄露、扩散或者打探、窃取党组织关于干部选拔任用、纪律审查、巡视巡察等尚未公开事项或者其他应当保密的内容。

20. 私自留存涉及党组织关于干部选拔任用、纪律审查、巡视巡察等方面资料。

21. 在考试、录取工作中，有泄漏试题、考场舞弊、涂改考卷、违规录取等违反有关规定行为。

22. 以不正当方式谋求本人或者其他人用公款出国（境）。

23. 临时出国（境）团（组）或者人员中的党员，擅自延长在国（境）外期限，或者擅自变更路线。

24. 驻外机构或者临时出国（境）团（组）中的党员，触犯驻在国家、地区的法律、法令或者不尊重驻在国家、地区的宗教习俗。

六、阅读文献推荐

1. 《中国共产党章程》，中国方正出版社，2023 年。

2. 《中华人民共和国公职人员政务处分法》，法律出版社，2020 年。

3. 《中国共产党纪律检查机关监督执纪工作规则》，中国方正出版社，2019 年。

4. 《关于新形势下党内政治生活的若干准则》编写组：《关于新形势下党内政治生活的若干准则》，中国方正出版社，2016 年。

5. 《党员必须牢记的政治纪律》编写组：《党员必须牢记的政治纪律》，人民出版社，2018 年。

第六节　违反生活纪律

⬡ 一、知识点提要

1. 党的生活纪律

党的生活纪律是党员在日常生活和社会交往中应当遵守的行为规则，涉及党员个人品德、家庭美德、社会公德等各个方面，关系着党的形象。党章规定，党员必须履行"发扬社会主义新风尚，带头实践社会主义核心价值观和社会主义荣辱观，提倡共产主义道德，弘扬中华民族传统美德"的义务；党员不仅要在生产、工作和学习上起带头作用，在社会生活和家庭生活方面也应起到先锋模范作用。这就要求每一名党员在生活中必须严以修身、严以律己，坚决反对享乐主义和奢靡之风，坚决反对一切庸俗、落后、腐化及违背党的理想信念和宗旨的行为，自觉遵守家庭美德和社会的公序良俗等生活纪律。

2. 党的生活纪律的根本要求

《中国共产党纪律处分条例》专设第十一章"对违反生活纪律行为的处分"，虽然该章位居六大纪律之末，且只有五条，篇幅在六大纪律中最短，但这绝不意味着生活纪律不重要，甚至可有可无。相较而言，工作纪律重在规范党员干部"八小时之内"的"公共职责"，生活纪律则重在规范党员干部"八小时之外"的"私人生活"。生活纪律是党的性质的必然要求，体现的是对广大党员的爱护。

3. 违反生活纪律的行为

违反生活纪律的行为，是指党员在婚姻家庭、人际交往、公共场所等社会生活中违反应当遵守的传统美德、社会公德、家庭美德等行为规范和规则，依照党内法规应当受到党的纪律追究的行为。

4. 违反生活纪律的主要特征

（1）侵犯的客体是党的先进性和纯洁性。我们党是马克思主义执政党，党员不仅在政治、组织等方面有比一般公民更严格的纪律约束，在社会生活方面也有比普通公民更高的行为要求。党员不仅在生产、工作和学习上发挥先锋模范作用，在社会生活和婚姻家庭方面也应起到先锋模范作用。这是由党的先进性和纯洁性决定的。我们党之所以能够成为中国特色社会主义事业的坚强领导核心，之所以具有号召力和领导力，不仅仅在于我们党有正确的政治目标、政治方向，有坚定的政治自信，也在于我们广大党员有着高尚品德，在全社会能够发挥道德引领作用，代表中国先进文化的前进方向，有坚定的文化自信。因此，违反党的生活纪律的行为都侵害了党的先进性和纯洁性，损害了党员的高尚品格和良好形象，削弱了党在群众中的威信。对于违反生活纪律的行为，《中国共产党纪律处分条例》必须加以追究和惩处。

（2）客观方面必须具有违反生活纪律要求的具体行为。党的生活纪律关系到党员在社会生活中的各个方面，既是维护党员形象的需要，也是党员在道德领域的行为准则。这些行为准则有的是明确具体的，有的是笼统的。有的违反了行为准则性质是恶劣的，后果是严重的，需要给予党纪惩处。有的则情节轻微，允许教育改正，不一定要上升到纪律惩处。因此，这里的"违反生活纪律的行为"主要是指《中国共产党纪律处分条例》第十一章所规定的各种违反生活纪律的行为。行为人只要实施了其中的一种行为，就具备了构成违反生活纪律行为的客观要件。

（3）违纪主体必须是有责任能力的党员，非中共党员不构成违反党的生活纪律行为的主体。

（4）主观方面可能是故意，也可能是过失。有的是故意违反了党的生活纪律，有的出于过失或不明真相违反了党的生活纪律，对于过失或不明真相的党员，可以按照规定从轻或者减轻处理。

二、主讲案例介绍

某市某有限公司原副总经理刘某严重违纪违法案

【基本案情及处理结果】

刘某，中共党员，2015年7月任某市某有限公司副总经理（主持工作，正处级），曾任某省某学院副院长、某省某单位副主任等职。

2020年9月，刘某因涉嫌严重违纪违法，接受某区纪委监委审查调查，并被采取留置措施。经查，刘某存在违纪违法和涉嫌犯罪问题。

【案情分析】

在违反党的纪律方面：刘某违反中央八项规定精神，挥霍浪费公款；违反组织纪律，在主持工作期间，违反"三重一大"议事规则，违反投资流程，不按规定向某区国资委报批报备；违反廉洁纪律，收受可能影响正常执行公务的礼品，私车公养，违规在关联企业入股，从中谋取私利；违反工作纪律，在上级单位检查工作中弄虚作假；违反生活纪律，贪图享乐，生活奢靡，追求低级趣味。刘某前述有关行为亦构成职务违法。

在涉嫌犯罪方面：刘某利用职务上的便利，非法占有公款用于个人支出，涉嫌贪污犯罪；利用职务便利为他人谋取利益，非法收受他人财物，涉嫌受贿犯罪；违规擅自决定大额投资，造成国有资产重大损失，涉嫌国有公司、企业人员滥用职权犯罪。

刘某身为共产党员、国有公司领导人员，背弃理想信念，缺乏党性原则，组织纪律意识缺失，自行其是，我行我素，严重违反党的组织纪律、廉洁纪律、工作纪律、生活纪律，并涉嫌国有公司、企业人员滥用职权犯罪、贪污犯罪、受贿犯罪，且在党的十八大后不收敛、不收手，性质严重、影响恶劣。依据《中国共产党纪律处分条例》《中华人民共和国监察法》等有关规定，决定给予刘某开除党籍、开除公职处分；收缴其违纪违法所得；将其涉嫌犯罪问题移送检察机关依法审查起诉，所涉财物随案移送。

三、课程思政解读

"刘某案"涉及的课程思政元素：一是如何通过本案的法院判决来理解生活纪律的概念；二是如何透过本案理解违反工作纪律的成因。

1. 如何通过本案的法院判决来理解生活纪律的概念

一是"总开关"出问题，贪图享乐、生活奢靡。接受审查调查后，刘某回忆说，他从小生长在胜利油田，家中父母都是油田职工，虽不富裕，却也衣食无忧，从小他便没有贫困、匮乏的概念，也没有养成艰苦奋斗、勤俭节约的习惯，潜意识里或多或少向往奢华的生活方式，认为那样才是真正的生活。

从 2000 年参加工作开始，刘某连续 13 年都在某部门工作。当时的刘某便纪律意识淡漠、自我放纵，整日陶醉于省里各级官员的"关怀"中，沉迷于灯红酒绿的应酬中，满足于凡事都可以找人的"方便"中，自我意识膨胀，有些飘飘然。

"认认真真走形式，马马虎虎念稿子，完全没有入脑入心变成行动。"回顾多年来接受党性教育的情况，刘某反思发现，自己仅满足于把党章、党规、党纪和有关文件、讲话精神抄在本子上，浮皮潦草、敷衍了事，个人党性修养长期得不到提高，世界观、人生观、价值观这个"总开关"亦出现了问题。

2015年7月，刘某正式到某公司工作，面对"一个人说了算"的国有企业，他更加肆无忌惮。由于单位出差、应酬等活动较多，所需经费数额较大，"钱从哪里出"成为刘某第一个考虑解决的问题。

据刘某回忆，经其审批，在不到半年时间里，某公司使用单位经费违规报销餐费、酒水、旅游景点门票、土特产等费用共计23.4万元。当然，在为大家谋一些"福利"的同时，刘某也不忘为自己谋一些特权，私车公养不在话下，就连其个人房租及更换窗帘等支出也用公款。

刘某贪图享乐、生活奢靡、追求低级趣味，2015年8月至2018年上半年，他经常出入高档娱乐会所，并在婚姻关系存续期间与娱乐会所有偿陪侍人员保持密切关系。

"自己犯错误的主要原因是个人党性修养不够，世界观、人生观、价值观出现了问题。"刘某在忏悔材料中写道，"世界观不正，必然导致个人信仰出现偏差；价值观不正，必然导致金钱至上；人生观不正，必然导致及时行乐思想，贪图享乐，纸醉金迷，忘记了艰苦奋斗。"

二是与老板称兄道弟，乐在其中当"大哥"。"刘某是一名'75后'干部，曾经历多个重要岗位，之所以让他主持公司工作，正是因为组织对其寄予厚望。"某区某委李某介绍说。然而，这样一位曾经年轻有为的党员干部却放松了自我约束，一步一步落入了被围猎的陷阱。

由于对下属经济上无微不至的"体贴"，刘某很快与公司员工打成一片，从上到下多唯他马首是瞻。起初刘某还时常提醒自己，但在各种曲意逢迎中，他逐渐迷失，把纪律、制度视为摆设，把国企的资源视为寻租的资本。

"我像断了线的风筝，在空中随意起舞，却忘了没有党纪国法这根弦，风筝是迟早要掉下来摔跟头的。"很快，一些"有心人"找到了刘某。

2016年春节，某地某旅游开发有限公司法人熊某专程拜访了刘某，也带来了足够的诚意——3箱高档白酒，价值0.9万元。其实早在2015年7月，某公司就向熊某所在公司投资2000万元，持股20%，成为其大股东之一。见熊某"上道"，刘某借此要求熊某同意某公司以工会名义入股，并按职工职务高低和入职年限等条件分配收益。

2016 年 4 月至 2017 年 10 月，某旅游开发有限公司在连续两年亏损、未向某公司支付任何投资收益的情况下，向该公司员工兑现投资收益共计 32.5 万余元，刘某个人从中获利 4.15 万元。

而在此之前，北京某公司分公司负责人孔某、西藏某公司法人李某、四川某公司分公司的邓某等人也相继拜访过刘某，并送上了钱款、虫草、手机，财物共计折合人民币 85.75 万元。

刚开始，因为对老板们不熟，刘某收受礼品钱款还有所顾忌，但深谙"围猎"之道的几位老板略施手段，刘某便很快与他们称兄道弟起来，收钱收礼更是来者不拒。

"党员干部'八小时外'是腐败的'滋生区'和'重灾区'，刘某就是在'八小时外'翻了船。"据某区纪委监委审查调查人员介绍，刘某常年一个人在办公地，时常想着单身生活应该找些乐趣，老板们便投其所好，时常陪他吃吃喝喝，流连于 KTV、洗脚房等场所，推杯换盏过后，大家顺理成章尊刘某为"大哥"。刘某也乐在其中，把这些视作讲义气、拉人脉，完全忘记党员干部应有的纪律要求和原则底线。老板们但有所求，他便想方设法"伸出援手"，甚至主动帮老板解决问题、寻找资源，把自己混同为权力掮客。

三是无视规章制度，盲目投资被套路。到某地工作之前的 5 年，刘某通过两次公开竞争上岗，3 年从正科考到正处，这使他自我迷信程度极度膨胀，不去想这是组织的培养，应该好好珍惜，反而认为这是自己能力强应得的，自视甚高。

"前些年混得风生水起，到这里岂能屈居人后，一定要干出点成绩。"抱着立功心切的心态，刘某一到某公司工作，就提出了若干不切实际的发展目标。

"这些乌托邦式的计划与目标，既没有向某区国资委请示汇报，征得上级主管部门的指导与支持，也没有深入调研实际情况，切实考虑某地经济社会发展实际，都是头脑发热盲目决定的。"审查调查人员说，缺乏国企工作经验的刘某"遇事凭感觉，谈事凭心情，完全是盲人骑瞎马"，不依规章制度，没有工作章法，也听不进下属的半句意见和建议。

然而，听不进劝的刘某却对老板孔某深信不疑。"在与我打交道的几个老板中，他一开始就给我留下了深刻印象，他不仅姿态放得很低，而且出手阔绰。"随着交往的频繁，刘某逐渐视孔某为可以深交的人，并在孔某的多次游说下下定决心与其合作。

2015 年 8 月至 9 月，在刘某的全力推动下，某公司在未对投资项目实地调查，未召开决策会议的情况下，违反业务投资流程，先后两次通过孔某与多家公司签订投资服务协议，投资总金额 5000 万元。

"我曾一度以为人家够朋友、肯帮忙，却没料到始终被他们牵着鼻子走，一步一步成为别人的提款机。"本想着能一鸣惊人的刘某，很快发现自己落入了别人早就布置好的陷阱。投资期限未到，由孔某"牵线搭桥"的 4 家公司均因涉嫌非法吸收公众存款罪被当地有关部门查处，扣除已收回的相关本金和投资收益，某公司面临直接经济损失 4700 万元，间接经济损失 200 万元。

2016 年 5 月，某区国资委在发现某公司资金异常后，对该公司进行了检查，刘某非但没有抓住机会向上级主管部门坦诚交代问题，反而妄图用第三方委贷化解问题，用未来发展消化当前问题，安排公司财务人员对账目进行调整，通过拆装记账凭证、制作假的银行对账单等方式填平账目，以掩盖其投资亏损、违规委托贷款、违规担保、违规理财等行为。

"出了问题总是想先捂住，犯了错误不求组织求老板，最终一步错步步错，偏听偏信、害人害己。"此后的刘某依然长期热衷于各种迎来送往、接待应酬，错过了一次次自警自救的机会，甚至在得知组织在调查自己的问题时，其虽然寝食难安，但还是心存侥幸，没有迈开主动寻求组织挽救的关键一步。

"思来处方知去处，省己过才明方向。"刘某在忏悔书中写道。经过审查调查人员耐心细致的教育引导，刘某深刻认识到最好的自救就是向组织全面交代自己所犯的错误，反思自己违纪违法的问题根源。

2. 如何透过本案理解违反工作纪律的成因

违反工作纪律的原因是多方面的，除了客观因素外，更为重要的是主观上对党的建设，党员领导干部廉洁从政的重大意义、科学内涵和精神实质的认识还不够深刻、不够全面、不够到位造成的。

总结原因，违反工作纪律的主要根源有以下几点：一是理想信念不坚定。不忘初心，就是不能忘了成为一名共产党员最初的理想信念。在名利和进退间放松了对自身建设的要求，当面对繁重工作压力和突发事件考验时，有时明显出现烦躁情绪，总想推脱，导致工作动力不足、精神状态不佳，其根本原因就在于理想信念不够坚定。二是党性锻炼还不够。思想观念中自觉不自觉地放松了对自己的要求，宗旨意识有所淡化，有随大流的思想。不能经常性地查找自身存在的问题，反省自己的思想和行为。批评与自我批评开展得不够，没有主动地、经常性地征求群众的意见和建议，没有自觉接受监督，因而在严格执行党的纪律方面标准不高、要求不严，放松了对自己世界观、价值观的改造。三是工作作风还不够扎实。工作中存在疲于应付的现象，存在急于求成的思想，对待工作有时不够细致，一定程度上降低了工作标准。在增强"四个意识"、做到"两个维护"、一体推进落实"两个责任"方面没有积极主动地去谋划担当，有等待、观望的思维和情绪。

教师在教学中可以围绕课程思政案例主要讨论以下两个问题：

（1）探索社会主义核心价值观与党的生活纪律的关系。

《中国共产党纪律处分条例》中生活纪律的违纪行为包括：生活奢靡、贪图享乐、追求低级趣味；与他人发生不正当性关系；党员领导干部不重视家风建设，对配偶、子女及其配偶失管失教；违背社会公序良俗，在公共场所有不当行为；其他严重违反社会公德、家庭美德的行为。良好的家风是培育社会主义核心价值观的有效载体，个人对祖国的深厚感情和对工作负责任的态度是杜绝生活奢靡、贪图享乐、追求低级趣味的道德根基。《中国共产党纪律处分条例》将社会主义核心价值观的规范性部分转化为生活纪律的内容并使党员遵循，既切实做到了将社会主义核心价值观在社会生活中落细和落实，也以此为导向对党内法规做了进一步深化、拓展和完善。因此，用社会主义核心价值观引领生活纪律是社会主义核心价值观融入法治建设的有效渠道之一。

社会主义核心价值观从概念落实到行为，渗透至社会的方方面面，需要制度规章这个中间环节。只要是需要规章制度约束的地方，就应该整合社会主义核心价值观的内容和要求。党的十八届四中全会审议通过的《中共中央关于全面推进依法治国若干重大问题的决定》（以下简称《决定》）彰显了以习近平同志为核心的党中央对依法治国与以德治国应紧密结合的高度重视，《决定》提出："国家和社会治理需要法律和道德共同发挥作用。必须坚持一手抓法治、一手抓德治，大力弘扬社会主义核心价值观……既重视发挥法律的规范作用，又重视发挥道德的教化作用……实现法律和道德相辅相成、法治和德治相得益彰。"《关于进一步把社会主义核心价值观融入法治建设的指导意见》提出："要坚持以社会主义核心价值观为引领……把社会主义核心价值观的要求体现到宪法法律、法规规章和公共政策之中，转化为具有刚性约束力的法律规定"，"加强党内法规制度建设……推动党员干部带头践行社会主义核心价值观。把从严治党实践成果转化为道德规范和纪律要求，做到依规治党和以德治党相统一，充分展现共产党人高尚思想道德情操和价值追求"。社会主义核心价值观的内容可以分为导向性部分和规范性部分两个层次，其中规范性部分的作用是给国家、社会组织及公众提供规范的行为准则，这些内容要通过法律制度来强制社会公众遵循。

（2）正确理解生活纪律与党员公民权利的关系。

《中国共产党纪律处分条例》首次将"生活奢靡、贪图享乐、追求低级趣味"等条款写入违反生活纪律一章。不少党员干部可能会有疑问：用自己的合法所得购买名牌用品也算违纪吗？自费邀请同事好友到高档一些的酒店吃饭算不算违纪？在公共场所高声喧哗、践踏草坪等违反社会公德的行为会不会受到党纪处分？回答这些问题首先要搞清楚为什么要将这些行为写入生活纪律一章。

现实中，一些党员干部过度追求生活上的奢侈享受，迷恋名车豪宅，讲究个人排场，背离了党章要求的"吃苦在前，享受在后"的义务和《中国共产党廉洁自律准则》"尚俭戒奢"的要求，破坏了群众心目中党员应当是社会主义新风尚和社会主义荣辱观带头践行者的良好形象。将生活奢靡、贪图享乐、追求低级趣味，与他人发生不正当性关系，违背社会公序良俗，严重违反社会公德、家庭美德等行为列入生活纪律一章，其出发点并不是约束限制党员的正当权利，而是严刹奢靡享乐之风，树立党员良好公众形象，是将党的十八大以来落实中央八项规定精神、坚持不懈纠正"四风"的要求和实践成果转化成了"硬规矩"，是全面从严治党的具体体现。那么，党员干部是不是就不享有公民正当权利呢？当然不是。《中国共产党纪律处分条例》中对违反生活纪律的行为有着明确的界定，只有对党的形象"造成不良影响的"才会受到纪律追究。比如宁夏吴忠市原副市长王某在下乡检查工作过程中，面对因避车不慎而落水的小姑娘，没能及时组织有效施救导致其溺亡，最终受到了撤销党内职务的党纪处分。临危不救若是发生在普通人身上只是品德问题，最多会受到群众和舆论的谴责。但对于一名党员干部来讲，是丧失人民公仆意识的表现，对党的形象造成了严重影响，因此应当受到党纪的处分。

对于党员干部身上出现的一些一般性不合适、不恰当、不文明的行为，比如办事排队加塞、公共场所高声喧哗、乱扔垃圾等，这类行为多属违背社会公序良俗、违反社会道德性质，只要是情节轻微未造成不良影响，便不构成违纪，党组织可以通过批评教育、组织处理、咬耳扯袖等方式令其红脸出汗、及时整改。同样，用合法所得购买名牌用品、自费邀请同事好友聚餐交流等行为，只要合理有度，没有明显超出当地正常生活消费水平，未对党的形象造成影响和损害，皆不在违纪之列。但若是铺张浪费、行事无度、造成不良影响的话，就要另当别论了。曾经引起社会舆论极大关注的"表哥""房叔"、因不雅视频被查的雷某以及抽天价烟的周某等官员，抛开他们接受调查背后存在的诸多违纪贪腐事实，仅就其贪图奢靡享乐引发热议、对党造成不良影响而论，就应当根据情节给予警告直至开除党籍处分。戴名表、住豪宅、抽天价烟，以及与他人发生不正当性关系，即使没有对党的形象造成不良影响，党组织也不会放任不管。中央纪委副书记张军同志在接受中央纪委监察部网站在线访谈时指出，过分奢靡，群众中、社会上是有评价标准的，会认为他们已不像一名共产党员。对这样处理私生活的党员，党组织不能不管、不能不予过问。

有人可能会有疑问，为什么普通人和那些公众人物可以在日常生活中不受限制，可以大操大办婚丧嫁娶等事宜，可以出入私人会所，可以无节制消费，党员就不可以呢？很简单，党员不同于普通群众，思想上"上台阶"，身份上才能"过门槛"。要求党员的思想觉悟比普通群众高，这是由党的先进性决定的，选择加入共产党这个先锋队，就要在思想上、行为标准上对自己要求更严更高，这是一名共产党员应有的政治觉悟和道德追求。王岐山同志在为党的十八届四中全会辅导读本撰文时写道："党规党纪严于国家法律，申请加入共产党就意味着主动放弃一部分普通公民享有的权利和自由，就必须多尽一份义务。"这句话诠释了党员和普通公民的区别，也在提醒着广大党员干部，多给权力做减法，多给义务做加法，在日常生活和社会交往中做到清贫能守，有钱不任性，共同推动形成积极向上、干事创业、风清气正的良好政治生态和社会风尚。

四、案例使用设计

1. 胡某私自给长期不在岗职工发放全额工资案

【基本案情及处理结果】

胡某，男，1975 年 10 月生，1998 年 10 月加入中国共产党，1994 年 7 月参加工作。历任中原油田某厂采气一矿技术员、副队长，采气二区副经理；2011 年 1 月任该厂采气管理二区经理；2015 年 6 月任该厂某储气库项目部经理。

在 2011 年 1 月胡某任采气管理二区经理期间，该区职工魏某以患病为由长期请假，多次催促无果后，胡某在未召开领导班子会议的情况下，仅与班子其他成员口头商议，私自决定给魏某全额发放工资共计 34.95 万元，其中超标准发放 20.38 万元。

胡某作为党员干部，私自决定给长期不在岗职工发放全额工资，违反工作纪律。依照《中国共产党纪律处分条例》有关规定，2018 年 9 月 6 日，经该厂纪委会议研究决定，并报党委会议批准，给予胡某党内警告处分；依照集团公司《职工违纪违规行为处分规定》有关规定，给予胡某行政记过处分。

【案情分析】

本案中，胡某作为基层单位负责人，擅自决定给长期不在岗职工发放全额工资，表面上是"照顾困难职工""为职工谋福利"，其实质是权力的任性和认识的"跑偏"，看似单位职工受益，实际上却违背了社会公平，在职工群众中也造成了较坏影响。

薪酬是单位支付给员工的劳动报酬，而"公平"是薪酬管理三项原则中非常重要的一项。"多劳多得"是企业员工的普遍认知，只有公平才能有效激励员工。任何薪酬、福利等都应该在制度约束和纪律监督下发放，绝不可私自滥发，更不可把福利变成"腐利"。

【党纪条规链接】

《中国共产党纪律处分条例》第一百三十三条：在党的纪律检查、组织、宣传、统一战线工作以及机关工作等其他工作中，不履行或者不正确履行职责，造成损失或者不良影响的，应当视具体情节给予警告直至开除党籍处分。

该集团公司《职工违纪违规行为处分规定》（2014）第三十五条：违反组织人事纪律，违规发放、虚报冒领薪酬和劳务费用的，给予警告或者记过处分；情节较重的，给予记大过或者降级处分；情节严重的，给予撤职、留用察看或者解除劳动合同处分。

2. 利用项目业务发展情人关系案

【基本案情及处理结果】

程某，男，1966 年 1 月生，1989 年 4 月加入中国共产党，1990 年 8 月参加工作。2015 年 9 月任中原油田某采油厂某采油项目部党支部书记；2016 年 8 月任该厂新疆项目部经理；2017 年 8 月任某采油管理项目部副经理（正科级）。

程某在新疆项目部工作期间，通过工作业务认识了某公司老板刘某。在与刘某的接触中，与刘某的妻子李某发展为情人关系，并多次发生性关系。2016 年 11 月，刘某因妻子与程某关系暧昧，到项目部程某所在宿舍与其发生冲突并将程某手机摔坏，在职工群众中造成严重不良影响。

程某作为党员干部，违反生活纪律，与他人保持不正当男女关系。依照《中国共产党纪律处分条例》有关规定，2017 年 10 月 27 日，经该厂纪委会议研究决定，并报党委会议批准，给予程某党内警告处分；依照集团公司《职工违纪违规行为处分规定》有关规定，给予程某行政警告处分。

【案情分析】

生活纪律不是小事，生活作风能够反映出一个人的道德情操和品德修养。党员领导干部如果生活作风上不检点、不正派，很容易走上奢靡享乐甚至违纪违法的道路。每一名党员干部都应该严格遵守生活纪律，争当遵守社会公德、家庭美德的表率。

【党纪条规链接】

《中国共产党纪律处分条例》第十一章第一百三十五条：与他人发生不正当性关系，造成不良影响的，给予警告或者严重警告处分；情节较重的，给予撤销党内职务或者留党察看处分；情节严重的，给予开除党籍处分。

该集团公司《职工违纪违规行为处分规定》（2014）第四十三条：有拒不承担赡养、抚养、扶养义务，虐待、遗弃家庭成员，包养情人以及其他违反社会主义道德行为的，给予警告或者记过处分；情节较重的，给予记大过或者降级处分；情节严重的，给予撤职、留用察看或者解除劳动合同处分。

《中国共产党纪律处分条例》明确提出了 5 条生活纪律，对党员领导干部在个人道德品行修养及管好家人方面提出了更高的要求。

第一方面，生活作风奢靡腐化。

（1）生活奢靡、贪图享乐、追求低级趣味，造成不良影响。

"生活奢靡、贪图享乐"，主要是指党员背离了党章要求的"吃苦在前、享受在后"和《中国共产党廉洁自律准则》规定的"尚俭戒奢"的要求，以及违背了社会主义荣辱观中"以辛勤劳动为荣、以好逸恶劳为耻"的要求，在生活上贪图享受、宣扬及时行乐、讲排场、比阔气、挥金如土；工作上安于现状、得过且过、拈轻怕重等。

"追求低级趣味"，是指党员在兴趣爱好、业余生活中热衷于庸俗、不高尚、不符合共产党员道德情操的行为。

第二方面，男女性关系失范。

（2）与他人发生不正当性关系，造成不良影响；利用职权、教养关系、从属关系或者其他相似关系与他人发生性关系。

生活纪律中的"与他人发生不正当性关系"要与廉洁纪律中的"权色交易、钱色交易行为"相区分。"不正当性关系"指的是性道德失范，就是我们通常所说的生活作风问题，是指有配偶者又同配偶以外的人发生性关系，或者双方均无配偶，但一方同时与多名异性存在性关系。权色交易、钱色交易所指的不正当性关系带有利益交换，往往是通过本人职权或者职务上的影响为对方谋利而与之交易，一方以"色"，另一方通过"权"和"钱"谋取不正当利益。这种不正当的性关系，既违反了道德，还侵犯了党员干部的职务廉洁性，只要发生，无论是否造成不良影响，都要处分。

第三方面，不重视家风建设。

（3）党员领导干部不重视家风建设，对配偶、子女及其配偶失管失教，造成不良影响或者严重后果。

家风是一个家庭的精神内核，体现的是父母言传身教、身体力行的榜样示范，体现的是长辈对晚辈耳濡目染、潜移默化的教育，体现的是子孙后代立身处世、言谈举止的准则。

第四方面，违背社会公序良俗。

（4）违背社会公序良俗，在公共场所有不当行为，造成不良影响。

公序，即公共秩序，主要是指维护国家和社会正常发展的一般秩序。良俗，即良好风俗，主要是指维护国家和社会健康发展的一般道德。

遵守公序良俗，主要是指党员的行为应当遵守公共秩序，符合善良风俗，不得违反国家的公共秩序和社会的一般道德。

第五方面,违反社会公德、家庭美德。

(5) 其他严重违反社会公德、家庭美德的行为。

社会公德是指人们在社会交往和公共生活中应该遵守的行为准则,是维护社会成员之间最基本的社会关系秩序、保证社会和谐稳定最起码的道德要求。家庭美德是家庭生活的道德规范,主要包括尊老爱幼、男女平等、夫妻和睦、勤俭持家、邻里互助等内容。

五、问题拓展讨论

新时代,我们党肩负的任务更重,对党员的要求更高,不允许有败坏党风、磨灭党性的现象存在。私生活不检点,生活作风有问题,这些事情看似不大,但小中见大,它虽不必然演变为腐败问题,但它却易成为一个切入口,为腐败提供温床和催化剂,其中生活奢靡和贪图享乐尤其容易导致党员领导干部走上腐败的不归路,因此必须以强有力的方式保障生活纪律建设的顺利进行,掐掉生活腐化的苗头,完善制度约束就成为一种强有力的方式。

党的十八大之后,党中央下大决心以严明纪律整饬党风,完善各项相关制度,增强纪律建设的实效性,例如:2013 年 11 月 18 日中共中央、国务院印发实施的《党政机关厉行节约反对浪费条例》就强调广大党员干部带头厉行勤俭节约、反对铺张浪费;2015 年 8 月修订的《中国共产党巡视工作条例》明确规定对巡视对象执行党章党纪党规、落实党风廉政建设"两个责任"进行监督;2015 年 10 月中共中央印发的《中国共产党廉洁自律准则》对全党在工作和生活上都提出了"四个必须""八条规范",要求全党在思想和行为上严格遵守;2016 年 10 月 27 日通过的《中国共产党党内监督条例》也明确提出要加强对领导干部日常生活的监督,其中领导干部的日常生活不仅包括其个人,还包括其亲属;2019 年中共中央印发的《中国共产党党员教育管理工作条例》第十一条规定:"强化党章党规党纪教育,引导党员牢记入党誓词,坚持合格党员标准,自觉遵守党的纪律,带头践行社会主义核心价值观,培养高尚道德情操,培育良好思想作风、学风、工作作风、生活作风和家风。"此类制度还有《关于新形势下党内政治生活的若干准则》《中国共产党党内监督条例》《中华人民共和国监察法》《中国共产党纪律处分条例》《中国共产党纪律检查机关监督执纪工作规则》《中国共产党问责条例》等,党中央以制度形成外在约束,告诫全体党员不能违反生活纪律，违者必受处置。

党的十八大以来，基于国内外形势发生的深刻复杂变化，以习近平同志为核心的党中央探索生活纪律建设的新思路，把对党员日常生活的规范提到了纪律的高度，这是前所未有的。在党的生活纪律建设过程中，它具有怎样显著的特点？

仔细划分下来，主要体现了道德引领下的思想教育与生活纪律建设的统一、家风建设与生活纪律建设的统一、政德建设与生活纪律建设的统一三个特点。

1. 体现了思想教育与生活纪律建设的统一

党的生活纪律建设体现思想教育与生活纪律建设的统一，关键就是要通过思想教育唤醒道德自觉，主要体现在党中央的宣传，以及各级党组织和纪检部门严格落实主体责任和监督责任，党的工作部门各司其职、各尽其责，各级领导干部也切实担负起领导责任，各级党委依照主体责任要求，努力抓好干部队伍建设、选人用人、日常教育管理、批评与自我批评等工作，对党员进行思想教育，增强纪律意识，增强党性修养，从外部唤醒党员内心的道德自觉，以推进党的生活纪律建设。

2. 体现了家风建设与生活纪律建设的统一

党的生活纪律建设体现家风建设与生活纪律建设的统一，关键就是要通过家风建设推进党的生活纪律建设，主要体现在各级党组织正面的宣传教育和党中央对家风败坏引发腐败案件的通报。各级党组织加强家风宣传阵地、文化阵地、教育阵地、活动阵地等四大阵地建设，弘扬家庭美德，在全社会形成向上向善的良好风尚。注重家庭美德，树立优良家风，为拒腐防变筑好生活上的篱笆，十分重要。

3. 体现了政德建设与生活纪律建设的统一

党的生活纪律建设体现政德建设与生活纪律建设的统一，关键就是要通过社会公德涵养政治品德。首先体现在我们党针对当下党员存在的社会道德问题制定生活纪律内容，从公德去规范全体党员，切实践行全心全意为人民服务的宗旨；其次体现在党组织的经常性教育以及党员的自我道德修养，党组织教育之后，党员要主动接受生活纪律教育，时常进行自我批评，以高尚的道德情操引导自我行为，守住纪律底线。

👍 **六、阅读文献推荐**

1. 中国纪检监察报社：《以案示警——75 个违纪违法典型案例剖析》，中国方正出版社，2018 年。

2. 中共云南省纪律检查委员会、云南省监察委员会：《党的生活纪律——知与行》，中国方正出版社，2021 年。

3. 中共中央党史和文献研究院：《习近平关于注重家庭家教家风建设论述摘编》，中央文献出版社，2021 年。

4. 林广成：《从政提醒——党员干部、公职人员不能做的 150 件事》，中国方正出版社，2022 年。

5. 温剑能：《违纪构成与党纪处分论》，中国方正出版社，2021 年。

6. 王希鹏：《纪律严党——党员干部应知的纪律规矩》，人民日报出版社，2023 年。

第三章
职务违法的警示

第一节　违反政治要求的行为

! 一、知识点提要

1. 政治要求和纪律

从党内政治纪律内涵的历史发展来看，其主要包含政治路线的纪律、政治工作的纪律和政治生活的纪律三大层面。在革命、建设和改革各个时期，我们党都有自己的政治路线，这是中国共产党纲领的具体体现，决定着一定时期内的行动和自身建设的方向。维护政治路线是中国共产党"政治纪律"最基础也是最重要的内涵，"政治纪律"的其他内涵均是在维护政治路线的基础上发展而来的。政治路线要靠具体的工作来落实并贯穿于各项工作之中，为了保证各项工作遵循政治路线，中国共产党在长期的实践中探索出了政治工作者独具特色的工作领域，并通过政治工作解决思想、观点、立场等问题，以期实现思想和行动的统一，在此过程中对各行各业提出了具体的政治要求和政治纪律。随着民主集中制的实践发展，党内政治生活中的纪律逐渐成为"政治纪律"的重要组成部分。

2. 政治纪律的基本内容

在十八届中央纪委五次全会上，习近平总书记明确提出了遵守政治纪律和政治规矩的"五个必须"要求：必须维护党中央权威，决不允许背离党中央要求另搞一套，在任何时候任何情况下都要在思想上政治上行动上同党中央保持高度一致；必须维护党的团结，决不允许在党内培植个人势力，坚持五湖四海，团结一切忠实于党的同志；必须遵循组织程序，决不允许擅作主张、我行我素，重大问题该请示的请示，该汇报的汇报，不允许超越权限办事；必须服从组织决定，决不允许搞非组织活动，不得违背组织决定；必须管好亲属和身边工作人员，决不允许他们擅权干政、谋取私利，不得默许他们利用特殊身份谋取非法利益。党的二十大报告深刻总结了中国共产党100多年历史蕴含的经验与教训，明确指出新时代中国共产党自身"政治纪律"建设三个方面的主要内容，即"加强党的政治建设，严明政治纪律和政治规矩，落实各级党委（党组）主体责任，提高各级党组织和党员干部政治判断力、政治领悟力、政治执行力。坚持科学执政、民主执政、依法执政，贯彻民主集中制，创新和改进领导方式，提高党把方向、谋大局、定政策、促改革能力，调动各方面积极性。增强党内政治生活政治性、时代性、原则性、战斗性，用好批评和自我批评武器，持续净化党内政治生态"。

　　3. 违反政治要求的行为

《中国共产党章程》作为党内根本大法，对党的纪律及其类型进行了权威划分。依据《中国共产党章程》第三十九条之规定，党的纪律是党的各级组织和全体党员必须遵守的行为规则，是维护党的团结统一、完成党的任务的保证。党组织必须严格执行和维护党的纪律，共产党员必须自觉接受党的纪律的约束。《中国共产党章程》第四十条明确把党的纪律划分为政治纪律、组织纪律、廉洁纪律、群众纪律、工作纪律、生活纪律等六大类。《中国共产党纪律处分条例》分则部分第六章第四十四条至第六十九条对党员违反政治纪律的情形进行了细化规定，共包括在重大原则问题上不同党中央保持一致且有实际言论、行为或者造成不良后果的等38种行为类型。依据党章对纪律内涵的明确规定，参照《中国共产党纪律处分条例》对党员违反政治纪律行为类型的明确划分，公职人员违反政治要求的行为类型主要涉及《中华人民共和国公职人员政务处分法》（以下简称《公职人员政务处分法》）第二十八条及第二十九条第一款的规定，具体体现为：散布有损宪法权威、中国共产党的领导和国家声誉的言论；参加旨在反对宪法、中国共产党的领导和国家的集会、游行、示威等活动；拒不执行或者变相不执行中国共产党和国家的路线方针政策、重大决策部署；参加非法组织、非法活动；挑拨、破坏民族关系或者参加民族分裂活动；利用宗教活动破坏民族团结和社会稳定；在对外交往中损害国家荣誉和利益；公开发表反对宪法确立的国家指导思想，反对中国共产党领导，反对社会主义制度，反对改革开放的文章、演说、宣言、声明等；不按照规定请示、报告重大事项。

⚠ 二、主讲案例介绍

某县委原书记赵某收受企业主财物，破坏生态环境搞开发案

【基本案情及处理结果】

2016 年至 2020 年，时任某县委书记的赵某表面上表态坚决贯彻党中央关于生态文明建设的决策部署，背后却纵容、支持某企业在清江流域开发房地产项目中非法挖山采石、破坏生态环境，并收受该企业主财物。2018 年下半年，中央环保督察组三次向该县政府交办反映该问题的信访件。赵某在安排信访件调查处理时要求"对上级回复少说问题，如果存在问题在县内及时整改"，在报告调查结论时要求该县政府以地产项目"没有严重破坏山体行为"等理由搪塞回避问题，否认非法采石，将严重失实的调查报告上报中央环保督察组。经评估，该企业违规开发行为造成国家矿产资源、生态环境经济损失 1.12 亿元。

此外，赵某还存在对抗组织审查等违反政治纪律和其他严重违纪违法问题，受到开除党籍、开除公职处分，涉嫌犯罪问题被移送检察机关依法审查起诉。

【案情分析】

党的十八大以来，以习近平同志为核心的党中央深刻总结人类文明发展规律，将生态文明建设纳入中国特色社会主义"五位一体"总体布局和"四个全面"战略布局，谋划开展了一系列根本性、开创性、长远性工作，推动生态环境保护发生历史性、转折性、全局性变化。习近平总书记提出坚持人与自然和谐共生、绿水青山就是金山银山、良好生态环境是最普惠的民生福祉、山水林田湖草沙是生命共同体、用最严格制度最严密法治保护生态环境、共谋全球生态文明建设六项重要原则，并明确指出"生态环境破坏和污染不仅影响经济社会可持续发展，而且对人民群众健康的影响已经成为一个突出的民生问题，必须下大气力解决好"。党的十八大则把"中国共产党领导人民建设社会主义生态文明"写入党章，把生态文明建设纳入中国特色社会主义事业总体布局，严明了党员需遵循的义务和责任。本案中，赵某在

重大原则问题上不同党中央保持一致，自行其是，无视中央权威，纵容、支持下属企业非法挖山采石、破坏生态环境，明显属于《公职人员政务处分法》第二十八条第一款第三项"拒不执行或者变相不执行中国共产党和国家的路线方针政策、重大决策部署"的行为。

三、课程思政解读

1. 党对公职人员的政治要求是最根本的

政治纪律是最重要、最根本、最关键的纪律，遵守党的政治纪律是遵守党的全部纪律的重要基础。党的十八大以来，以习近平同志为核心的党中央把严明政治纪律放在从严管党治党、加强纪律建设的首位来抓。党的十九大报告指出："全党要坚定执行党的政治路线，严格遵守政治纪律和政治规矩，在政治立场、政治方向、政治原则、政治道路上同党中央保持高度一致。"党的二十大报告明确强调："加强党的政治建设，严明政治纪律和政治规矩，落实各级党委（党组）主体责任，提高各级党组织和党员干部政治判断力、政治领悟力、政治执行力。"

"旗帜鲜明讲政治是我们党作为马克思主义政党的根本要求。"习近平总书记对政治纪律一再强调，并在不同场合多次指出，严明党的纪律，首要的就是严明政治纪律。党的纪律是多方面的，但政治纪律是最重要、最根本、最关键的纪律，遵守党的政治纪律是遵守党的全部纪律的重要基础。做合格的共产党员，首先就必须做到政治过硬，牢固树立"四个意识"。保证全党服从中央，维护党中央权威和集中统一领导，是党的政治建设的首要任务。

在党的各项纪律和规矩中，最重要、最根本、最核心、最关键的是党的政治纪律和政治规矩，这是毋庸置疑的。实践证明，只有政治上清醒，才能有行动上的自觉；只有政治上坚定，才能经得住各种考验。遵守党的政治纪律和政治规矩，是遵守党的全部纪律和规矩的基础，是坚持党的政治立场、政治原则和政治方向的前提，是提高党的领导水平和执政水平、增强党的拒腐防变和抵御风险能力的关键。对此，广大党员干部特别是党员领导干部必须有一个清醒的认识。领导干部以身作则、率先垂范既是基本的领导方法，更是长期形成的优良传统。守纪律、讲规矩必须从党员领导干部特别是高级领导干部做起。领导干部职位越高、权力越大，就越要对党忠诚，越要严守党的政治纪律和政治规矩，否则不但会葬送掉自己的政治生命和政治前途，还会给党的形象和事业造成巨大损失。

2. 党对公职人员的政治要求是明确具体的

政治纪律、政治规矩不是抽象的。党组织和党员领导干部应提高政治站位和政治觉悟，牢固树立"四个意识"，坚决做到"两个维护"，以实际行动向党看齐，落实政治纪律、政治规矩要求，严格执纪问责，将政治纪律、政治规矩具体化。党的十八大以来，以习近平同志为核心的党中央高度重视党的政治建设，从全面从严治党的角度出发，强调从严管党、严格执纪的重要性。党员领导干部要切实增强"四个意识"，在政治方面要做到对党忠诚、为党分忧、为党担责、为党尽责，坚持把纪律挺在前面，严明党的政治纪律和政治规矩，保证全党团结统一、步调一致。党的十九大报告中更是重新确立了党的建设总要求，把政治建设纳入总体布局之中并放在首位，明确其统领性地位。十九届中央政治局第六次集体学习中，习近平总书记又以加强党的政治建设为主题发表重要讲话，并进行深刻阐释，重申党的政治建设的重要性。党的政治建设是党的根本性建设，决定了党的建设方向和效果，这既是党的十八大以来管党治党的鲜活经验和重要创新成果，也是新时代推动全面从严治党向纵深发展的重要实践原则和内在要求；既是政党的内在本质属性要求，也是确保政党政治良性发展的根本保障。全党上下必须高度重视，不断从各方面切实进行建设和强化。

党的政治建设的首要任务是保证全党服从中央，维护党中央权威和集中统一领导。习近平总书记曾在不同场合多次强调政治纪律、政治规矩的重要性。党的政治建设取得实效，不仅需要思想上重视，还需要制度法规的保障。2016 年 10 月通过的《关于新形势下党内政治生活的若干准则》对维护政治生态、严明政治纪律和政治规矩做了总的要求，是政治类党内法规的"根本大法"，处于基础性地位，其中明确规定："党的各级组织、全体党员特别是高级干部都要向党中央看齐，向党的理论和路线方针政策看齐，向党中央决策部署看齐，做到党中央提倡的坚决响应、党中央决定的坚决执行、党中央禁止的坚决不做……对党中央决策部署，任何党组织和任何党员都不准合意的执行、不合意的不执行，不准先斩后奏，更不准口是心非、阳奉阴违。属于部门和地方职权范围内的工作部署，要以贯彻党中央决策部署为前提，发挥积极性、主动性、创造性，但决不允许自行其是、各自为政，决不允许有令不行、有禁不止，决不允许搞上有政策、下有对策。"2017 年 10 月印发的《中共中央政治局关于加强和维护党中央集中统一领导的若干规定》，是维护党中央权威和集中统一领导，树立正确政治意识的重要保障。2018年修订的《中国共产党纪律处分条例》对政治纪律部分进行了大幅修订，作出更明确、更严格的要求，通过执纪问责加强政治纪律建设，增强了震慑性和权威性。2019年1月，中共中央印发《中共中央关于加强党的政治建设的意见》，强调"政治纪律是党最根本、最重要的纪律，是净化政治生态的重要保证"，构建和维护良好的政治生态，切实体现了全面从严治党的各项要求。依据党的纪律建设的制度经验，2020年6月全国人民代表大会常务委员会通过了《公职人员政务处分法》，其中第二十八条对公职人员的政治要求进行了细化规定，从而使党的政治纪律在公职人员的行为中进一步具体化。

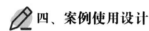 **四、案例使用设计**

1. 王某不按照规定请示、报告重大事项案

【基本案情及处理结果】

党员干部李某因涉嫌醉驾被拘留，其单位主要负责人王某应李某家属请求，擅自决定以单位名义出具担保函，商请对李某取保候审。事后，王某将单位有干部涉嫌醉驾被拘留，以及目前已被取保候审的情况向组织进行了汇报，但没有汇报自己擅自决定以单位名义出具担保函的情况。

【案情分析】

王某关心爱护下属的心情可以理解，但关心爱护不等于"护犊子"。他擅自决定以单位名义出具担保函一事已经超出了自身的职权范围，本应向组织请示报告，但其事前不请示，事后也不报告，在请示报告中打折扣、搞变通、不实事求是，导致上级没有掌握全面情况，造成工作上的被动。对于王某的行为，党纪国法都进行了规定。

《中国共产党纪律处分条例》第五十四条规定："不按照有关规定向组织请示、报告重大事项，情节较重的，给予警告或者严重警告处分；情节严重的，给予撤销党内职务或者留党察看处分。"其中，重大事项的认定可参照《中国共产党重大事项请示报告条例》的规定。《公职人员政务处分法》

第二十九条第一款规定："不按照规定请示、报告重大事项，情节较重的，予以警告、记过或者记大过；情节严重的，予以降级或者撤职。"显然，作为党员领导干部，王某的行为不但违反了党的政治纪律，也违反了公职人员不按照规定请示、报告重大事项的政治要求，理应受到党纪政务处分。

2. 陈某严重违反政治要求案

【基本案情及处理结果】

2017年至2022年，时任某出版传媒集团有限公司党委书记、董事长的陈某为了短期内提升政绩，置党中央关于国有文化企业要坚持立足主业发展的方针政策于不顾，未经省国有文化资产监督管理与产业发展领导小组办公室批准，扩大投资规模，偏离文化主业发展，大肆开展汽车、钢材等大宗贸易，以及茶叶融资性贸易和开发房地产等非主营业务投资。其中，近5年的大宗贸易占总贸易比例达到73%~93%，预付茶叶货款面临1.3亿元损失风险，公司所属某文化广场项目中书城项目面积所占比例仅为8%。2022年6月，陈某察觉自己被组织核查后，经其下属介绍认识了"政治骗子"赵某某、李某。赵某某、李某提出承接工程的要求，陈某立即同意并安排下属公司与某工程公司签订战略合作框架协议，李某从中可分包30%的工程。2022年9月，陈某被省监委留置后，相关战略合作框架协议合作终止。此外，陈某还存在对抗组织审查等违反政治纪律和其他严重违纪违法问题，受到开除党籍、开除公职处分，涉嫌犯罪问题被移送检察机关依法审查起诉。

【案情分析】

本案中，陈某置党中央关于国有文化企业要坚持立足主业发展的方针政策于不顾，未经省国有文化资产监督管理与产业发展领导小组办公室批准，扩大投资规模，偏离文化主业发展，大肆开展汽车、钢材等大宗贸易，以及茶叶融资性贸易和开发房地产等非主营业务投资。其行为显然已经触犯了《公职人员政务处分法》第二十八条的明确规定，属于"拒不执行或者变相不执行中国共产党和国家的路线方针政策、重大决策部署的"行为，从其行为及结果来看，已经构成"情节严重"的情形，所以其最终受到开除公职的政务处分。

五、问题拓展讨论

1. 公职人员对抗组织审查的行为是违反政治要求还是组织要求？

对党忠诚是共产党人首要的政治品质。忠诚是纯粹的、无条件的，党员在任何时候都要做到对党忠诚老实，特别是在犯错误后，更应当相信组织、依靠组织，认真反省检讨，积极配合组织查清事实，决不能欺骗组织、对抗审查，妄图以此逃避处理。纪检监察机关要增强政治敏锐性和政治鉴别力，善于发现、准确把握对抗组织审查行为的"对抗性"特征，既不人为拔高，也不姑息纵容，通过精准认定和恰当处置，实现执纪执法政治效果、纪法效果和社会效果相统一。

在案件处理过程中，关于公职人员与相关人员串供、伪造证据的问题，应当认定为对抗组织审查。但对于公职人员在接受组织函询时不如实说明问题，将受贿谎称为借款的行为，形成了如下两种不同意见：

第一种意见认为，相关公职人员身为党员领导干部，在组织函询时不如实说明问题，应当依照《中国共产党纪律处分条例》第七十三条第一款第（二）项规定，认定为违反组织纪律。

第二种意见认为，相关公职人员在回复组织函询时不是出于畏惧、侥幸心理简单否认问题，而是按照与陈某串供的情况编造事实，提供虚假情况，企图逃避处理。从本质上看，其不如实回复组织函询，以及串供、伪造证据的行为均基于对抗审查、逃避处理的同一个主观故意，应当一并认定为违反政治纪律，并依照《中国共产党纪律处分条例》第五十六条第（一）项规定予以处理。

我们同意第二种意见。对抗组织审查行为的关键特征是"对抗性"，本质上反映的是党员对组织不忠诚不老实的政治问题。在案件调查过程中，相关公职人员为掩盖受贿问题，在与他人串供、伪造证据后才回复函询，明显具有欺骗组织、逃避惩处的主观动机，其行为的"对抗性"特征十分典型，应当认定为违反政治纪律。

实践中，纪检监察机关要注意区分"对抗组织审查"与"在组织谈话、函询时不如实说明问题"两种情况，既要善于从政治上加以甄别判断，也要注意避免简单泛化认定，从"违规"和"有责"两个要素出发，做到实事求是、不枉不纵、精准认定。一方面，要重点核查被审查人是否客观存在串供或者伪造、销毁、转移、隐匿证据等对抗组织审查行为，同时注意查明其在组织谈话、函询时不如实说明问题与其采取的对抗组织审查行为是否密切相关；另一方面，要注意把握被审查人是否具有刻意误导审查、欺骗对抗组织的主观意图，综合考虑认定行为人是否应当承担相应的纪律责任。

需要注意的是，在违纪违法行为实施后、组织启动审查前，党员采取串供、伪造证据、转移赃款赃物等方式企图掩盖事实、逃避惩处的，鉴于其行为从本质上看是对党不忠诚不老实，欺骗组织、对抗组织，与组织离心离德，应当认定为对抗组织审查。同时，认定对抗组织审查行为应当按照从旧兼从轻的原则，精准适用相应条规。比如，2003 年《中国共产党纪律处分条例》将串供、伪造证据等行为规定为从重或者加重处分情节，2015 年修订《中国共产党纪律处分条例》（2016 年 1 月 1 日起施行）时方将上述对抗组织审查行为规定为违反政治纪律。因此，若串供、伪造证据等行为发生在 2016 年 1 月 1 日之前，不应当将其认定为违反政治纪律，而应当作为从重或者加重处分情节予以评价。又如，通过打探巡视巡察消息、提供虚假材料，甚至模拟巡视巡察谈话等方式干扰巡视巡察工作，其行为本质上是为了防止组织发现违纪问题，逃避组织查处，属于对抗组织审查行为。鉴于 2018 年 10 月 1 日起施行的《中国共产党纪律处分条例》第五十五条已将干扰巡视巡察工作规定为独立的违纪行为，若该行为发生或者持续至 2018 年 10 月 1 日之后，应当直接认定为干扰巡视巡察工作；若发生在 2018 年 10 月 1 日之前，则可以根据行为发生的具体时点、情节严重程度，依照 2015 年《中国共产党纪律处分条例》第五十七条第（五）项规定，认定为"其他对抗组织审查行为"，或者依照 2003 年《中国共产党纪律处分条例》第二十四条第（五）项规定作为从重或者加重处分情节予以评价。

2. 在党纪政务处分决定书中如何规范表述对抗组织审查行为？

国家监察体制改革后，纪委与监委合署办公，履行党的纪律检查和国家监察两项职责，要求纪检监察机关自觉将纪律和规矩挺在前面，用纪律和法律两把尺子来衡量违纪违法行为，坚持纪严于法、执纪执法贯通。这就提醒我们，一些违反党纪的行为可能并不同时构成职务违法。比如，阻止他人检举、提供证据，串供或者伪造、隐匿、毁灭证据，包庇同案人员等行为，依照《中国共产党纪律处分条例》第五十六条规定，构成对抗组织审查，违反了党的政治纪律；但依照《公职人员政务处分法》第十三条规定，上述行为只是在追究监察责任时的法定从重情节，并非独立的可作为政务处分依据的违法事实。同时，向组织提供虚假情况、掩盖事实的对抗组织审查行为，以及在组织谈话、函询时不如实说明问题的行为，分别违反了党的政治纪律和组织纪律；但依照《公职人员政务处分法》规定，上述行为既不是独立的违法行为，也不是法定的从重情节，仅属于在追究监察责任时应当考虑和把握的酌定从重情节。这就要求纪检监察机关在制作处分决定文书时要注意精准表述，体现纪法双施双守的要求。

对于相关国家工作人员对抗组织审查的问题，应当在党纪处分决定书和政务处分决定书中分别作出恰当表述。在党纪处分决定书中，应当将徐某对抗组织审查的问题在"违反政治纪律"部分予以认定和表述。在政务处分决定书中，不宜将其对抗组织审查的问题在"违反政治要求"部分单独列明，而是作为从重处分情节予以说明，可参考如下表述："采用串供、伪造证据、提供虚假情况掩盖事实等方式妨碍调查，具有从重处分情节。"同时，有的违纪行为虽然同时构成违法，但违纪和违法类型可能并不一一对应。比如，对于参加迷信活动的行为，依照《中国共产党纪律处分条例》第六十三条规定属于"违反政治纪律"；但依照《公职人员政务处分法》第四十条第一款第（二）项规定则属于"违反公职人员道德要求"。对于此类情形，可做如下处理：一是具有党员身份的公职人员因参加迷信活动同时受到党纪政务处分的，为确保党纪处分与政务处分顺畅衔接，避免针对同一行为出现不同评价，可对政务处分决定书中的违法行为类型作出调整，即将参加迷信活动问题在"违反政治要求"部分予以认定和表述。二是在仅给予党纪处分或者仅给予政务处分的情况下，应当依照《中国共产党纪律处分条例》或者《公职人员政务处分法》的相应规定，分别在"违反政治纪律"或者"违反公职人员道德要求"部分予以认定和表述。

👍 六、阅读文献推荐

1. 中国法制出版社：《〈中华人民共和国公职人员政务处分法〉学习手册》，中国法制出版社，2020年。

2. 本书编写组：《公职人员政务违法行为认定与处理》，中国方正出版社，2021年。

3. 丁方旭：《纪检监察案例指导——〈中华人民共和国公职人员政务处分法〉篇》，中国方正出版社，2021年。

4. 付余：《公职人员违纪违法疑难案例辨析》，中国方正出版社，2020 年。

5. 曹静静：《公职人员违纪违法犯罪行为界定》，中国方正出版社，2020 年。

6. 本书编写组：《党员必须牢记的政治纪律》，人民出版社，2018 年。

第二节 违反组织要求的行为

一、知识点提要

1. 组织要求和纪律

严密的组织体系和强大的组织能力是无产阶级政党的重要领导方式。组织纪律是我们党的纪律的重要组成部分，是处理党组织之间、党员个体之间，以及党组织与党员个体之间关系的规范。党的十八大以来，习近平总书记从战略和全局的高度，对加强党的组织纪律建设、增强全党组织纪律性做了深刻阐述。习近平总书记强调，组织纪律性是党性修养的重要内容，必须严格执行各项组织制度；要明确组织纪律界限，严肃查处违反组织纪律的行为。在十八届中央纪律检查委员会三次全会上，习近平总书记明确指出，民主集中制、党内组织生活制度等党的组织制度都非常重要，必须严格执行。各级领导班子和领导干部要严格执行请示报告制度。要切实加强组织管理，引导党员领导干部正确对待组织的问题，言行一致、表里如一，讲真话、讲实话、讲心里话，接受党组织教育和监督。要切实执行组织纪律，不能搞特殊、有例外，各级党组织要敢抓敢管，使纪律真正成为"带电的高压线"。

2. 违反组织要求的行为

依据党章对组织纪律的根本规定，《中国共产党纪律处分条例》分则部分第七章第七十条至第八十四条对党员违反组织纪律的情形进行了细化规定，共包括 24 种行为类型。参照《中国共产党纪律处分条例》对党员违反组织纪律行为类型的明确划分，公职人员违反组织要求的行为类型主要涉及《公职人员政务处分法》第二十九条至第三十二条的规定，具体体现为：不按规定报告个人有关事项；篡改、伪造本人档案资料；违反民主集中制原则；违反出境管理规定；违规选拔任用干部和人事工作弄虚作假；对依法行使批评、申诉、控告、检举等权利的行为打击报复；诬告陷害；破坏选举。

⚠ 二、主讲案例介绍

某报社汤某未按规定报告个人事项案

【基本案情及处理结果】

某报社汤某本人未经批准获取英国永久居留权，一直未向组织报告；其配偶、子女获取英国永久居留权，未在领导干部个人有关事项报告中如实填报；未经组织批准、未履行请假手续多次因私出国，事后隐瞒不报；长期违规持有个人因私护照，不按规定及时交由组织统一管理。依据《中国共产党纪律处分条例》《事业单位工作人员处分暂行规定》的有关规定，经某部党组研究并报中央和国家机关工委批准，决定给予汤某开除党籍处分；某部决定给予其行政撤职处分，撤销其报社副社长职务，由三级职员降为六级职员。

【案情分析】

公职人员不仅要模范遵守国家法律，而且要按照党规党纪以更高的标准严格要求自己。中央严肃严格个人有关事项报告、党员领导干部出境管理等制度，相关人员应遵从"规范、真实、准确、完整"的原则，严格遵守党的组织纪律和国家法律的组织要求，认真落实报告、出境管理等制度，自觉自愿接受组织的监督与核查。本案中，汤某作为国家公职人员，违反规定获取英国永久居留权，长期违规持有个人因私护照，违反规定对其配偶、子女获取英国永久居留权的事项隐瞒不报，多次未经组织批准、违反规定因私出国，这些都严重违反了党的组织纪律，同时也严重违反了《公职人员政务处分法》第二十九条及第三十一条的相关规定。

▣ 三、课程思政解读

对党忠诚是党对公职人员的基本要求

习近平总书记指出："坚持对党绝对忠诚，必须对党高度信赖，做到热爱党、拥护党、永远跟党走。""对党绝对忠诚要害在'绝对'两个字，就是唯一的、彻底的、无条件的、不掺任何杂质的、没有任何水分的忠诚。"忠诚于党就是要始终如一、坚定不移保持忠诚，不管风吹浪打还是饱经风霜，任何时候、任何情况下都要站得稳、靠得住。公职人员要积极推进党和国家事业，对党、国家、人民在思想、政治、行动、工作和各种情景中，都能做到始终如一、坚定不移自觉服从、维护、推进，当遇到种种艰难险阻时，能作出自我牺牲。党章亦明确规定，共产党员要对党忠诚老实，这要求每一名党员都要时刻强化党的意识，始终做到"心中有党、对党忠诚"，把对党绝对忠诚作为基本政治素养，牢记自己的第一身份是共产党员，第一职责是为党工作、为人民服务。时刻做到政治信仰不变、政治立场不移、政治方向不偏，始终做到忠诚于组织，任何时候都与党同心同德。时刻想到自己是党的人，时刻不忘自己对党应尽的义务和责任，相信组织、依靠组织、服从组织，自觉维护党的团结统一。

忠诚干净担当是领导干部必备的政治品格。我们党正是因为有千千万万绝对忠诚的好领导和好干部，才能发展为党员总量逾 9000 万人的大党，具有强大的生命力，党和人民的事业不断发展壮大。在新中国成立尤其是改革开放之后，党和国家事业取得了重大成就，发生了历史性变革。当前，我国发展进入新阶段，中国特色社会主义进入新时代，中华民族伟大复兴站在了新的历史起点。全党全国正在为实现中华民族伟大复兴而奋斗，现实呼唤广大党员领导干部必须做到对党绝对忠诚，同党中央保持高度一致，全面加强党的领导，切实增强党的凝聚力、战斗力和领导力、号召力，抵御各种风险，战胜历史挑战。2010 年，中共中央办公厅、国务院办公厅印发了《关于领导干部报告个人有关事项的规定》。党的十八届六中全会后，为了更好地适应新形势、新要求，党中央对坚持和完善党员领导干部个人有关事项报告制度作出了新的明确规定，印发了《领导干部报告个人有关事项规定》和《领导干部个人有关事项报告查核结果处理办法》。领导干部个人有关事项报告制度坚持突出重点，力求精准科学，强化监督约束，其具体执行对于深化全面从严治党、进一步严明党的政治纪律和组织纪律、完善党的领导和组织法规具有十分重要的意义。《关于新形势下党内政治生活的若干准则》指出："党的各级组织和全体党员必须对党忠诚老实、光明磊落，说老实话、办老实事、做老实人，如实向党反映和报告情况，反对搞两面派、做'两面人'，反对弄虚作假、虚报浮夸，反对隐瞒实情、报喜不报忧。"《中国共产党党内监督条例》第二十四条规定："领导干部应当按规定如实报告个人有关事项，及时报告个人及家庭重大情况。"公职人员按照相关规定如实报告个人有关事项、严格遵守出境管理等制度，正是其对党忠诚的行为表现。

✏ 四、案例使用设计

1. 杨某不如实填报个人档案案

【基本案情及处理结果】

某县某局原局长杨某在 1997 年户口迁移中抱着"改小两岁能晚两年退休"的想法，在填写户口迁移申请表时将出生年份由 1963 年改到 1965 年，之后，杨某在干部履历表和工资变动审批表、公务员年度考核材料中均将出生年月填写为"1965 年 8 月"。由于杨某同时还存在其他违纪问题（多次收受服务对象的财物、放纵违规发放福利和乱收费的行为），经相关部门研究决定，给予杨某开除党籍和行政撤职处分，降为科员。

【案情分析】

全面清查干部人事档案是全面从严治党的有效途径，是从严管理干部的保障手段。"三龄两历一身份"是干部的手写历史，也是干部档案造假的"重灾区"。篡改和伪造个人档案具有较强的主观意愿，通常与个人工作、职务晋升、职称评定和退休时间有着密切的利益关联。编造虚假信息会扰乱组织选人用人秩序，影响组织对真实情况的核查和把握，是对组织不忠诚的表现。为此，《公职人员政务处分法》第二十九条第三款明确规定："篡改、伪造本人档案资料的，予以记过或者记大过；情节严重的，予以降级或者撤职。"杨某作为党员干部，置党纪国法于不顾，篡改自己档案中的年龄资料，严重违反了组织纪律，扰乱了正常的组织秩序，其行为不仅触犯了党纪，亦违反了《公职人员政务处分法》，最终受到开除党籍的纪律处分与撤职的政务处分。

2. 柳某某违反民主集中制原则案

【基本案情及处理结果】

某县某乡原党委书记柳某某被商人"围猎"之后，为了"投桃报李"，违反相关工作规定，将多个扶贫工程项目指定给为自己输送过利益的商人实施。柳某某"一言九鼎",其他班子成员或因碍于情面或因迫于"一把手"的"威严",每次表决都一致"同意",所谓的集体决策成了柳某某个人意志的附庸。柳某某受到开除党籍、开除公职处分,并被移送司法机关。

【案情分析】

民主集中制是无产阶级政党最根本的组织原则,中国共产党是按照民主集中制组织起来的统一整体,任何违反民主集中制的行为都为党的纪律所不允许。党章规定,党员对党的决议和政策如有不同意见,在坚决执行的前提下,可以声明保留,并且可以把自己的意见向党的上级组织直至中央提出。但在声明保留或提出意见的同时,在党组织改变决定前,党员必须无条件执行原决定,不得公开发表和散布与该决定相反的言论,更不能擅自改变党组织作出的重大决定,自行其是。对此,《中国共产党纪律处分条例》第七十条明确规定:"违反民主集中制原则,有下列行为之一的,给予警告或者严重警告处分;情节严重的,给予撤销党内职务或者留党察看处分:(一)拒不执行或者擅自改变党组织作出的重大决定的;(二)违反议事规则,个人或者少数人决定重大问题的;(三)故意规避集体决策,决定重大事项、重要干部任免、重要项目安排和大额资金使用的;借集体决策名义集体违规的。"《公职人员政务处分法》第三十条第一款第一项也明确规定:"违反民主集中制原则,个人或者少数人决定重大事项,或者拒不执行、擅自改变集体作出的重大决定的,予以警告、记过或者记大过;情节严重的,予以降级或者撤职。"本案中,柳某某在重大事项决策过程中"一言九鼎"的现象显然违反了上述规定,最终受到开除党籍的纪律处分和开除公职的政务处分。

五、问题拓展讨论

实践中不正确履职该如何处理?

不论是党务工作还是行政工作,均是在贯彻落实党中央的决策部署,对于没有正确履行工作职责的,均可依据《中国共产党纪律处分条例》《公职人员政务处分法》中的相关规定予以处理。执纪实践中,对党员在工作中没有正确履行工作职责的行为,要区别情况适用条规、作出处理:

(1)在认定违纪时,对工作中没有正确履行工作职责的行为,按照"纪在法前、纪严于法"的原则,通常情况下,可以依据《中国共产党纪律处分条例》分则中有关违反工作纪律的条款给予党纪处分，没有具体对应条款的，可以依据《中国共产党纪律处分条例》第一百三十三条定性处理。

（2）在认定违法时，如果法律法规对此类行为有明确规定，违反了该规定亦属于职务违法行为。需要给予政务处分的，可以根据被调查的公职人员的具体身份，依照相关法律法规、国务院决定和规章对违法行为及其适用处分的规定给予相应政务处分。

（3）在认定涉嫌犯罪时，对于情节严重，已经涉嫌滥用职权、玩忽职守等职务犯罪的，应当依据《中国共产党纪律处分条例》总则第二十七条有关纪法衔接的条款追究其党纪责任，同时按照《中华人民共和国监察法》的有关规定依法给予其政务处分，并移送检察机关依法审查起诉。

《中国共产党纪律处分条例》第一百三十三条是关于违反相关工作纪律行为及其适用的处分种类和幅度的规定，属于兜底条款。其中的"其他工作"就是为了适应执纪实践中可能遇到的新情况，以防止立法的不周延性。我们认为，对行政机关、事业单位或农村党员执行公务时没有正确履行工作职责的行为，按照"纪在法前、纪严于法"的原则，对于符合《中国共产党纪律处分条例》第一百三十三条构成要件的，可以依据该条款进行定性处理。

👍 六、阅读文献推荐

1. 中国法制出版社：《〈中华人民共和国公职人员政务处分法〉学习手册》，中国法制出版社，2020 年。

2. 本书编写组：《公职人员政务违法行为认定与处理》，中国方正出版社，2021 年。

3. 丁方旭：《纪检监察案例指导——〈中华人民共和国公职人员政务处分法〉篇》，中国方正出版社，2021 年。

4. 付余：《公职人员违纪违法疑难案例辨析》，中国方正出版社，2020 年。

5. 曹静静：《公职人员违纪违法犯罪行为界定》，中国方正出版社，2020 年。

6. 本书编写组：《纪法界限实务参考：违反组织纪律行为与常见职务违法犯罪行为比较》，中国方正出版社，2022 年。

第三节　违反廉洁要求的行为

⚠ 一、知识点提要

1. 廉洁要求和纪律

廉洁纪律是党组织和党员在从事公务活动或者其他与行使职权有关的活动中应当遵守的廉洁用权的行为规则，是实现干部清正、政府清廉、政治清明的重要保障。中国共产党自成立以来，为增强党员干部的拒腐防变意识和廉洁自律意识，保持党的纯洁性，加强党的凝聚力，建立清正廉洁的党内政治生态，始终重视廉洁纪律建设。尤其是党的十八大以来，党中央更加重视有关党的廉洁纪律制度建设，通过制定一系列党内法规制度加强党的廉洁纪律。2015 年 10 月，党中央印发的《中国共产党廉洁自律准则》明确指出，党员领导干部要"廉洁从政，自觉保持人民公仆本色；廉洁用权，自觉维护人民根本利益"。2016 年 10 月，党的十八届六中全会审议通过的《中国共产党党内监督条例》指出："党的领导干部应当每年在党委常委会（或党组）扩大会议上述责述廉，接受评议。述责述廉重点是执行政治纪律和政治规矩、履行管党治党责任、推进党风廉政建设和反腐败工作以及执行廉洁纪律情况。"

2. 违反廉洁要求的行为

党章明确规定，中国共产党党员永远是劳动人民的普通一员。除了法律和政策规定范围内的个人利益和工作职权以外，所有共产党员都不得谋求任何私利和特权。党员领导干部必须正确行使人民赋予的权力，坚持原则，依法办事，清正廉洁，反对任何滥用职权、谋取私利的不正之风，永葆共产党人清正廉洁的政治本色。依据党章对廉洁纪律的根本规定，《中国共产党纪律处分条例》分则部分第八章第八十五条至第一百一十一条对党员违反廉洁纪律的情形进行了细化规定，将党员领导干部的行贿受贿、为自己的亲属和同事以及其他特定关系人谋取不正当利益、经商办企业、从事证券投资、违规接受原任职区和业务范围内的中介机构和企业的聘用、违规使用公款发放津贴和开展活动、变相公款旅游、超标准和超范围接待、违规使用公务交通工具等行为列入违反廉洁纪律的范围，并且根据违纪的程度给予相应的处分。参照《中国共产党纪律处分条例》对党员违反廉洁纪律行为类型的明确划分，公职人员违反廉洁要求的行为类型主要涉及《公职人员政务处分法》第三十三条至第三十六条的规定，具体体现为：贪污贿赂；利用职权或者职务上的影响为本人或他人谋取私利；纵容、默许特定关系人利用本人职权或者职务上的影响谋取私利；违规送礼、收礼；违规吃喝；违规设定、发放薪酬、津补贴等；在公务活动和生活保障等方面超标准、超范围；违规公款消费；违规从事或者参与营利性活动；违规兼任职务、领取报酬。

二、主讲案例介绍

国家公职人员杜某违反规定兼职取酬案

【基本案情及处理结果】

2021年5月，杜某从县委政法委借调到某经济开发区国土资源分局办公室帮助工作。2021年12月至2022年5月，杜某违规在某地矿地热投资有限公司兼任办公室主任，领取工资和福利共计8万余元。2022年12月，杜某受到行政记大过处分，并上缴违规兼职所得。

【案情分析】

公职人员具有特殊身份，违规兼职取酬不仅有损公职人员廉洁奉公的模范形象，更容易滋生权钱交易和利益输送等腐败问题，进而影响市场经济活动中的公平正义，因此党纪和国法都对此严厉禁止。本案中，杜某作为国家公职人员，违反规定兼职取酬，不仅违反了党的廉洁纪律，同时也违反了《中华人民共和国公务员法》（以下简称《公务员法》）第五十九条及《公职人员政务处分法》第三十六条的相关规定，最终受到行政记大过的政务处分。

三、课程思政解读

1. 公职人员应当始终保持廉洁奉公

公职人员是人民的公仆，履行重要的公共管理和公共服务职责，应当始终保持廉洁公正、克己奉公。党和政府历来重视反腐倡廉建设，"为官"和"发财"是截然不同的两种道路，二者不可兼顾。20世纪80年代，我国相继发布了《中共中央办公厅、国务院办公厅关于党政机关干部不兼任经济实体职务的补充通知》（1985 年 7 月 9 日）、《中共中央、国务院关于进一步制止党政机关和党政干部经商、办企业的规定》（1986 年 2 月 4 日）、《中共中央办公厅、国务院办公厅关于县以上党和国家机关退（离）休干部经商办企业问题的若干规定》（1988 年 10 月 3 日）、《中共中央办公厅、国务院办公厅关于清理党和国家机关干部在公司（企业）兼职有关问题的通知》（1989 年 2 月 5 日）等党内法规和规范性文件，在公职行为和市场行为之间划定严格的界限。

所谓违规兼职取酬，是指党政公职人员违反党内法规和国家法律规定，未经批准在各类经济组织和社会组织中兼职，或者虽经批准兼职，但违规获取报酬和其他利益的行为。党政公职人员具有特殊的身份，违规兼职取酬不仅有损公职人员克己奉公的模范形象，败坏党内清正廉洁的优良风气，而且容易滋生权钱交易和利益输送等腐败问题，影响经济和社会活动的公平正义，必须予以有效预防和严厉禁止。2015 年修订的《中国共产党廉洁自律准则》第一条和第二条分别规定："坚持公私分明，先公后私，克己奉公"，"坚持崇廉拒腐，清白做人，干净做事"。本案中，杜某违规兼职取酬和领取工作经费，公私不分，在享受公职待遇和福利之外，谋取个人私利，违背了党内廉洁自律的要求。《中国共产党纪律处分条例》第九十四条也明确指出："违反有关规定在经济组织、社会组织等单位中兼职，或者经批准兼职但获取薪酬、奖金、津贴等额外利益的"，根据情节不同，分别给予警告、严重警告、撤销党内职务、留党察看、开除党籍处分。在国家法律层面，《公务员法》要求公职人员具备清正廉洁的素质，并在第五十九条规定："公务员应当遵纪守法，不得有下列行为：……（十六）违反有关规定从事或者参与营利性活动，在企业或者其他营利性组织中兼任职务……"《公职人员政务处分法》第三十六条明确规定："违反规定从事或者参与营利性活动，或者违反规定兼任职务、领取报酬的，予以警告、记过或者记大过；情节较重的，予以降级或者撤职；情节严重的，予以开除。"

各级党政机关需要持续加强党风廉政建设，加强对公职人员的党性和廉政思想教育，严禁党员干部违规兼职，防止权力变成谋取私利的工具。加大监督监管力度，拓宽监督渠道，落实政府信息公开，让公众广泛参与监督，同时不断完善相关制度"红线"，扎紧制度的牢笼，强化问责机制，对于产生违规行为的相关负责人严肃追究责任，在党内定期开展清理调查，增强廉洁自律意识。党风廉政建设永远在路上，要与时俱进，将改革与建设不断向纵深推进。纪律的警钟应当时刻悬挂在每位党员领导干部的头上，一旦靠近利益诱惑的陷阱，就会随时敲响。习近平总书记指出，严明党的纪律首要的就是严明党的政治纪律和政治规矩。要想维护党的团结统一，就一定不能突破原则和底线，否则权力就会沦为个人满足私欲的工具。党员领导干部是各级党组织的领导核心，必须自觉带头遵守纪律和规矩，从而起到规范和引导其他党员干部行为的目的，坚决对诱惑说"不"，以自己的言传身教引导其他党员干部严守规矩底线和纪律红线。

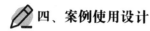 四、案例使用设计

1. 吴某非法收受礼金案

【基本案情及处理结果】

2022年临近春节的一天，某局办公室主任吴某点开单位汽车定点维修厂老板陈某的微信，一个橘黄色的1000元转账红包跃然入目。吴某当时具体负责单位的采购、车辆维修等工作，1000元钱的"小意思"让吴某有些小激动。"要不要退回去?"吴某想了想，在平时的维修、报账工作中自己为维修厂提供过一些方便，再说1000元钱也不算什么大钱，便欣然收下了。吃人嘴软、拿人手短，自从收了汽车维修厂老板的微信红包后，吴某便把对汽车维修"亮绿灯"作为回报。车辆需要维修时，驾驶员只需把车开到维修厂，修好后取车，车辆维修审批手续、修理项目、更换零配件情况等环节一概省略。3到5个月后，维修厂拿着后期补填的维修清单、维修申请表、发票到吴某处签字、报账。只要是修理厂拿来的单据，吴某都睁一只眼闭一只眼，字签账结。由于疏于监管，车辆维修费成了一笔糊涂账，给维修厂钻空子提供了机会。"同一辆公车两年间维修55次，更换轮胎4次8只，更换机油11次，最短相隔13天。"2023年3月，区委巡察组对该局开展巡察时发现其存在车辆维修保养随意、阶段性补签单据、违规列支费用、公车维修费用过高等问题。发现问题后，巡察组要求该局迅速整改，并将相关问题线索移交至区纪委监委。最终，因违规收受礼金问题，吴某受到党内严重警告、政务记过处分，并被收缴全部违纪款。

【案情分析】

习近平总书记曾用"温水煮青蛙"告诫党员干部要警惕理想信念的动摇，并多次强调要"吾日三省吾身"，养成严格遵守党章党规党纪的好习惯。根据《中国共产党廉洁自律准则》，党员领导干部要自觉遵守廉洁自律规范：廉洁从政，自觉保持人民公仆本色；廉洁用权，自觉维护人民根本利益；廉洁修身，自觉提升思想道德境界；廉洁齐家，自觉带头树立良好家风。对于收受礼金的问题，《公职人员政务处分法》第三十四条也予以明确规定："收受可能影响公正行使公权力的礼品、礼金、有价证券等财物的，予以警告、记过或者记大过；情节较重的，予以降级或者撤职；情节严重的，予以开除。"本案中，吴某作为党员干部，对党的廉洁纪律置若罔闻，对自己的违纪违法行为心存侥幸，最终受到党内严重警告的党纪处分与行政记过的政务处分。

2. 真某收受"雅贿"案

【基本案情及处理结果】

真某在担任某研究院党组书记、院长期间，为北京一公关咨询公司承揽某研发中心项目及收购海外项目提供帮助，成功帮助该公司非法获利共计人民币 9000 多万元。真某是一个摄影爱好者，为感谢真某，公关咨询公司的董事长马某送给真某名贵相机、配套镜头；此外，真某在外包养情妇，马某帮其情妇购买生活用品。以上各类用品共计人民币 65 万余元。2017 年 7 月 14 日，真某因涉嫌严重违纪，被宣布接受审查。同年 9 月，真某被通报开除党籍、开除公职。

【案情分析】

党的十九大以来，以习近平同志为核心的党中央一以贯之、坚定不移推进全面从严治党，反腐败斗争取得压倒性胜利，全面从严治党取得重大成果。2018 年 12 月 13 日召开的中央政治局会议指出，要持之以恒落实中央八项规定精神，紧盯不敬畏、不在乎、喊口号、装样子的问题，坚决破除形式主义、官僚主义，推动党中央重大决策部署落地见效。虽有三令五申，严令禁止受贿，但仍有干部背离初心、丧失追求，存在侥幸心理，认为只要避免直接的金钱收受，党组织就不会知道，实际上这是在自欺欺人、掩耳盗铃。

其实就党员干部而言，有爱好书画、文学、摄影等"雅好"并不是什么坏事，但是要掌握好度，积极向上的爱好可以陶冶情操，丰富业余生活。正如古人云："人有好之，市必迎焉。"但如果像真某一样把握不好"雅好"的尺度，把"爱好"和"欲望"等同起来，让"爱好"成为权钱交易的媒介，成为不法分子"围猎"的突破口，处境就十分危险了。领导干部一旦有了"爱好""雅好"，一些人就会曲意逢迎，用"雅贿"来"意思意思"。领导喜欢收藏，就送字画、古玩；领导喜欢名车、名表，就送兰博基尼、劳力士……让领导在"雅好"中神魂颠倒、迷失方向、听从安排。一些领导干部还扬扬得意，好自矜夸，自诩在收藏中"捡漏"，大发横财，最终也把自己"雅"进了监狱。

根据《中国共产党廉洁自律准则》，党员领导干部要自觉遵守廉洁自律规范："廉洁从政，自觉保持人民公仆本色；廉洁用权，自觉维护人民根本利益；廉洁修身，自觉提升思想道德境界；廉洁齐家，自觉带头树立良好家风。"真某在外包养情妇，在工作中滥用职权，收受"雅贿"，其行为严重违反廉洁纪律，应予以问责。《国有企业领导人员廉洁从业若干规定》第五条规定："国有企业领导人员应当忠实履行职责。不得有利用职权谋取私利以及损害本企业利益的下列行为：……（二）在职或者离职后接受、索取本企业的关联企业、与本企业有业务关系的企业，以及管理和服务对象提供的物质性利益……"《中国共产党纪律处分条例》第七十条规定："违反民主集中制原则，有下列行为之一的，给予警告或者严重警告处分；情节严重的，给予撤销党内职务或者留党察看处分：……（二）违反议事规则，个人或者少数人决定重大问题的；（三）故意规避集体决策，决定重大事项、重要干部任免、重要项目安排和大额资金使用的……"《中国共产党纪律处分条例》第八十五条规定："党员干部必须正确行使人民赋予的权力，清正廉洁，反对任何滥用职权、谋求私利的行为。利用职权或者职务上的影响为他人谋取利益，本人的配偶、子女及其配偶等亲属和其他特定关系人收受对方财物，情节较重的，给予警告或者严重警告处分；情节严重的，给予撤销党内职务、留党察看或者开除党籍处分。"《公职人员政务处分法》第三十四条明确规定："收受可能影响公正行使公权力的礼品、礼金、有价证券等财物的，予以警告、记过或者记大过；情节较重的，予以降级或者撤职；情节严重的，予以开除。"

本案中，真某作为中央企业的主要负责人，本应自觉成为遵纪守法的

"带头人"，但是他却以"雅好"为由，接受请托，甘心成为金钱的俘虏。真某违反工作纪律，利用职权上的影响为自身及他人获利；违反生活纪律，与他人发生不正当性关系；违反组织纪律，违规做决策。其行为同时触犯了《中国共产党纪律处分条例》第七十条、第八十五条和第一百三十五条的规定，理应受到党规党纪的严厉处分。同时，依据《公职人员政务处分法》第三十四条的规定，真某受到开除公职的政务处分。

💬 五、问题拓展讨论

1. 实践中如何把握公职人员既违纪又违法情形下党纪、政务处分的匹配适用？

对于具有中共党员身份的公职人员既违纪又违法的行为，在匹配适用党纪、政务处分时，通常按照以下情形把握：

一是应当给予重处分的情形。受到撤销党内职务、留党察看、开除党籍等党纪重处分的，如果仍担任公职，应当依法给予其撤职等政务重处分，即党纪重处分和政务重处分相匹配。对于有严重违法行为的公职人员，依法给予开除公职处分的，在党纪上应当依纪给予其开除党籍处分。对于严重违反党纪、严重触犯刑律的公职人员，依纪依法给予其开除党籍、开除公职处分，将其涉嫌犯罪问题移送司法机关依法处理。对于基层群众性自治组织中从事管理的人员等不适用政务重处分的公职人员，可不再给予其政务处分，而是依照《公职人员政务处分法》《农村基层干部廉洁履行职责若干规定（试行）》等规定，作出降低薪酬待遇、调离岗位、解除人事关系或者劳动关系、责令辞职、依法罢免等处理。

二是应当给予轻处分的情形。党纪轻处分是指警告、严重警告，政务轻处分是指警告、记过、记大过、降级。实践中，党纪轻处分和政务轻处分在何种情形下同时适用、何种情形下单独适用，需根据具体案情综合把握。一般而言，在已达到惩戒目的和效果的情况下，在给予党纪轻处分时，可不再同时给予政务轻处分；对于在行政管理工作中发生的违法行为，在给予政务轻处分时，也可不再同时给予党纪轻处分。需要注意的是，如果给予党纪轻处分或政务轻处分的后果存在实质性差异，或者有其他影响案件处理效果的情形，为准确区分责任轻重、体现惩戒效果，可考虑同时给予党纪、政务轻处分。同时适用党纪、政务轻处分的，党内警告处分一般匹配政务记过处分，党内严重警告处分一般匹配政务记大过或者降级处分；但对于本应给予撤销党内职务处分，因本人没有担任党内职务而给予党内严重警告处分的，则应匹配给予其撤职等政务重处分。

2. 退休公职人员违纪违法是否要立案？遵循怎样的处分程序？

只要是中共党员，无论其何时违纪违法，只要符合立案标准，均可根据《中国共产党纪律检查机关监督执纪工作规则》第三十七条进行立案，与其是否在职、就业无关。

对退休公职人员，无论是其退休前还是退休后涉及职务违法、职务犯罪，需要追究法律责任的，其政务立案适用《中华人民共和国监察法》第三十九条第一款。如果不属于职务违法行为，根据《公职人员政务处分法》第二十七条的规定也应立案。党纪、政务案件均按干部管理权限进行分级管理。

《公职人员政务处分法》第二十七条规定："已经退休的公职人员退休前或者退休后有违法行为的，不再给予政务处分，但是可以对其立案调查；依法应当予以降级、撤职、开除的，应当按照规定相应调整其享受的待遇，对其违法取得的财物和用于违法行为的本人财物依照本法第二十五条的规定处理。已经离职或者死亡的公职人员在履职期间有违法行为的，依照前款规定处理。"《行政机关公务员处分条例》也有类似规定，因此退休公职人员存在违纪违法行为的，应当政务立案，但不用作出政务处分，应以"调查结论"的形式明确违纪事实，如果影响其退休费待遇，应一并明确。

《事业单位工作人员处分暂行规定》也明确规定，已经退休的事业单位工作人员涉嫌违纪违法的，不再作出处分决定，但应当立案调查并按程序作出调查结论，明确其应受处分的种类。对于应当给予降低岗位等级或者撤职以上处分的，其养老保险等相应待遇按有关规定执行。

如果退休公职人员违纪违法行为系由纪检监察机关立案审查调查的，其中的中共党员严重违反党纪涉嫌犯罪的，应当根据"先处后移"的原则，由党组织先作出党纪处分决定，并由监察机关依法给予政务处分后，再依法追究其刑事责任。

非中共党员的退休公职人员涉嫌犯罪的，应当先由监察机关依法明确退休费待遇，再依法追究其刑事责任。退休公职人员中的中共党员先依法受到刑事处罚后应当追究纪律责任的，党组织、监察机关应当根据司法机关的生效判决、裁定、决定及其认定的事实、性质和情节，依纪依法给予党纪处分，并明确相应的退休费待遇。

退休公职人员中的中共党员先依法受到政务处分、行政处罚后应当追究党纪责任的，党组织、监察机关可以根据生效的政务处分、行政处罚决定认定的事实、性质和情节，经核实后依照规定给予党纪处分或者组织处理，并明确相应的退休费待遇。其中，党纪处理的程序性依据系《中国共产党纪律处分条例》第三十三条等具体的"纪法衔接"条款。

退休公务员依法应给予警告、记过、记大过处分的，不降低退休费待遇；退休事业单位工作人员和机关工人应当给予警告、记过处分的，不降低退休费待遇。退休公职人员因其违法行为应给予上述政务处分种类外处分的，在作出调查结论时应明确其退休费待遇。

👍 六、阅读文献推荐

1. 中国法制出版社：《〈中华人民共和国公职人员政务处分法〉学习手册》，中国法制出版社，2020 年。

2. 本书编写组：《公职人员政务违法行为认定与处理》，中国方正出版社，2021 年。

3. 丁方旭：《纪检监察案例指导——〈中华人民共和国公职人员政务处分法〉篇》，中国方正出版社，2021 年。

4. 付余：《公职人员违纪违法疑难案例辨析》，中国方正出版社，2020 年。

5. 曹静静：《公职人员违纪违法犯罪行为界定》，中国方正出版社，2020 年。

6. 本书编写组：《年轻干部廉洁教育案例读本》，中国方正出版社，2022 年。

第四节　损害群众利益的行为

⚠ 一、知识点提要

1. 损害群众利益行为的具体表现

在《公职人员政务处分法》中，关于损害群众利益的行为规定在第三十七条和第三十八条。其中，第三十七条是关于利用宗族或黑恶势力从事违法行为及适用政务处分的规定，第三十八条则是针对管理服务对象的违法行为及适用政务处分的规定。第三十七条具体表现为"公职人员利用宗族或者黑恶势力等欺压群众，或者纵容、包庇黑恶势力活动的违法行为"。其中，需要重点关注以下几种行为表现：其一，利用、纵容、包庇黑恶势力威胁政治安全特别是政权安全、制度安全以及向政治领域渗透；其二，利用、纵容、包庇黑恶势力把持基层政权、操纵破坏基层换届选举、垄断农村资源、侵吞集体资产；其三，利用家族、宗族势力横行乡里、称霸一方、欺压残害百姓等。第三十八条具体表现为公职人员在管理服务过程中对待管理服务对象态度恶劣粗暴、违反工作信息公开制度和滥用职权胡乱作为的行为。其中，需要重点关注"乱征收、乱摊派、乱罚款"及"吃拿卡要"等违反相关规定、滥用职权，严重损害群众合法权益的违法行为。《公职人员政务处分法》规定，对于此类重点行为，情节特别严重的可以予以开除公职的政务处分。

2. 损害群众利益行为的概念解析

理解损害群众利益的行为，需要明确以下几个关键概念：

第一，宗族势力的含义。

我国学者冯尔康先生对宗族的定义是"有男系血缘关系的人的组织，是一种社会群体……它不只是血缘关系的简单结合，而是人们有意识的组织，血缘关系是它形成的先决条件，人们的组织活动，才是宗族形成的决定性因素"[①]。宗族势力本身是建立在血缘关系之上的，这一先决条件的存在将大部分宗族势力的影响范围都限制在了基层社会中，这也使得利用宗族势力欺压群众成为一种较为典型的损害群众利益的行为。需要注意的是，宗族势力是在我国古代封建社会中基于父系社会制度和宗法制逐渐形成的，是具有我

[①]　冯尔康. 中国宗族制度与谱牒编纂 [M]. 天津：天津古籍出版社，2011：5.

国文化特色的一种传统社会群体，它是我国传统文化的遗留物，在基层陈旧宗族观念的掩盖下具有极强的隐蔽性。

第二，黑恶势力的边界。

黑恶势力实际上包括了两层含义，即"黑社会性质的组织"和"恶势力"。

2002 年 4 月 28 日第九届全国人民代表大会常务委员会第二十七次会议通过了《全国人民代表大会常务委员会关于〈中华人民共和国刑法〉第二百九十四条第一款的解释》，明确规定"黑社会性质的组织"应当同时具备以下特征："（一）形成较稳定的犯罪组织，人数较多，有明确的组织者、领导者，骨干成员基本固定；（二）有组织地通过违法犯罪活动或者其他手段获取经济利益，具有一定的经济实力，以支持该组织的活动；（三）以暴力、威胁或者其他手段，有组织地多次进行违法犯罪活动，为非作恶，欺压、残害群众；（四）通过实施违法犯罪活动，或者利用国家工作人员的包庇或者纵容，称霸一方，在一定区域或者行业内，形成非法控制或者重大影响，严重破坏经济、社会生活秩序。"

2019 年 4 月 9 日，最高人民法院、最高人民检察院、公安部、司法部联合印发《关于办理恶势力刑事案件若干问题的意见》，明确规定："恶势力，是指经常纠集在一起，以暴力、威胁或者其他手段，在一定区域或者行业内多次实施违法犯罪活动，为非作恶，欺压百姓，扰乱经济、社会生活秩序，造成较为恶劣的社会影响，但尚未形成黑社会性质组织的违法犯罪组织。"需要注意的是，恶势力活动并不包括"单纯为牟取不法经济利益而实施的'黄、赌、毒、盗、抢、骗'等违法犯罪活动，不具有为非作恶、欺压百姓特征的，或者因本人及近亲属的婚恋纠纷、家庭纠纷、邻里纠纷、劳动纠纷、合法债务纠纷而引发以及其他确属事出有因的违法犯罪活动"。就人数而言，恶势力通常为 3 人以上，纠集者相对固定。就行为手段而言，行为人应该"于 2 年之内，以暴力、威胁或者其他手段，在一定区域或者行业内多次实施违法犯罪活动，且包括纠集者在内，至少应有 2 名相同的成员多次参与实施违法犯罪活动。对于'纠集在一起'时间明显较短，实施违法犯罪活动刚刚达到'多次'标准，且尚不足以造成较为恶劣影响的，一般不应认定为恶势力"。就违法活动而言，主要包括欺压群众、为非作恶等以暴力、威胁为手段的违法犯罪活动。

3. 损害群众利益的行为与其他职务违纪违法行为的区别

损害群众利益的行为是一种典型的职务违法行为，对于中共党员来说，损害群众利益的行为同时也是违反党员群众纪律的行为。损害群众利益的行为，是发生在群众身边的，直接侵害群众利益的行为，也是群众反映最为强烈的行为。此类行为一般被称为基层"微腐败"行为，虽然外在表现通常较为隐蔽，却会严重影响广大人民群众对党和政府的信任感、认同感。如果不加以重视，会带来极大的社会危害，甚至削弱政府与党的权威和威信。

⚠ 二、主讲案例介绍

吴某违规获取群众"捐赠"财物案

【基本案情及处理结果】

吴某，中共党员，某乡原党委副书记、乡长。2015年至2020年8月，吴某以支持乡政府开展工作为由，多次要求辖区内的多家私营企业、个体工商户出资购买桌椅、打印机等办公用品，"捐赠"给乡政府使用，折合共计人民币22.4万元。2021年8月，吴某受到党内严重警告、政务降级处分。

【案情分析】

本案的关键在于明确吴某要求私营企业、个体工商户"捐赠"办公用品的行为性质，对此，共形成两种不同意见：

第一种意见认为，吴某为解决乡政府办公经费不足问题，以支持乡政府开展工作为由，收受辖区内管理服务对象的财物，存在影响公正执行公务的可能性，应当认定为违规收礼，属于违反廉洁纪律。

第二种意见认为，吴某作为乡政府主要负责人，要求辖区内私营企业、个体工商户向乡政府"捐赠"办公用品，增加了群众负担，应当认定为违规摊派，属于违反群众纪律，吴某对此负有直接责任。

经过分析可知，第二种意见较为准确。首先，通常来看，无论是收受可能影响公正执行公务的礼品、礼金，还是收受其他明显超出正常礼尚往来的财物，违规收礼者一般都实际占有有关财物，具有个人占有的主观故意。但从本案来看，吴某要求有关私营企业、个体工商户帮助购置办公用品，有关物品亦实际用于单位办公，吴某既不具备个人占有的故意，事实上也未将有关财物据为己有，因此不宜认定吴某违规收礼。其次，《中共中央、国务院关于坚决制止乱收费、乱罚款和各种摊派的决定》明确规定，"在国家法律、法规和有关规定之外，要求有关单位或个人无偿地、非自愿地提供财力、物力和人力的行为都是摊派，一律予以禁止"，并强调"不得以赞助、捐赠等为名变相向行政事业单位、企业和个人摊派"；《中共中央、国务院关于治理向企业乱收费、乱罚款和各种摊派等问题的决定》再次重申，"严禁向企业摊派、索要赞助和无偿占用企业的人财物"。本案中，吴某作为乡政府主要负责人，以支持乡政府开展工作为由，要求辖区内多家私营企业、个体工商户"捐赠"办公用品，其行为本质上是将服务群众的义务当作管理群众的特权，将本应由单位承担的费用转移到群众身上，增加了群众负担。吴某的违规摊派行为损害了群众利益，败坏了党和政府的形象，侵蚀了党的执政基础，属于违反群众纪律的行为，应当依照《中国共产党纪律处分条例》第一百一十二条第一款第（一）项和《公职人员政务处分法》第三十八条第一款第（一）项等规定予以严肃处理。同时，对于违规摊派获取的财物，应由乡政府按原价退赔有关私营企业、个体工商户。

由于本案中存在以"捐赠"掩盖"违规摊派"的问题，因此分辨违规摊派与自愿捐赠同样也是本案的要点之一。

对于以所谓"公事"为由，要求有关私营企业、个体工商户"捐赠"财物的问题，纪检监察机关应当透过现象看本质，准确区分违规摊派和接受自愿捐赠，作出精准认定和恰当处置。纪检监察机关在执纪执法过程中，应当充分收集证据材料，综合考虑财物提供者的行为是否主动、意愿是否真实，分析研判涉案财物是否系自愿捐赠。一般而言，被摊派者付出财物时是被动的，且往往对此心怀抵触，属于无奈之举；捐赠人则是出于自身的真实意愿，自愿处置财物。

本案中，吴某先行提出了帮助乡政府购置办公用品的要求，有关私营企业和个体工商户只是被动接受要求，不具有捐赠的主动性。同时，鉴于乡政府对辖区内的私营企业、个体工商户具有行政管理职权，有关私营企业、个体工商户出于现实顾虑，难以拒绝吴某提出的摊派要求，所谓"捐赠"并不真实。关于这一点，也有私营企业负责人、个体工商户的证言予以印证。据此可以认定，乡政府并非接受自愿捐赠，而是违规摊派，应当追究直接责任人吴某的纪律责任和监察责任。

三、课程思政解读

1. 公职人员的权力来自人民

人民群众是历史的创造者，人民性是马克思主义的本质属性。习近平总书记指出，"全面建成社会主义现代化强国，人民是决定性力量"，强调在强国建设、民族复兴的新征程上我们要始终坚持人民至上。要始终坚持人民至上，因为公职人员手中的公权力是人民赋予的。《中华人民共和国宪法》第二条明确规定："中华人民共和国的一切权力属于人民。人民行使国家权力的机关是全国人民代表大会和地方各级人民代表大会。人民依照法律规定，通过各种途径和形式，管理国家事务，管理经济和文化事业，管理社会事务。"由此可见，公职人员实际上是广大人民群众为了更好地管理国家各项事务而选拔出来的特殊群体。人民将属于自身的部分权力赋予公职人员，以期能得到更加完善的保障和更加优质的服务。所以，人民群众既是公职人员的管理对象，也是公职人员的服务对象。公职人员并未因其管理职权的存在而拥有超然于普通群众的特殊地位，所有滥用职权、脱离群众、损害群众利益的公职人员都必须依法给予政务处分。只有坚持做到权为民所用、情为民所系、利为民所谋，始终牢记"取之于民、用之于民"，公职人员才能获得人民群众的信任，其本职工作才能得到顺利推进。只有准确认识自己的身份定位，牢记为人民服务的工作初心，公职人员才能更好地履行自己的法定职权，为中国特色社会主义现代化的实现提供助力。

2. 人民是国家的主人，所有社会管理者和领导者都是人民的公仆

马克思在《法兰西内战》一书中最早使用了"社会公仆"这一概念，并最终将其演化成了"社会公仆"理论。在经过我国多位领导者的创新完善之后，这一理论一直被沿用至今并对我国的发展和中华民族伟大复兴起到了举足轻重的作用。

马克思、恩格斯批判地吸收了前人的思想文化成果，在总结唯物主义历史观和巴黎公社经验的基础上，创立了无产阶级"社会公仆"理论。在这一理论中，他们强调，"社会公仆"是实现人的解放的重要力量，要实行人民管理制，所有的公职人员就必须都是人民的勤务员、"社会的负责公仆"。同时他们也指出，要高度重视并防止"社会公仆"向"社会主人"转化，"社会公仆"来自人民，是全心全意为人民服务的，他们不应该搞特殊化，也不应以领导自居。

　　中国共产党是我国的执政党，是中国工人阶级的先锋队，也是中国人民和中华民族的先锋队，它的性质和宗旨决定了所有公职人员都是人民公仆。以毛泽东为代表的中国共产党人结合中国的实际国情与我党的本质属性对马克思、恩格斯的"社会公仆"理论进行了中国化改造。经过长期的革命实践和经验总结，他们认为，在中国，"社会公仆"必须始终坚持群众路线，依靠群众开展工作、为广大人民群众谋福利。他们强调，"社会公仆"必须全心全意为人民服务。我国是工人阶级领导的、以工农联盟为基础的人民民主专政的社会主义国家，工人阶级就是无产阶级，无产阶级的国家机关和工作人员必须全心全意为人民服务。全心全意为人民服务不仅是无产阶级军队和政党的宗旨，同时也是一切公职人员的唯一宗旨。

　　党的十一届三中全会以后，我国进入了新的历史时期，以邓小平、江泽民、胡锦涛为核心的党的领导集体在继承前人"社会公仆"理论的基础上，依据我国不同阶段的实际国情，先后对"社会公仆"理论进行了完善和发展。邓小平同志在"社会公仆制度"建设的问题上作出了突出贡献。他提出，"领导就是服务"，要把人民"拥护不拥护，赞成不赞成，高兴不高兴，满意不满意"作为党的工作的根本出发点和落脚点。他强调，选拔合格"社会公仆"的指导方针在于"革命化、年轻化、知识化、专业化"，并认为应该以四项基本原则为"社会公仆"的实现提供保障。江泽民同志则更加重视"社会公仆"的个体素质。他提出，要"讲学习、讲政治、讲正气"，提高"社会公仆"的领导水平和执政水平。他提出的"三个代表"重要思想，实质上是在强调"社会公仆"应该具有始终代表先进生产力发展要求，始终代表先进文化前进方向的基本素质，并将这些素质服务于满足最广大人民的根本利益。这是对毛泽东同志提出的"全心全意为人民服务"宗旨的进一步细化充实。胡锦涛同志提出的以人为本的"科学发展观"则进一步明确了"社会公仆"的实现路径，是对我党群众路线的新时代诠释。

　　自党的十八大以来，我们进入了中国特色社会主义新时代，习近平同志在前人"社会公仆"理论的基础上，坚持"为人民服务"思想，提出了"人民至上、生命至上"的重要论述，实现了对马克思主义"社会公仆"理论的又一次创造性提升。在习近平同志关于人民至上的这一论述中，人民生命至上是前提，人民利益至上是内核，人民权力至上是保证，人民地位至上是本质，人民标准至上是根本，五个维度相互联系、相辅相成。① 这一论述集中体现了以人民为中心的发展思想，是我党一切行动的根本出发点和落脚点，是对新时期"为人民服务"思想的进一步理论深化和实践指引。

3. 人民是中国共产党的生命之根、执政之基、力量之源

纵观历史，每一个伟大事件的背后都离不开人民的力量，是人民创造了历史，也是人民选择了中国共产党。中国共产党之所以历经百年依然生机勃勃，饱经风霜依旧生生不息，最主要的原因就在于党无论在任何时候都始终坚持以人民为中心，以真心换真心，与人民有福同享、有难同当。

1921 年，在嘉兴南湖烟雨中的一艘小船之上，中国共产党诞生了。自此，"人民"二字就被永久地烙印在了中国共产党的旗帜之上，"一切为了人民"成为每一个共产党人的毕生使命。在那些绝望与希望并存的战争年月中，中国共产党屡次陷入绝境，却又每一次都奇迹般地复活，甚至取得了更大的胜利。中国共产党之所以能够在那样恶劣的条件下幸存下来并取得最终的胜利，是因为无论任何时候它都始终根植于人民，人民是它的生命之根，只要一切依靠人民，中国共产党就能立于不败之地。

新中国成立后，中国共产党成为我国的执政党，这是历史的选择，更是千千万万中国人民的选择。中国是人民的中国，中国的一切权力属于人民，人民的相信与认可赋予了中国共产党牢固的执政基础，使其从弱到强，从建党时 50 多名党员，发展成为今天已经拥有 9800 多万名党员、506.5 万个基层党组织（截至 2022 年年底），并在 14 亿多人口的大国长期执政的庞大政党。

人民群众是推动社会发展进步的力量源泉，社会的发展是人民的需要。没有人民的需要，没有为了人民需要的奋斗，就没有社会的发展进步。② 因此，只有始终坚持人民立场，始终把满足人民需求作为中国共产党奋斗的最终目标，党的一切作为才能永远符合社会发展的基本方向，才不会站到人民群众的对立面，才能永葆青春活力，时刻充满力量。

---

① 韩振峰，张悦. 习近平人民至上观探析 [J]. 思想教育研究，2022 (9)：3-9.
② 朱海豹. 人民群众是我们力量的源泉 [N]. 学习时报，2018-06-15.

四、案例使用设计

1. 向某利用宗族或黑恶势力欺压群众，包庇、纵容黑恶势力活动案

【基本案情及处理结果】

某省某市某镇原副镇长向某，1981 年初中毕业后，先后从事屠宰、养鸭、保洁等工作，直到 1997 年成为村委会委员。2006 年，又改任村党支部委员。2010 年，当选为村党支部书记。2018 年，通过选拔走上乡镇机关领导干部岗位，先后担任经发办主任、副镇长。经查，2010 年至 2019 年，向某利用宗族、家族关系及经济利益关系形成涉恶势力，指使亲友夏某某等 12 人多次以恐吓、辱骂、殴打、拦截等形式欺压当地群众。他们还寻衅滋事，持械阻挠争夺省、市重点工程地材经营权和隧道"洞渣"处理权，造成他人人身、财产损失，产生了极其恶劣的社会影响，致使工程施工方无法正常施工，严重破坏社会正常秩序。向某不仅参与策划、包庇、纵容以上违法行为，而且先后利用担任村党支部书记、副镇长的便利，在政府和工程项目部之间周旋，为该涉恶势力集团提供帮助。2019 年 12 月，向某因涉黑涉恶腐败和充当"保护伞"等严重违纪违法问题被开除党籍、开除公职，并移送司法机关。

【案情分析】

《公职人员政务处分法》第三十七条所规定的"利用宗族或者黑恶势力等欺压群众"的行为有很多表现形式，既包括较为常见的恐吓、辱骂、殴打等形式的行为，也存在拦截、寻衅滋事、持械阻挠等其他形式的欺压行为。不过，无论具体行为的表现形式如何，只要产生了欺压群众的实际结果，都可以构成本条所规定的职务违法行为。构成本条的另一个关键要点在于利用宗族或黑恶势力，宗族即存在血缘关系的亲友，黑恶势力则具有一定的特殊表征。换句话说，单纯聘用临时打手或指使下属职员欺压群众的行为并不符合本条的构成要件，需要根据实际情况进行分析追责。本案中，向某在先后担任村党支部书记、经发办主任、副镇长的过程中利用宗族、家族关系及经济利益关系形成黑恶势力，指使亲友夏某某等 12 人恐吓、辱骂、殴打、拦截当地群众，可以认定为"利用宗族或者黑恶势力等欺压群众"。需要指出的是，向某还参与策划、包庇、纵容这一群体寻衅滋事，产生了极其恶劣的

社会影响，致使工程施工方无法正常施工，严重破坏社会正常秩序。其中的策划行为可以认定为"利用宗族或者黑恶势力等欺压群众"，包庇纵容行为则涉及《公职人员政务处分法》第三十七条中"纵容、包庇黑恶势力活动"的行为，由于这部分行为产生了极为恶劣的社会影响，因此应当认定为情节严重，予以开除党籍、开除公职处分。

2. 陆某某不按规定公开工作信息，向低保户索要"人情费"案

【基本案情及处理结果】

某县纪委监委干部在一次走访贫困村时，遇到有群众反映因没有给乡镇民政助理员陆某某送钱，致使本已享受到的低保资格被返销。"陆某某直接朝我们要，不给钱就不给办低保。"一个低保户抱怨道。2020年8月，在某县纪委监委组织的"返赃大会"上，59户低保户领回被陆某某以各种名义索取、克扣的低保金。经查，从2013年4月任乡镇民政助理员开始，陆某某就故意不按照规定公开工作信息，把为低保户申请低保金当成自己的敛财手段，他在选择索贿对象时特意挑选符合条件、申报后就能通过审核的"合规户"，而那些不明内情的低保户还以为是陆某某给争取来的。由此，他可以名正言顺地索要"人情费"。不仅索要"人情费"，陆某某还经常以"取消低保资格"要挟低保户，以致很多低保户怕得罪他，有钱没钱都"主动"给他"进贡"。2013年5月至2020年6月，陆某某利用担任乡镇民政助理员的职务便利，先后59次索取、收受59户低保户钱款10.34万元。

【案情分析】

本案中，陆某某的职务违法行为主要表现在两个方面：一是按照《公职人员政务处分法》第三十八条第四项规定，陆某某"不按照规定公开工作信息，侵犯管理对象知情权，造成不良后果或者影响"；二是按照同一条文中的第二项规定，陆某某"在管理服务活动中故意刁难、吃拿卡要"。就第一方面而言，陆某某故意隐瞒信息，利用与低保户之间的信息差索取"人情费"的行为已经侵犯了低保户的知情权，造成了不良后果，并已经构成职务违法。就第二方面而言，陆某某利用职务便利要挟低保户"进贡"，取消未送钱低保户已经享有的低保资格，符合"故意刁难、吃拿卡要"的相关规定，将党和人民赋予的权力异化成了个人的"私权力"。

五、问题拓展讨论

1. 我国当前推进的村级组织负责人"一肩挑"政策有何好处？存在何种缺陷？这些缺陷应该如何补足？

2. 公职人员异地任职是不是减少其利用宗族势力欺压群众行为的有效方式？存在何种利弊？如何防止弊端的发生？

3. 有什么更为有效的办法能够减少公职人员在管理服务活动中存在的故意刁难、吃拿卡要和态度恶劣粗暴的问题？目前有哪些效果较好的措施？

六、阅读文献推荐

1. 郭文涛：《〈政务处分法〉双轨惩戒制度之间的衔接协调》，《法学》2020 年第 12 期。

2. 张成立、张西勇：《政务处分制度探析》，《四川大学学报（哲学社会科学版）》2021 年第 6 期。

3. 李灵娜：《坚持纠正一切损害群众利益的腐败和不正之风》，《中国纪检监察报》2022 年 1 月 19 日第 003 版。

4. 人民论坛"特别策划"组：《"微腐败"大祸害要根治》，《人民论坛》2017 年第 13 期。

5. 高太平、魏胜文：《"不正之风"——一个亟待发展的概念》，《甘肃社会科学》2012 年第 4 期。

6. 朱峻峰：《马克思列宁主义关于防止"公仆"变"主人"的重要思想》，《毛泽东邓小平理论研究》2012 年第 7 期。

7. 傅如良：《邓小平公仆思想的时代内涵》，《求索》2000 年第 3 期。

8. 傅如良：《领导者的地位与公仆、主人的辩证法》，《求索》1998 年第 3 期。

9. 莫于川：《中华人民共和国公职人员政务处分法释义》，中国法制出版社，2020 年。

第五节　违反工作要求的行为

ⓘ 一、知识点提要

1. 违反工作要求的主要行为表现

在《公职人员政务处分法》中，关于违反工作要求的行为规定在第三十九条，共涉及五个方面，主要表现为滥用职权，玩忽职守，形式主义、官僚主义，弄虚作假，泄露国家秘密、工作秘密、商业秘密、个人隐私这五类行为。该条文中规定的五类行为均属于危害较大的职务违法行为，只要造成不良后果或影响即构成职务违法，会受到警告、记过或记大过的政务处分，情节较重的会予以降级或撤职，情节严重的则会予以"双开"。其中，《行政机关公务员处分条例》第二十五条对滥用职权的具体行为进行了简单列举，包括："（一）以殴打、体罚、非法拘禁等方式侵犯公民人身权利的；（二）压制批评，打击报复，扣压、销毁举报信件，或者向被举报人透露举报情况的；（三）违反规定向公民、法人或者其他组织摊派或者收取财物的；（四）妨碍执行公务或者违反规定干预执行公务的；（五）其他滥用职权，侵害公民、法人或者其他组织合法权益的行为。"第二十条列举了以下几类玩忽职守行为："（一）不依法履行职责，致使可以避免的爆炸、火灾、传染病传播流行、严重环境污染、严重人员伤亡等重大事故或者群体性事件发生的；（二）发生重大事故、灾害、事件或者重大刑事案件、治安案件，不按规定报告、处理的；（三）对救灾、抢险、防汛、防疫、优抚、扶贫、移民、救济、社会保险、征地补偿等专项款物疏于管理，致使款物被贪污、挪用，或者毁损、灭失的；（四）其他玩忽职守、贻误工作的行为。"

2. 违反工作要求行为的概念解析

违反工作要求的行为共有五类，其中较易出现错误理解的行为有四类，以下将针对这四类行为进行解析。

第一，滥用职权。

根据 2005 年 12 月 29 日由最高人民检察院第十届检察委员会第四十九次会议通过的《最高人民检察院关于渎职侵权犯罪案件立案标准的规定》可知，滥用职权罪指的是"国家机关工作人员超越职权，违法决定、处理其无权决定、处理的事项，或者违反规定处理公务，致使公共财产、国家和人民利益遭受重大损失的行为"。滥用职权主要包括两类行为，一类是权内违规行为，一类是违规越权行为。所谓权内违规，是指行为人拥有某项职权，且在法定范围内行使了职权，但其职权的行使并未符合法律法规规定的程序或者要求。这也是学者们所说的一般滥用职权行为。所谓违规越权，简单来说就是行为人超越职权，在不具备某项职权的情况下实施了该项职权。但需要注意的是，并非所有越权行为都属于滥用职权，例如当城管因为私人恩怨而非法拘禁他人时，虽然其拥有城市管理方面的职权，却越权行使了公安机关等司法机关的职权，因而并不能认定其为滥用职权。

当前，关于违规越权类滥用职权问题的学说主要包括三种，分别是"无限制说"（或"身份说"）、"超越同质职权说"和"职务便利说"。"无限制说"存在明显缺陷，所以我们在这里主要解释一下后两种学说。所谓"超越同质职权说"，是指行为人超出职务权限，处理其无权处理的事项。行为人必须以其现有职务为基础，而不是任意处理与本人职权毫无关系的其他问题，如果只是利用地位、条件实施与一般的职务权限无直接关联的行为，则会因为缺乏职权的关联性而不能认定为滥用职权。所谓"职务便利说"，指的是符合以下特征的违规越权的滥用职权行为：首先，行为人应当具有一般的职务权限；其次，越权行为的实施利用了其应有职权的便利。学者们认为，这里对"利用了其应有职权的便利"的理解可以等同于贪污罪和受贿罪等构成中的"利用职务上的便利"，即指利用职务上主管、管理、经营、经手公共财物的权力及方便条件，不过需要注意的是，这里的利用职务便利并不包括行为人利用与职务无关，仅因工作关系熟悉作案环境或易于接近作案目标、凭工作人员身份容易进入某单位等方便条件。[1] 相较而言，第二种观点的优势较大，具有一定的行为界定功能，但问题在于其对于同质职权的含义和行为边界没有一个清晰的定位。第三种观点本身存在一个致命缺陷，那就是既然说已经超越了原本的职权，即说明行为人不具有实施此行为的职权，那么又何谈利用职务便利，这一学说从本质上就是与"超越职权"这一概念相悖的。因此，就当下而言，对违规越权类滥用职权行为的理解大概以"超越同质职权说"为基础进行进一步的修正与完善更为合适。

第二，玩忽职守。

在《最高人民检察院关于渎职侵权犯罪案件立案标准的规定》中，玩忽

---

[1] 吴飞飞. 滥用职权罪客观行为的判定 [J]. 南京大学法律评论, 2013 (2): 238-252.

职守罪被规定为"国家机关工作人员严重不负责任，不履行或者不认真履行职责，致使公共财产、国家和人民利益遭受重大损失的行为"。由于滥用职权罪是从玩忽职守罪中分离出来的一个罪名，因此二者在行为表现上极为相似，所以理解玩忽职守概念的关键就在于区分滥用职权和玩忽职守。区分这两类行为需要从两个方面入手。首先是行为人的主观态度，在滥用职权时，行为人的主观态度表现为故意；在玩忽职守时，行为人的主观态度则表现为过失。因此，虽然二者的外在表现类似，但只要行为人对危害结果的发生持否定态度即可认定此类行为构成玩忽职守罪。其次是行为所侵犯的具体客体。惩罚滥用职权行为更加侧重于规范行为人胡乱履职的行为，其直接客体是职务行为的规范性；惩罚玩忽职守行为更加侧重于规范不认真履职的行为，其直接客体是职务行为的勤勉性。只要明确了具体行为中行为人的主观态度与行为的直接客体，就可以准确辨析滥用职权与玩忽职守。

第三，形式主义、官僚主义。

形式主义和官僚主义的含义和边界较为模糊，它们并不是具体的某几类行为，而是两个具有较强开放性的概念。在学界，通常认为形式主义与官僚主义既是思想问题，也是作风问题和政治问题。从理论层面而言，形式主义的实质是功利主义与主观主义，是一种知行不一，不求实际成效，不重视工作质量，只热衷于表面功夫，强调形式新颖、追求轰轰烈烈的扭曲的工作作风。官僚主义同样也是作风问题，但与形式主义不同的地方在于，官僚主义是从我国的封建残余思想中诞生的，其根源实质上是严重的官本位思想。正是这一思想的存在，扭曲了行为人的权力观与价值观，致使其将自身与群众割裂，高高在上，俯视群众，自我膨胀。在现实社会中，官僚主义通常都会和形式主义一同出现，两者如影随形。出现形式主义，往往就会脱离群众、做表面文章，从而滋生官僚主义。出现官僚主义，往往就会照搬照抄、敷衍了事，从而滋生形式主义。

第四，泄露国家秘密、工作秘密、商业秘密。

根据2010年4月29日第十一届全国人民代表大会常务委员会第十四次会议修订的《中华人民共和国保守国家秘密法》（以下简称《保守国家秘密法》）中的规定："国家秘密是关系国家安全和利益，依照法定程序确定，在一定时间内只限一定范围的人员知悉的事项。"同时，该部法律也对国家秘密的范围和密级作出了详细解释。根据第九条的规定，国家秘密是"涉及国家安全和利益的事项，泄露后可能损害国家在政治、经济、国防、外交等领域的安全和利益"。国家秘密的主要类型包括："（一）国家事务重大决策中的秘密事项；（二）国防建设和武装力量活动中的秘密事项；（三）外交和外事活动中的秘密事项以及对外承担保密义务的秘密事项；（四）国民经济和社会发展中的秘密事项；（五）科学技术中的秘密事项；（六）维护国家安全活动和追查刑事犯罪中的秘密事项；（七）经国家保密行政管理部门确定的其他秘密事项。"国家秘密依据密级可分为绝密、机密和秘密三级。

工作秘密主要指的是除国家秘密以外，在公务活动中不得擅自公开扩散的事项，而且一旦泄露就会给本机关、单位的工作带来被动和损害。[①] 需要注意的是，检察工作和审判工作中产生的部分秘密同样属于不允许被泄露的工作秘密，因此在案件审理完成之前随意泄露可能的处理结果或合议庭讨论过程等信息均要为泄露工作秘密而承担相应责任。

对于商业秘密的具体解释可参见《国家工商行政管理局关于禁止侵犯商业秘密行为的若干规定》第二条，其中规定："商业秘密，是指不为公众所知悉、能为权利人带来经济利益、具有实用性并经权利人采取保密措施的技术信息和经营信息。"同时，该条款对商业秘密概念中涉及的其他概念也进行了详细解释，包括：第一，本规定所称不为公众所知悉，是指该信息是不能从公开渠道直接获取的；第二，本规定所称能为权利人带来经济利益、具有实用性，是指该信息具有确定的可应用性，能为权利人带来现实的或者潜在的经济利益或者竞争优势；第三，本规定所称权利人采取保密措施，包括订立保密协议，建立保密制度及采取其他合理的保密措施；第四，本规定所称技术信息和经营信息，包括设计、程序、产品配方、制作工艺、制作方法、管理诀窍、客户名单、货源情报、产销策略、招投标中的标底及标书内容等信息；第五，本规定所称权利人，是指依法对商业秘密享有所有权或者使用权的公民、法人或者其他组织。

3. 违反工作要求的行为与其他职务违纪违法行为的区别

对于公职人员来说，违反工作要求的行为同时也违反了《中国共产党纪律处分条例》中的工作纪律，要同时接受政务处分和纪律处分。违反工作要求的行为与部分职务违法行为相比具有更强的危害性，也因此会受到更加严厉的政务处分。例如，和第三十八条针对管理服务对象的违法行为相比，违反工作要求的行为只要造成不良后果或影响，就会对行为人予以警告、记过

① 莫于川.中华人民共和国公职人员政务处分法释义［M］.北京：中国法制出版社，2020：179.

或记大过处分，而第三十八条中只有情节较重的行为才会对行为人予以同一级别的政务处分。另外，第三十八条中的最高处分是"情节严重的，予以降级或者撤职"，违反工作要求情节严重时则会予以开除党籍和公职。

！二、主讲案例介绍

某自治区某市委原常委、某县委原书记马某某等人失职失责问题

【基本案情及处理结果】

2016 年以来，中央、自治区多次对某县扶贫资金使用、项目管理等方面的问题线索进行督查督办，要求县委针对突出问题研究制定整改措施，但某县委未予重视，未制定整改的具体措施，致使部分扶贫领域问题屡查屡犯，一直得不到解决。2017 年 4 月，有关部门对某县开展专项检查，发现 34 个扶贫资金使用监管方面的问题，其中有 15 个违规违纪问题，涉及扶贫专项资金 2 亿多元；扶贫资金被挤占、挪用、浪费、闲置，以及违规采购、规避招投标等问题十分严重。共有 27 名党员领导干部因此受到责任追究，其中有 12 人受到党纪政务处分。时任某市委常委、某县委书记马某某，某县委副书记、县长武某某对上述问题负有领导责任。2018 年 4 月，武某某受到党内严重警告处分并被免职，县纪委原书记李某某受到党内警告处分。2018 年 8 月，马某某受到党内严重警告处分并被免职。

【案情分析】

本案中，判断马某某等人是否构成失职失责的关键在于判定这些行为人是否具备相应职权，以及其主观态度是否为过失。

失职失责实质上就是《公职人员政务处分法》中规定的玩忽职守行为，所以讨论本案中是否构成及为什么构成失职失责就应该以玩忽职守行为的构成条件为评判标准。一方面，本案中如果行为人不具备对扶贫资金使用管理的相应权限，而是单纯利用其职务上的便利与条件违规使用扶贫资金谋取私利，则可能违反廉洁要求。只有具备对扶贫资金的相应管理权限，且因为自身的不认真、不勤勉履职致使违规使用扶贫资金的现象发生时才可能构成失职失责。另一方面，如果行为人对于违规使用扶贫资金的行为存在故意心态，那么也同样无法构成失职失责。因为失职失责的前提是否定损害结果的

发生，对该行为持过失心态，一旦行为人放任或积极追求损害结果的发生，那么此行为就应该定性为滥用职权。

通过案情描述我们可以发现，本案中的马某某等人对扶贫资金的规范使用负有领导责任，所以其具备了构成玩忽职守罪的职权条件。此外，案例中并未明确表示马某某等人有主动参与、放任或积极追求最终损害结果的具体表现，所以推定他们对扶贫资金使用混乱的情况持过失心态，应当认定马某某等人构成玩忽职守罪，未能履行或未能正确履行他们的监管职权，依据其玩忽职守所造成的后果的严重程度给予其相应的政务处分。

三、课程思政解读

理解与践行社会主义核心价值观之敬业

根据党的十八大报告的相关内容可知，社会主义核心价值观中的敬业实际上是对公民职业行为准则的价值评价，要求公民忠于职守，克己奉公，服务人民，服务社会，充分体现社会主义职业精神。围绕这一关键词，接下来我们将解决以下几个问题：

第一，什么是敬业的价值与要求。

敬业是推动国家与社会进步的关键基础，是个人能力得到充分展现的核心要素。没有敬业，即使有再多的人才储备和经济底蕴，也无法真正实现中华民族的繁荣复兴。只有每个人都做到爱岗敬业，我们的社会才会按照既定的秩序顺利运转，我们的才华与能力才会真正转变为新的产物、新的科技，而不是所谓的纸上谈兵，走回空想社会主义的老路。

第二，敬业的要求有哪些或者说如何理解敬业。

首先，要敬业必先爱岗，爱岗是践行敬业的重要前提。只有真诚的热爱才会促使人们对自己的工作葆有长久的热情，愿意在工作中投入大量的时间和精力，愿意不断精益求精做到最好。其次，敬业离不开尽责，尽责是敬业的必备要件。所谓尽责，就是认真负责、忠于职守，只有尽责的人才会时刻关注自己的工作情况，才会更加努力地不断提高自己的工作水平，减少失误和损失。再其次，敬业离不开专注与钻研，专注与钻研是敬业的核心要素。只有专注才会减少外在因素对工作完成度的影响，也只有专注才会促使公民潜心钻研，而公民只有不断钻研才能更快掌握更多的工作技能，继而提高工作效率成为真正的行家里手。最后，敬业离不开奉献，奉献是敬业精神的最终升华。奉献与敬业之间是相辅相成的，践行敬业就必然要在工作中投入更多的时间和精力成本，如果没有无私的奉献精神，那么这种来自私人的自主投入必然会被相应地缩减，缺乏相应的时间和精力成本，做到敬业就无从谈起。

第三，如何践行敬业这一社会主义核心价值观。

公职人员的敬业是真正践行这一社会主义核心价值观的关键。公职人员是国家各项事务的管理者，与各行各业都存在着千丝万缕的联系，很多职业的执业许可、优惠政策、发展资源都需要通过公职人员的努力工作才能尽快取得或兑现。所以公职人员的敬业与否实际上影响了其他群众的敬业实践。公职人员的敬业不仅会感染、引导其他群众在自己的职位上爱岗敬业，而且会为群众的敬业创造优质条件，帮助群众排除一定的工作障碍，推动国家各项利好政策的实施，使广大群众能更加自主、积极地在自己的职位上发光发热。

四、案例使用设计

1. 某县委原书记王某某等人大搞形式主义案

【基本案情及处理结果】

某省某市某县不顾实际，使用大额财政资金建设景观工程。2016年至2019年，该县耗资5300余万元在县城北出口修建两座仿古城门、两个小广场和一座雕塑，没有将有限的财力优先用于改善民生，而是将本应服务群众的城市基础设施建成了华而不实的形象工程，造成不良影响。时任县委书记王某某受到党内严重警告、政务记大过处分，时任县长王某受到党内警告、政务记过处分。

【案情分析】

《公职人员政务处分法》第三十九条规定，禁止公职人员在工作中出现形式主义和官僚主义行为。就目前的实践情况来看，公职人员工作中的形式主义除了表现为文山会海外，各式各样的"面子工程""形象工程"也是常见的类型。"面子工程"是领导推动当地社会经济发展过程中较为突出的一种胡乱作为现象，是急功近利、脱离实际、未经论证、违反程序的作秀行为。这种以"服务群众"为名，实则只为让"领导满意"的不正之风，反映出一些公职人员在错误政绩观的引导下已经出现了严重的作风问题。部分公职人员不顾当地群众的民生需求和实际情况，将工作重心转移到能让领导最快看见的地方，以期尽快获得显著"政绩"，以便在考核中获得更好的成绩。为此，他们不顾当地的经济发展，将用于提升人民生活幸福感的资金投入徒有其表的"面子工程"，最终造成表面花团锦簇、实际上群众怨声载道的局面。这些行为具有极强的危害性，会严重损害人民和政府之间的信赖关系，最终给国家事业带来不良影响。因此，《公职人员政务处分法》对此类行为设置了较为严重的处分。

如何判断本案中该县的仿古城门等建筑是"面子工程"是认定王某某等人存在形式主义的关键。首先需要明确一点，并非所有耗资巨大的宏伟工程都是"面子工程"。例如，北京为举办 2008 年奥运会而耗资 34 亿元兴建的中国国家体育馆——鸟巢就不是"面子工程"，它不仅向世界各国展现了中国深厚的文化底蕴和强大的经济实力，也在奥运会结束后成为首都群众的运动与游玩场所，成为其他地区群众慕名前来参观的标志性建筑。由此可见，评判"面子工程"的标准应该包括以下几点：第一，当地的经济水平是否足以负担如此庞大的工程建设。本案中的某县在 2019 年 4 月 28 日才刚刚正式退出贫困县名单，也就是说，在工程建设期间（2016 年至 2019 年），该县的经济水平并不足以支持 5300 余万元的工程投入，人民的生活水平需要依靠这些资金来提高。第二，工程建设是否给当地群众带来了实质性的好处，是否能满足群众当时最紧要的需求。本案中，在工程建设时期该县仍为贫困县，群众当时最迫切的需求应该是解决温饱问题，提高当地的社会生产水平。所以，此时兴建广场、雕塑等景观项目并不符合当地的发展规律和群众的实际需求，无法达到令群众满意的程度。据此我们可以认定，该县大兴土木建设的这几项工程确实属于形式主义的"面子工程"，对当时该县的发展情况并未起到实际的推动作用，时任县委书记王某某等人的此项行为明显违反了《公职人员政务处分法》中的工作要求，应当视其严重情况给予相应的政务处分。

2. 某市科技局办公室原副主任孙某泄露国家秘密案

【基本案情及处理结果】

2018 年 7 月，某市保密局在工作中发现，该市科技局办公室副主任孙某使用非涉密计算机存储、处理涉密文件资料。经查，孙某原为某军区通信部门干部，服役期间收集了大量与其职务相关的文件资料，将其数字化后存储于个人的笔记本电脑。2012年，孙某转业到某市发改委信息中心，继续收集与业务有关的文件资料，至2017年调至该市科技局前，共收集了包括1份机密级、7份秘密级在内的1100多份发改领域文件资料。2018年2月，孙某使用移动硬盘将部分数据导出至其在科技局的非涉密办公电脑，直至案发。事件发生后，该市纪委监委依纪给予孙某政务处分，同时责令其作出深刻检查，并在全市范围内通报。

【案情分析】

虽然《公职人员政务处分法》并未对泄露国家秘密的行为进行详细的展开解释，但我们可以根据《保守国家秘密法》的有关规定解释《公职人员政务处分法》中的这一条款。《保守国家秘密法》第二十四条规定："机关、单位应当加强对涉密信息系统的管理，任何组织和个人不得有下列行为：（一）将涉密计算机、涉密存储设备接入互联网及其他公共信息网络；（二）在未采取防护措施的情况下，在涉密信息系统与互联网及其他公共信息网络之间进行信息交换；（三）使用非涉密计算机、非涉密存储设备存储、处理国家秘密信息；（四）擅自卸载、修改涉密信息系统的安全技术程序、管理程序；（五）将未经安全技术处理的退出使用的涉密计算机、涉密存储设备赠送、出售、丢弃或者改作其他用途。"第二十五条规定："机关、单位应当加强对国家秘密载体的管理，任何组织和个人不得有下列行为：（一）非法获取、持有国家秘密载体；（二）买卖、转送或者私自销毁国家秘密载体；（三）通过普通邮政、快递等无保密措施的渠道传递国家秘密载体；（四）邮寄、托运国家秘密载体出境；（五）未经有关主管部门批准，携带、传递国家秘密载体出境。"第二十六条规定："禁止非法复制、记录、存储国家秘密。禁止在互联网及其他公共信息网络或者未采取保密措施的有线和无线通信中传递国家秘密。禁止在私人交往和通信中涉及国家秘密。"

本案中，孙某的行为符合第二十四条第三款、第二十五条第一款，违反第二十六条中"禁止非法复制、记录、存储国家秘密"。

首先，针对第二十四条第三款，本案中孙某使用个人笔记本电脑存储服役期间的军队工作资料，并在退役任职后将工作期间的秘密资料使用非涉密存储设备移动硬盘导出至其在科技局的非涉密办公电脑。这两个行为均已构成"使用非涉密计算机、非涉密存储设备存储、处理国家秘密信息"。

其次，针对第二十五条第一款"非法获取、持有国家秘密载体"。此类行为主要包括：不属于国家秘密知悉范围内的人员通过窃取、骗取、抢夺、购买等非正当途径和手段，获取并留存涉密载体；知悉范围内的人员未经批准留存涉密载体，经提醒、督促拒不上交；知悉范围内的人员离职离岗后未按照有关规定及时清退涉密载体等。本案中，孙某因其服役和在后来的任职过程中获得了知悉国家秘密的特殊身份，其将服役期间获得的信息非法储存于个人电脑，此时电脑即为国家秘密载体，其退役后并未按照有关规定及时清退，同时其在发改委期间收集的与业务相关的秘密资料也并未在离开发改委时按规定清除，而是利用移动硬盘载体传输到了后续工作的科技局电脑中。他的行为已经构成了"非法获取、持有国家秘密载体"。

最后，针对第二十六条，本案中孙某在未经许可的情况下私自将服役中收集的国家秘密存储于个人电脑，而且将在发改委信息中心收集的国家秘密私自使用移动硬盘存储并导入科技局非涉密办公电脑的行为均已构成了"非法复制、记录、存储国家秘密"。

据此可以明确，孙某的行为已经构成泄露国家秘密罪，其行为违反了《公职人员政务处分法》中的工作要求，应该根据第三十九条的相关规定对其作出政务处分。

五、问题拓展讨论

1. 政府为了更好地发展经济有时会实施一些所谓的"面子工程"或"形象工程"来吸引外界投资，应该如何把握好尺度，不使工程成为毫无作用的形式主义？

2. 个人隐私是否受到绝对保护？在特殊情况下，公职人员是否可以为了更多人的安全而未经许可和法定程序泄露个人隐私（例如，新冠疫情期间部分公职人员出于对周围居民的担心会提前泄露阳性人员的家庭住址和活动轨迹）？

六、阅读文献推荐

1. 赵学申：《滥用职权行为的认定——兼论职责规范的功能差异》，《中国法律评论》2022 年第 2 期。

2. 吴猛、程刚：《行政诉讼中"滥用职权"审查标准适用问题研究》，《法律适用》2021 年第 8 期。

3. 周佑勇：《司法审查中的滥用职权标准——以最高人民法院公报案例为观察对象》，《法学研究》2020 年第 1 期。

4. 胡柳娟：《现阶段官僚主义的发生逻辑、表现形式及治理对策》，《理论视野》2022 年第 1 期。

5. 胡卫卫、陈建平、赵晓峰：《技术赋能何以变成技术负能？——"智能官僚主义"的生成及消解》，《电子政务》2021 年第 4 期。

6. 中共中央党史和文献研究院：《习近平关于力戒形式主义官僚主义重要论述选编》，中央文献出版社，2020 年。

7. 顾保国：《形式主义官僚主义面面观》，中共中央党校出版社，2019 年。

8. 王莘子：《国家秘密确定行为司法审查问题研究》，《中国法律评论》2019 年第 3 期。

9. 龙文懋：《信息财产商业秘密属性与国家秘密属性的重叠之探析》，《知识产权》2016 年第 10 期。

10. 孙越生：《官僚主义的起源和元模式》，福建教育出版社，2012 年。

11. 王亚南：《中国官僚政治研究》，商务印书馆，2010 年。

第六节　违反道德要求的行为

一、知识点提要

1. 违反道德要求的主要行为表现

在《公职人员政务处分法》中，关于违反道德要求的行为规定在第四十条，共涉及六个方面，主要表现为：违背公序良俗原则，参与或者支持迷信活动，参与赌博，拒不承担赡养、抚养、扶养义务，实施家庭暴力或虐待、遗弃家庭成员，以及一些其他违反家庭美德和社会公德的行为。这六类行为的危害程度并不一致，其中违背公序良俗，以及参与或者支持迷信活动的行为均要造成不良影响才可能受到政务处分，涉及赌博的行为一旦发现则会直接予以撤职或开除，其他几类行为则是一旦发生无论其影响或后果如何都会受到警告、记过或记大过及以上的政务处分。

2. 违反道德要求行为的概念解析

违反道德要求的行为虽然涉及了六个方面的诸多行为，但由于道德本身是我们在日常生活中较为常见也理解较深的概念，所以本部分只选择几个模糊性较强或与普通公民道德存在差异的概念进行解析。

第一，社会公序良俗的定位。

事实上，虽然很多人都知晓公序良俗这一概念，但很容易将其与道德伦理相等同。哪些行为是会使公职人员受到政务处分的公序良俗，哪些行为是我们认知中的道德伦理或传统美德，很难得到准确区分。

公序良俗原则在现代民法中具有重要地位，是最为重要的基本原则之一。早在 1986 年，公序良俗原则就已经被当时的《中华人民共和国民法通则》确认。不过，公序良俗这一概念的诞生并非随着国家与法律的出现而产生，这种由公共社会秩序和善良风俗结合而成的整体概念是在人类法治文明发展的过程中日复一日地逐步形成、完善的，和人类社会的发展进程之间存在着千丝万缕的联系。

公序良俗的雏形诞生于罗马法时期，在不同法律中拥有不一样的定义。而到了中世纪时期，公序良俗的规定主要存在于日耳曼法和教会法中，且一直处于发展的蛰伏期，并未有什么创新性的突破。直至 16 到 17 世纪，公序良俗才逐渐作为一种基本原则在民法中得以确立，但其在不同国家的法律中依然拥有着不同的定位。在法国，公序良俗以公共秩序为核心；在德国，公序良俗则以善良风俗为核心；英美法系中的公序良俗与法国、德国均不相同，而是相当于其公共政策，并不局限于民法典中。

就《中华人民共和国民法典》的规定来看，其将公序良俗作为一个整体，并未像法国或德国一样对公共秩序或善良风俗哪一方有所偏重。不过，无论公序良俗的内部体系结构如何变化，都不会改变其自身携带的强烈的道德属性。无论是公序还是良俗，主流理论中都基本将其视为一项来自道德伦理的子类。① 不过，虽然通说承认公序良俗的道德伦理性质，但也强调公序良俗并非为了从正面推行一种高标准的道德伦理，而只是从反面拒绝为践踏

---

① 陈林林，严巍. 公序良俗的法理分析：性质、类型与适用 [J]. 南京社会科学，2021（2）：93-100.

社会底线的法律行为提供履行强制，因此可将其称为"伦理的最小值"①。例如王利明教授就认为，公序良俗就是要以确定最低限度的道德标准的方式，强调民事主体进行民事活动必须遵循社会所普遍认同的道德，从而维护社会生活的有序发展，其主要发挥一种维护行为底线的功能②。于飞也认为，公序良俗原则的核心要义可以表述为"主体在其一切行为中均不得违背秩序及伦理底线"③。综上所述，根据公序良俗的发展历程和学者们的众多观点，我们可以对道德伦理与公序良俗之间的关系有一个简要的了解。也就是说，道德伦理实际上涵盖了公序良俗，只不过公序良俗仅代表道德伦理的最低限度，这个最低限度本身就具有一定的模糊性。同时，道德会随着地域、时代的变化而产生变化，例如"三妻四妾"在古代并不违反道德，但在现代，出轨行为违反公序良俗，重婚行为则构成犯罪，这就意味着公序良俗的范围同样也会受到地域和时代的影响，并非一个恒定的明确标准。所以，通常情况下我们只能根据朴素的价值观念来区分道德与公序良俗，而无法在二者之间划出明确的分界线。某一行为是否违反公序良俗，可能需要由法官根据既有案例或社会经验进行自由裁量。

第二，参与或者支持迷信活动的界定。

是否构成参与或者支持迷信活动与行为人的个人职权、实质目标、行为表现密切相关。这就意味着并非一切与迷信相关的行为或与宗教人士、宗教场所接触的行为都违反了《公职人员政务处分法》中的这一规定。只有当行为人并不具备与迷信事务接触的职权，并且其个人的实质目标就是通过迷信活动实现某种目的，其行为上也实质参与并支持了迷信活动而非单纯的游玩，才能构成本条中所谓的"参与或者支持迷信活动"。

第三，家庭暴力的内涵。

根据联合国大会1994年决议通过的《消除对妇女的暴力行为宣言》第二条第一款可知，对妇女的家庭暴力指的是"在家庭内发生的身心方面和性方面的暴力行为，包括殴打、家庭中对女童的性凌虐、因嫁妆引起的暴力行为、配偶强奸、阴蒂割除和其他有害于妇女的传统习俗、非配偶的暴力行为

---

① 迪特尔·梅迪库斯. 德国民法总论 [M]. 邵建东, 译. 北京: 法律出版社, 2000: 511.

② 王利明. 论公序良俗原则与诚实信用原则的界分 [J]. 江汉论坛, 2019 (3): 129-136.

③ 于飞. 基本原则与概括条款的区分: 我国诚实信用与公序良俗的解释论构造 [J]. 中国法学, 2021 (4): 25-43.

和与剥削有关的暴力行为"。这是完全以女性作为受暴力一方而给出的定义。我国 2016 年实施的《中华人民共和国反家庭暴力法》则从更全面的视角对家庭暴力作出了定义，认为"家庭暴力是指家庭成员之间以殴打、捆绑、残害、限制人身自由以及经常性谩骂、恐吓等方式实施的身体、精神等侵害行为"。虽然这两个定义所站立场并不完全相同，但都提到了非常重要的一点，那就是家庭暴力同时包括对身体和精神的暴力，这就意味着，长期辱骂、冷暴力家庭成员同样属于家庭暴力。

3. 违反道德要求的行为与其他职务违纪违法行为的区别

对于中共党员来说，违反道德要求的行为同时也违反了《中国共产党纪律处分条例》中的生活纪律，要同时接受政务处分和纪律处分。此外，相较于其他职务违法行为而言，违反道德要求的行为中有部分行为危害性较大，只要实施，无论结果如何，行为人都要接受处分，例如赌博、家庭暴力等。甚至有部分行为一旦实施就会直接对行为人予以撤职或开除，这在《公职人员政务处分法》的其他规定中是相当少见的。

⊘ 二、主讲案例介绍

李某实施家庭暴力案

【基本案情及处理结果】

李某，某重点大学硕士，通过某市公开招聘聘任制公务员考试后，到该市光明新区财政局发展改革科任公务员。李某的母亲知道儿媳妇怀孕后，特意从老家赶来照顾儿媳妇。因婆媳关系不和，李某常常责怪母亲对妻子照顾不周。一次，在双方发生激烈争吵后，李某打了母亲耳光，并将母亲赶回了老家。因不满父亲要其修复与母亲的关系，李某又对父亲大打出手，不但撕坏父亲上衣，还将父亲的左肩咬出血。此外，李某对上门劝说其向父母赔礼道歉、此前挣钱供其上学的姐姐也是拳脚相加。

【案情分析】

公职人员实施家庭暴力的程度不同，其可能承担的法律责任也不尽相同，接下来将基于中央纪委国家监委网站对家庭暴力的分析结合本案进行逐一甄别。

一是行为轻微，危害性较小，未构成违法犯罪但造成不良影响的。现实中，大多数违反道德规范的行为可通过社会舆论、教育感化等道德自身的力量来纠正和调整，一部分行为需要党纪、法律来约束。本着纪法分开的原则，对于公职人员实施家庭暴力已经严重侵害国家和社会利益及严重侵犯他人权益的，自有国家法律将其作为违法犯罪行为进行处理。对于其中行为轻微危害性较小，虽未构成违法犯罪，但造成不良影响，仅依靠道德力量不能纠正的，则要由《公职人员政务处分法》予以规范约束。《公职人员政务处分法》第四十条规定，实施家庭暴力，虐待、遗弃家庭成员的，以及其他严重违反家庭美德、社会公德的行为，有上述行为之一的，给予警告、记过或者记大过；情节较重的，予以降级或者撤职；情节严重的，予以开除。

二是行为构成违法，尚未构成犯罪的。《中华人民共和国治安管理处罚法》（以下简称《治安管理处罚法》）第四十三条规定："殴打他人的，或者故意伤害他人身体的，处五日以上十日以下拘留，并处二百元以上五百元以下罚款；情节较轻的，处五日以下拘留或者五百元以下罚款。有下列情形之一的，处十日以上十五日以下拘留，并处五百元以上一千元以下罚款：（一）结伙殴打、伤害他人的；（二）殴打、伤害残疾人、孕妇、不满十四周岁的人或者六十周岁以上的人的；（三）多次殴打、伤害他人或者一次殴打、伤害多人的。"第四十五条规定："有下列行为之一的，处五日以下拘留或者警告：（一）虐待家庭成员，被虐待人要求处理的……"涉案人员系公职人员，需要给予政务处分的，根据《公职人员政务处分法》第四十九条第二款，监察机关可以根据行政处罚决定认定的事实和情节，经立案调查核实后，依法给予政务处分。

三是犯罪情节轻微，检察机关决定不起诉的或人民法院判决免予刑事处罚的。公职人员对家人实施暴力，涉嫌虐待罪等犯罪，但情节轻微，人民检察院依法作出不起诉决定的，或者人民法院依法作出有罪判决但免予刑事处罚的，根据《中国共产党纪律处分条例》第三十一条，应当给予撤销党内职务直至开除党籍处分。根据《公职人员政务处分法》第十四条第三款，应予撤职，造成不良影响的，予以开除。

四是行为构成虐待罪等刑事犯罪，应受刑事处罚的。《中华人民共和国刑法》（以下简称《刑法》）第二百六十条规定："虐待家庭成员，情节恶劣的，处二年以下有期徒刑、拘役或者管制。犯前款罪，致使被害人重伤、死亡的，处二年以上七年以下有期徒刑。"根据"两高两部"《关于依法办理家庭暴力犯罪案件的意见》，虐待罪中的"虐待"一般是指采取殴打、冻饿、强迫过度劳动、限制人身自由、恐吓、侮辱、谩骂等手段，对家庭成员的身体和精神进行摧残、折磨。所谓"情节恶劣"，根据司法实践，一般指具有虐待持续时间较长、次数较多；虐待手段残忍；虐待造成被害人轻微伤或者患较严重疾病；对未成年人、老年人、残疾人、孕妇、哺乳期妇女、重病患者实施较为严重的虐待行为等情形。行为人虐待家庭成员，同时还构成故意杀人罪、故意伤害罪、非法拘禁罪、侮辱罪等犯罪的，依照处罚较重的规定定罪处罚。对于公职人员涉嫌虐待罪等犯罪的，根据《公职人员政务处分法》第十四条、第四十九条第一款，予以开除。

根据《人体损伤鉴定标准》中的相关内容可知，咬伤致皮肤破损属于轻微伤，挫伤面积在 15cm² 以上同样属于轻微伤。在本案中，李某存在打母亲耳光、将父亲左肩咬出血、对姐姐拳打脚踢等行为。由于并未提及姐姐的具体伤情，暂时推定其伤情程度为 15cm² 以上挫伤，所以本案中李某咬伤父亲左肩和殴打姐姐的行为并未构成犯罪，但已经达到违法，需要根据《治安管理处罚法》第四十三条对李某进行行政处罚，同时也可根据《公职人员政务处分法》第四十条对李某进行相应的政务处分。但是《公职人员政务处分法》第四十九条第二款明确规定，监察机关可以根据行政处罚决定认定的事实和情节，经立案调查核实后，依法给予政务处分。所以这里应该根据《公职人员政务处分法》第四十九条的规定进行政务处分，实现法法衔接。

三、课程思政解读

1. 如何理解与践行社会主义核心价值观之"文明"

文明是社会主义核心价值观中的内容之一，是助推中华民族繁荣昌盛的重要力量。党的十八大报告指出："文化软实力显著增强。社会主义核心价值体系深入人心，公民文明素质和社会文明程度明显提高。"由此可见，提升和彰显我国的文化软实力，就必须提升我国人民和社会的文明程度，积极践行社会主义核心价值观，使每个人都能在深刻理解"文明"内涵的基础上将其内化为个体的主观价值理念，外显于日常行为生活之中。

什么是文明？文明的概念是什么？回顾历史我们能发现，文明似乎在很多地方都被使用过，也都被赋予了不一样的内涵。根据《辞海》的解释，文明有四种含义：其一，光明而有文采。这个意思出自《易·乾》："见龙在田，天下文明。"其二，文治教化。例如杜光庭《贺黄云表》："柔远俗以文明，摄凶奴以武略。"其三，指社会进步，有文化的状态。例如秋瑾的《愤时叠前韵》中写道："文明种子已萌芽，好振精神爱岁华。"其四，唐代使用的年号（公元684年）。在这里，我们要理解的文明是作为社会主义核心价值观内容的文明，因此需要立足于社会主义的立场对其加以解释。首先，社会主义由空想转为科学，离不开唯物史观。其次，社会主义既是一种学说也是一种社会制度，社会主义的发展离不开其作为载体的国家的发展。所以，立足于唯物史观和国家的层面，学者们对文明的定义就是国家发展的状态，即国家创造的物质财富与精神财富的总和。

那么，如何践行社会主义核心价值观中的文明呢？由于践行文明与国家中的每一个人都息息相关，所以在回答这一问题之前我们需要立足于个人的层面对文明再下一次定义。从人自身出发，文明实际上指的是一个人的品行、教养及开化程度等。所以，判定一个人是否文明，可以通过他日常的言行举止来衡量。践行社会主义核心价值观，需要国家中的每一个人都理解文明、重视文明，成为文明的人，而公职人员是帮助群众践行文明的重要力量。公职人员是国家事务的管理者，是人民的引导者和服务者，公职人员的以身作则能更好地带动群众主动提高文明程度，也能更好地提高自身的服务水平，让群众更加满意、更加信任政府，继而信任并推崇政府的各项事务与政策，积极践行社会主义核心价值观。

2. 公众道德与公职人员道德之间的关系

对公众道德可以有两层解释：一层是我们传统意义上的道德，例如中华民族传统美德；另一层则是法律所规定的最低限度的道德。违反一般道德的行为不一定会违反法律规定，但突破道德底线的行为必然需要承担相应的法律责任。公职人员的道德同样具有这两层含义，它的第一层含义与公众道德并无不同，公职人员同样也是公众的一员，所以同样需要遵循我们的传统美德。公职人员道德与公众道德之间的差异存在于第二层解释上，公职人员由于身份的特殊性，他们所需要遵循的道德底线必然要高于一般群众。以《治安管理处罚法》和《公职人员政务处分法》中的详尽规定进行比较，《治安管理处罚法》第二十七条规定："有下列行为之一的，处十日以上十五日以下拘留，可以并处一千元以下罚款；情节较轻的，处五日以上十日以下拘留，可以并处五百元以下罚款：（一）组织、教唆、胁迫、诱骗、煽动他人从事邪教、会道门活动或者利用邪教、会道门、迷信活动，扰乱社会秩序、损害他人身体健康的；（二）冒用宗教、气功名义进行扰乱社会秩序、损害他人身体健康活动的。"相较于此，《公职人员政务处分法》第四十条中只是规定"参与或者支持迷信活动，造成不良影响的"需要接受政务处分。由此可见，在道德的最低限度上，公众道德显然要低于公职人员道德。因为公职人员是代表国家行使公务的人员，他们的行为表现会影响群众对国家政权、对执政党的态度，所以公职人员道德的最低限度必然要高于公众道德的最低限度，这样才能获得更广大人民群众的信任与爱戴。此外，公职人员的道德底线涵盖的内容类型要广于公众道德底线。例如，在《公职人员政务处分法》中，严重违反家庭美德的行为（如出轨、包养情人等）都属于违反道德要求的行为，会受到相应的政务处分。但在《治安管理处罚法》等能够体现公众道德底线的法律规范中却并未对此类行为进行规定，而且禁止形式主义、官僚主义等特殊的公职人员道德规定同样也未在此类法律规范中找到相应的内容。

四、案例使用设计

1. 某市某县陈某某等 7 名党员、公职人员参与打麻将赌博案

【基本案情及处理结果】

2021 年 4 月 17 日，某县林草局二级主任科员陈某某、县人社局三级主任科员杨某某、县供销社三级主任科员冯某、县水利工程管理与质量安全监督站高级工赵某、某乡人民政府三级主任科员闵某、某县税务局某分局副局长李某、某县供电局职工李某某 7 名党员、公职人员在某文化用品经营部以打麻将的方式参与赌博，被公安机关查获。2021 年 4 月 28 日，7 名参与赌博的党员、公职人员均被公安机关处以行政拘留 13 日、罚款 1000 元。2021 年 7 至 9 月，陈某某受到党内严重警告、政务降级处分（降为三级主任科员）；李某受到党内严重警告、行政记大过处分；杨某某、闵某、李某某分别受到党内严重警告处分；冯某、赵某分别受到政务记大过处分。

【案情分析】

赌博是一种将有价值的东西作为筹码赌输赢的活动，根据《治安管理处罚法》第七十条的规定，"以营利为目的，为赌博提供条件的，或者参与赌

博赌资较大的"均需接受相应的治安管理处罚。《刑法》第三百零三条中规定："赌博罪是指以营利为目的，聚众赌博或者以赌博为业的。"由于本案中的行为人只受到了纪律处分和政务处分，所以排除赌博罪中关于聚众赌博和以赌博为业的相关内容。由此可见，判断本案中陈某某等人是否违反《公职人员政务处分法》中赌博条款的关键就在于他们的行为是否符合我们所公认的赌博行为，以及是否在参与赌博的过程中以营利为目的。

首先，针对具体的赌博行为。随着时代与科技的发展，赌博的类型也越来越纷繁多样。本案中的打麻将是一种非常典型的赌博方式，所以在这一点上并不存疑，行为人的外在表现确实符合赌博条款的客观要求。但是，虽然本案中的赌博方式并不复杂，但在其他案件中很有可能会出现一些较为特殊的赌博方式，所以这里将公职人员案件中可能涉及的赌博方式进行简单梳理。第一，打牌与打麻将是最为常见的赌博方式，特殊性在于赌博的场所可能会出现在水库旁、涵洞内等各个意想不到的角落。第二，互联网赌博是一种更为隐蔽也更易参与的赌博方式，甚至会随着网络技术的发达演化出更多赌博游戏类型。目前的网络赌博除了包括博彩网站、赌博软件、赌博微信群外，还包括各类电子游戏，例如彩票、猜数字、德州扑克等，形式多变，极难分辨。第三，赌球、赌马及赌拳等较为少见的赌博方式。此类赌博行为较易被忽视或错认，但其危害结果通常会更为显著。

其次，针对行为人的主观目的。本案中对于行为人等存在营利性目的并不存疑，但如何判断行为人的行为是具有营利性目的的赌博还是单纯的娱乐活动是难点。明确是否存在营利性目的的关键在于个人赌资是否达到了一定数额，这一数额会根据不同地区的经济情况而有所不同。例如，《上海市公安局治安管理处罚裁量标准》规定："个人赌资在人民币100元以上的，就属赌资较大，可予以治安处罚。"《北京市实施治安管理处罚法细化标准（试行）》规定："个人赌资300元至500元，处500元以下罚款；500元至1500元，处五日以下拘留；1500元以上，处十日以上十五日以下拘留。"《山东省公安机关实施治安管理处罚法细化标准》规定："'参与赌博赌资较大'是指人均参赌金额在200元以上或者当场赌资在600元以上；为赌博提供条件，非法获利500元以上的，人均参赌金额500元以上或者当场赌资2000元以上的，属于情节严重。"

部分公职人员认为"小赌怡情"，和同事、朋友一起玩个麻将，只是为了减轻工作压力，打发闲暇时间而已，无伤大雅。但随着时间的推移，他们的侥幸心理会越来越强，赌瘾和赌资也会越来越大，最终染上赌博恶习，这样不仅会损害公职人员在群众心目中的形象，而且可能会造成贪污腐败等更大的危害。

2. 王某支持、参与迷信活动案

【基本案情及处理结果】

王某，中共党员，某省国土资源厅原厅长。为了升官发财，他曾接受私营企业主邀请，专程到山西五台山烧香拜佛，并请"大师"诵经祈福。在组织对其进行谈话函询时，王某"不向组织坦白交代，反而心存侥幸，求神保佑"，把别人推荐的"神婆"当作救命稻草，将"神婆"送的护身符带在身上、夹在腋下，烧成灰喝下，借此祈求躲避纪法严惩。王某还有其他严重违纪违法问题，被给予开除党籍和开除公职处分；收缴违纪违法所得；涉嫌职务犯罪问题被移送检察机关依法审查起诉，涉案财物随案移送。

【案情分析】

如何判断行为人是否构成支持、参与迷信活动，其关键问题在于明确行为人支持、参与迷信活动是否为其个人自由意志的表达，且其是否存在不信马克思主义信鬼神的错误信念。

首先，针对行为人的自由意志。存在自由意志，即表明行为人的行为是出于其内心的本意，而非因为工作、威胁等其他因素的影响才实施该行为。在本案中，王某原本是某省国土资源厅厅长，其职权只负责该省的国土资源管理、使用、开发等问题，与宗教事务并不相关，所以王某与所谓"大师""神婆"的接触并非因其职务关系，而是因其个人原因。此外，其参与宗教活动的行为完全出于自身意愿，他人只是存在邀请或推荐行为，最终的参与是王某在个人意识完全清醒、意志完全自由的情况下作出的符合自身内心想法的决定。所以在本案中，行为人存在自由意志。

其次，针对行为人的个人理想信念。中国是社会主义国家，马克思主义指导了世界社会主义运动并对中国的发展与进步起到了巨大的推动作用。我国的执政党是马克思主义政党，我们管理国家各项事务的公职人员也应该是坚定的马克思主义无神论者，他们对宗教迷信的信赖反映出了其个人信仰的缺失和理想信念的歪曲。在本案中，王某参与迷信活动并非出于参观游览或学习建筑构造和感受人文历史的目的，而是相信可以通过宗教的神秘力量保佑自己加官晋爵、仕途顺利，已经完全丧失了一个马克思主义无神论者所应当具备的理想信念。

综上所述，本案中王某的客观行为与主观思想均符合《公职人员政务处分法》中的"支持、参与迷信活动"，应当根据行为的严重程度给予其相应的政务处分。

五、问题拓展讨论

1. 公职人员的道德建设应该以哪些方面为重点？有什么较为有效的积极建议？

2. 目前主要的法律职业者大都有自己的行为道德规范，如最高人民法院发布的《中华人民共和国法官职业道德基本准则》，最高人民检察院发布的《检察官职业道德规范》，中华全国律师协会发布的《律师职业道德和执业纪律》，针对公职人员是否有必要制定如此细化或者统一的一部道德规范？

六、阅读文献推荐

1. 何勤华、袁晨风：《"公序良俗"起源考》，《南大法学》2022 年第4 期。

2. 陈林林、严崴：《公序良俗的法理分析——性质、类型与适用》，《南京社会科学》2021 年第 2 期。

3. 王利明：《论公序良俗原则与诚实信用原则的界分》，《江汉论坛》2019 年第 3 期。

4. 于飞：《公序良俗原则与诚实信用原则的区分》，《中国社会科学》2015 年第 11 期。

第四章
公职人员其他违法行为的警示

⚠ 一、知识点提要

1. 公职人员

公职人员这一概念在党内法规中出现得更早一些。2016 年的《中国共产党党内监督条例》第三十七条提出："各级党委应当支持和保证同级人大、政府、监察机关、司法机关等对国家机关及公职人员依法进行监督。"2018 年的《中华人民共和国监察法》和 2020 年的《公职人员政务处分法》将公职人员概念纳入我国法律体系。依据《中华人民共和国监察法》第三条之规定，公职人员是行使公权力的人员。依据《中华人民共和国监察法》第十五条之规定，公职人员包括中国共产党机关，以及立法、行政、监察、司法、政协、民主党派和工商联机关中的公务员和参公管理人员；依法管理公共事务的组织中从事公务的人员；国企、公办事业单位、基层群众性自治组织中的管理人员等。

公职人员既包括中共党员，也包括非中共党员，非中共党员公职人员同样行使党和国家赋予的公权力，代表党和国家形象。2018 年的《中国共产党纪律处分条例》第三十三条规定："党员依法受到刑事责任追究的，党组织应当根据司法机关的生效判决、裁定、决定及其认定的事实、性质和情节，依照本条例规定给予党纪处分，是公职人员的由监察机关给予相应政务处分。"

2. 公职人员违法行为

2020年7月开始施行的《公职人员政务处分法》第三章"违法行为及其适用的政务处分"相关规定中，虽未对公职人员违法行为作出明确分类，但中央纪委国家监委有关权威解读释义将违法行为区分为"违反政治要求的行为、违反组织要求的行为、违反廉洁要求的行为、损害群众利益的行为、违反工作要求的行为、违反公职人员道德要求的行为"等六类。

2022年3月中央纪委办公厅印发的《中管干部违纪违法案件审理流程及文书规范》（中纪厅〔2022〕3号）明确规定，在中管干部政务处分决定书和仅给予政务处分的中管干部违法案件的审理报告、呈报请示中，对被调查人（被处分人）违法行为采用"六项要求+中央八项规定精神+其他违法行为+涉嫌犯罪问题"的模式进行分类表述。其中的"六项要求"就是上述公职人员的六类违法行为。

3. 公职人员其他违法行为

《公职人员政务处分法》第四十一条规定："公职人员有其他违法行为，影响公职人员形象，损害国家和人民利益的，可以根据情节轻重给予相应政务处分。"该规定与公职人员违法行为规定类似，虽未对其他违法行为进行罗列，但同样依据中央纪委国家监委有关权威解读释义和中央纪委办公厅印发的《中管干部违纪违法案件审理流程及文书规范》，"其他违法行为"应为"六项要求+中央八项规定精神+涉嫌犯罪问题"以外的违法行为。

2018年10月的《中国共产党纪律处分条例》第三十三条对公职人员其他违法行为做了相应规定，即"公职人员的由监察机关给予相应政务处分"。同时在第三十三条第三款规定中对党员其他违法行为进行了明文规定："党员违反国家法律法规，违反企事业单位或者其他社会组织的规章制度受到其他纪律处分，应当追究党纪责任的，党组织在对有关方面认定的事实、性质和情节进行核实后，依照规定给予党纪处分或者组织处理。"规定中"违反国家法律法规，违反企事业单位或者其他社会组织的规章制度"就是违纪案件常见的党员其他违法行为，可为公职人员其他违法行为的认定提供参考。

4. 公职人员其他违法行为适用

实践运用中要想准确理解公职人员的其他违法行为，就要明确以下三点：

一是明确规定中"法"的类别。此处的"法"主要包括两类：一类是与履职行为相关的"职务身份法"，如《公务员法》《人民警察法》《法官法》《检察官法》等，以及"行业管理法"，如《海关法》《税收征收管理法》《招标投标法》《会计法》等；另一类是民商事交往、社会管理等方面的法律，如《民法典》《治安管理处罚法》《道路交通安全法》等。违反第一类的应认定并表述为"职务违法"，违反第二类的一般不认定为职务违法，应按照具体违法行为认定为其他违法行为，一般表述为"违反国家法律法规"。

二是明确该条款的适用条件。首先，需要确认相关违法行为无法适用《公职人员政务处分法》中除第四十一条兜底条款以外的其他条款。其次，具体判断这些违法行为是否需要给予政务处分时，要充分考虑行为人是否存在主观过错、违反相应义务的危害性，结合违法的原因、违法行为的发生方式、是否造成严重不良影响、是否影响公职人员形象、是否损害国家和人民利益等具体情节综合研判。

三是明确"其他违法行为"。一般应以相关执法司法机关认定为前提。《监察法实施条例》第二十四条规定："监察机关发现公职人员存在其他违法行为，具有下列情形之一的，可以依法进行调查、处置：（一）超过行政违法追究时效，或者超过犯罪追诉时效、未追究刑事责任，但需要依法给予政务处分的；（二）被追究行政法律责任，需要依法给予政务处分的；（三）监察机关调查职务违法或者职务犯罪时，对被调查人实施的事实简单、清楚，需要依法给予政务处分的其他违法行为一并查核的。监察机关发现公职人员成为监察对象前有前款规定的违法行为的，依照前款规定办理。"参照《监察法实施条例》对行政违法的处理逻辑，在认定"其他违法行为"时，在追究时效或诉讼时效内的，一般应以行业主管部门调查处置或者司法机关判决裁定作为前置，因超过追究或诉讼时效执法司法机关未予处理或者监察调查职务违法犯罪中发现且事实简单清楚的，可以由监委调查后予以认定。

5. 兜底条款

例如《公职人员政务处分法》第四十一条规定"公职人员有其他违法行为，影响公职人员形象，损害国家和人民利益的，可以根据情节轻重给予相应政务处分"这类条款，属于公职人员在违法行为方面的兜底条款。兜底条款是在司法实践中总结出的、行之有效的立规留白技巧。《中国共产党纪律处分条例》中也有兜底条款，比如第一百一十一条规定："有其他违反廉洁纪律规定行为的，应当视具体情节给予警告直至开除党籍处分。"再如《中国共产党纪律处分条例》第一百二十条（其他违反群众纪律规定行为）、第一百三十三条（其他工作中不履行或者不正确履行职责行为）、第一百三十八条（其他严重违反社会公德、家庭美德行为）等。

兜底条款针对隐形变异的违规违纪违法行为，能够防止法律法规的滞后性导致的放纵违规违纪违法行为，体现了纪法条规的周延性，在实践中对惩治新型违规违纪违法行为发挥了重要作用。但是在实践中，切不可为了追责而硬性适用兜底条款，而是要更加谨慎。首先要排除相关行为无法适用兜底条款以外的条款，其次要确保适用兜底条款的违规违纪违法行为符合基本构成要件：一是"违规要素"要件，即相关行为必须有具体的违规性；二是"有责要素"，即行为人主观上对行为的违规性和可能产生的后果有概括知晓，并且实际造成了财产等物质损失，或恶劣的社会影响、破坏政治生态等非物质损失。

⚠ 二、主讲案例介绍

某校教师韩某体罚学生案

【基本案情及处理结果】

原告韩某系教师，担任班主任、语文教师。2019年11月14日上午，某班学生赵某因收错作业后哭泣，韩某劝导无果，联系家长未果，遂将赵某喊到教室的后门外站立，其间韩某喊赵某进教室上课，赵某未进教室上课并一直哭泣。做课间操时，赵某未做操并继续哭泣，韩某将赵某牵进教室劝说不要哭泣无效后，使用自己的塑料教鞭击打赵某，赵某停止哭泣继续上课。下午放学，赵某家长韦某到校接学生时，发现赵某身上有伤，反映至学校。当日下午及次日，学校领导、韩某向赵某家长道歉并与家长协商处理意见。因学校不能满足赵某家长提出的除名教师、调离教育系统、更换班主任等请求，赵某家长于2019年11月16日报警。

某公安分局当日立案，委托进行伤情鉴定并开展调查。经鉴定，赵某左颧部2处斜行软组织挫伤，左胸部1处斜行软组织挫伤，左大腿2处斜行软组织挫伤，面部软组织损伤鉴定为轻微伤。该公安分局经调查核实等程序并履行告知义务、听取原告书面申辩后，作出行政处罚决定，对韩某处行政拘留10日并处罚款500元。韩某不服，于2019年12月13日向该市公安局申请行政复议，复议期间，该公安分局作出暂缓执行行政拘留决定，暂缓执行行政拘留。该市公安局复议作出行政复议决定。

另查明，因本案事实，该市某区教育局于2019年12月25日作出区教发〔2019〕477号行政处分决定，给予韩某行政记过处分；该市某区教育局党组织同日作出区教党发〔2019〕91号处分决定，给予韩某党内严重警告处分。

【案情分析】

《中华人民共和国教师法》（以下简称《教师法》）第八条第（五）项将"制止有害于学生的行为或者其他侵犯学生合法权益的行为，批评和抵制有害于学生健康成长的现象"规定为教师的义务。有害于学生健康成长的现象包括他人有害于学生健康成长的现象、学生有害于其他学生健康成长的现象、学生有害于自身健康成长的现象。健康成长包括身心两方面，心智和品德的健康成长尤其重要。当学生存在违反规定的行为时，教师对其实施惩戒是教育法律规范赋予教师的职责，是教师履行教师职务的行为。教师对学生违规行为实施惩戒应当以法律法规规定的方式或在法律法规规定的范围内实施，不得超出界限。

教师体罚学生是《中华人民共和国未成年人保护法》（以下简称《未成年人保护法》）第二十一条、第六十三条第二款，以及《中华人民共和国义务教育法》第二十九条第二款、第三十七条明令禁止的行为，并规定了相应法律责任。本案中，学生在上课时因自己过错而长时间哭泣，影响教学秩序，劝导无效，教师应当采取适当措施予以惩戒，以维护教学秩序、帮助学生健康成长。原告韩某作为班主任，在劝导、罚站等方式均未能奏效的情况下，以教鞭击打方式体罚学生，超出惩戒的正常范围，违反法律规定，应当受到否定性评价，并承担相应法律后果。

但原告韩某的行为系为维护正常教学秩序、教育学生遵守行为规范的职务行为，系惩戒过度行为，其行为明显不具有殴打、伤害的故意。其应当按照《教师法》第三十七条的规定"教师有下列情形之一的，由所在学校、其他教育机构或者教育行政部门给予行政处分或者解聘：（一）故意不完成教育教学任务给教育教学工作造成损失的；（二）体罚学生，经教育不改的；（三）品行不良、侮辱学生，影响恶劣的。教师有前款第（二）项、第（三）项所列情形之一，情节严重，构成犯罪的，依法追究刑事责任"，以及《未成年人保护法》第六十三条第二款的规定"学校、幼儿园、托儿所教职员工对未成年人实施体罚、变相体罚或者其他侮辱人格行为的，由其所在单位或者上级机关责令改正；情节严重的，依法给予处分"，受到行政处分。

治安管理是运用行政手段维护社会治安秩序、保障社会生活正常进行的行政管理活动，《治安管理处罚法》以维护社会秩序，保障公共安全，保障公民、法人和其他组织的合法权益为立法目的，侧重于社会秩序维护和平等法律主体之间的权力关系。职务行为是否适用治安管理处罚，由特别法指引适用，如《中华人民共和国劳动法》第九十六条对用人单位限制劳动者人身自由、体罚劳动者指引适用治安处罚。同样，特别法也限制治安处罚的适用，如《治安管理处罚法》第一百一十六条对人民警察办案过程中的违规行为的处理仅规定给予行政处分，构成犯罪的追究刑事责任，即排除治安处罚的适用。

同理，《教师法》第三十七条对教师体罚学生的行为仅规定行政处分和刑事责任，未规定治安处罚；《未成年人保护法》第六十三条第二款对教师体罚学生的行为仅规定行政处分。对比《治安管理处罚法》第一百一十六条的规定，履行职务过程中违反职业法律规定但尚不构成犯罪的行为，在职业法律规范未做指引性规定的情形下，排除治安处罚的适用。本案中，韩某对学生赵某实施体罚的行为尚未构成犯罪，应当适用《教师法》《未成年人保护法》的规定受到行政处分，不属于《治安管理处罚法》的调整范畴。

教育是事关国家、民族乃至人类社会未来的重大事业。教师是履行教育教学职责的专业人员，承担教书育人、培养社会主义事业建设者和接班人、提高民族素质的使命，以学识教书，以品德育人，应当遵守法律和职业道德，为人师表，文明教学。教育是全社会的责任，为了国家、民族和人类社会的未来，全社会都应当尊重教师，为教育创造优良的环境。对违反法律和职业道德的行为，应当严格依法追究责任，不得放任，也不得过度。公安机关作为治安管理行政执法机关，对于涉及违反治安管理行为的举报、控告，应当依法进行调查，查明是否属于职务行为，若属于职务行为，查明是否有适用治安处罚的法律指引，准确适用法律，作出合理处理。

本案中，韩某体罚学生的行为明显不具有伤害故意，属于履行教育职责的职务行为，不属于治安处罚适用范围。被告某某区分局作出的行政处罚决定忽略了《教师法》《未成年人保护法》的规定，适用《治安管理处罚法》对原告韩某的职务行为作出治安处罚，适用法律错误。依照《中华人民共和国行政诉讼法》第七十条"行政行为有下列情形之一的，人民法院判决撤销或者部分撤销，并可以判决被告重新作出行政行为：（二）适用法律、法规错误的"规定，应当将判决撤销。依照《中华人民共和国行政诉讼法》第七十九条"复议机关与作出原行政行为的行政机关为共同被告的案件，人民法院应当对复议决定和原行政行为一并作出裁判"的规定，被告该市公安局作出的行政复议决定应当一并撤销。

三、课程思政解读

1. 严肃查处公职人员其他违法行为，是党和国家坚持发扬刀刃向内的自我革命精神的重要体现

在党的二十大报告中，习近平总书记多次提及"自我革命"，并明确指出，自我革命是党跳出治乱兴衰历史周期率的第二个答案。广大党员干部要始终坚持刀刃向内，勇于自我革命，永葆共产党人的纯洁本色。公职人员是国家公民，更是行使公权力的人，理应成为遵纪守法的典范和发扬自我革命精神的重要力量。公职人员坚持发扬刀刃向内的自我革命精神，需要自觉加强国家法律法规学习和自身修养，需要监督执法部门的公正司法、严格执法，更需要行之有效、长治长效的刚性制度。《中国共产党纪律处分条例》《公职人员政务处分法》等相关法律法规，在明确公职人员六类违法犯罪配套处分的基础上，对公职人员的其他违法行为进行了兜底规定，充分体现了党和国家刀刃向内的自我革命精神。公职人员自身更要充分体会党和国家的良苦用心，依规依纪依法文明行使党和国家赋予的公权力，为党和国家的兴旺发达、长治久安贡献力量。

2. 严肃查处公职人员其他违法行为，是全面推进依法治国的必要举措

全面依法治国是坚持和发展中国特色社会主义的本质要求和重要保障，事关我们党执政兴国，事关人民幸福安康，事关党和国家事业发展。《中共中央关于全面推进依法治国若干重大问题的决定》指出，"全面推进依法治国，总目标是建设中国特色社会主义法治体系，建设社会主义法治国家"。坚持全面依法治国，要准确把握全面推进依法治国重点任务，着力推进科学立法、严格执法、公正司法、全民守法，把全面依法治国坚持好、贯彻好、落实好。在立法、执法、司法、守法过程中，都需要广大公职人员辛勤付出，公职人员既是执法者，更是守法人。执纪者必先守纪，律人者必先律己。公职人员要自觉成为普通公民遵纪守法的表率，同时需要承担比普通公

民更严重的违纪违法的后果。严肃查处公职人员其他违法行为，就是从制度层面严格要求公职人员，使其成为全面推进依法治国的捍卫者。

3. 严肃查处公职人员其他违法行为，有利于培育和弘扬社会主义核心价值观

党的二十大报告指出，"社会主义核心价值观是凝聚人心、汇聚民力的强大力量"，"坚持依法治国和以德治国相结合，把社会主义核心价值观融入法治建设、融入社会发展、融入日常生活"。培育和弘扬社会主义核心价值观，必须抓好公职人员这个重点，发挥好公职人员的示范和引领作用。公职人员是党和国家服务人民群众的一扇窗口，直接影响人民群众对党和国家的印象，因此广大党员、公职人员必须带头学习和弘扬社会主义核心价值观，提升道德修养，使自己成为自觉践行社会主义核心价值观的表率，用自己的模范行为和高尚人格感召群众、带动群众。严肃查处公职人员其他违法行为，使公职人员在违法时，既要像普通公民一样受到法律的惩处，又要受到党规党纪或行业法规的制裁，迫使公职人员从严要求自己，成为遵纪守法的典范，成为社会主义核心价值观的引领者，影响带动人民群众培育和弘扬社会主义核心价值观。

四、案例使用设计

1. 某公办高校法学院原院长吴某某违反师德师风案

【基本案情及处理结果】

吴某某，男，民主党派，某公办高校法学院原院长，教授、博士生导师。在一次线上会议召开期间，一女性突然出现在吴某某身后，在吴某某脸颊上亲吻了两下，后吴某某迅速离开。这一亲密举动被其他参会人员截图上传至网络并迅速在网络上传播发酵，造成严重不良影响。经调查，上述亲吻吴某某的女性为吴某某的博士生杨某。2017年至2019年，吴某某在婚姻存续期间长期与杨某发生并保持不正当性关系，造成严重不良影响。吴某某被给予降低岗位等级处分。

【案情分析】

根据《中华人民共和国监察法》的有关规定，公办的教育、科研、文

化、医疗卫生、体育等单位中从事管理的人员属于公职人员。吴某某作为高校学院院长，与自己的学生发生不正当性关系，有违师德，其行为虽与从事管理的职权没有直接关系，但属于严重违反家庭美德、社会公德的行为。假设吴某某为中共党员，则根据《中国共产党纪律处分条例》第一百三十五条，其行为违反生活纪律，应当给予其相应的党纪处分；但此案中吴某某并非中共党员且其行为与其职权没有直接关系，不过其行为严重影响公职人员形象，依据《公职人员政务处分法》第四十条第一款第（六）项，属于"其他违法行为"，应当给予其政务处分。

在《公职人员政务处分法》施行之前的实践中，人们认为事业单位公职人员的职务违法行为一定是利用职权实施的行为，与行使公权力无关的行为不属于监察机关管辖范围。虽然对公职人员的身份认定是作出政务处分的前提和条件，但这并不意味着需要承担政务责任的行为仅限于利用职权实施的违法行为，违反家庭美德、社会公德，损害国家和人民利益等违法行为也要给予政务处分。《公职人员政务处分法》第四十一条明确规定："公职人员有其他违法行为，影响公职人员形象，损害国家和人民利益的，可以根据情节轻重给予相应政务处分。"

2. 某省某市某县某镇人民政府原副镇长陈某醉驾案

【基本案情及处理结果】

陈某，中共党员，无党内职务。2022年7月1日21时30分许，陈某因婚姻变故在家中喝闷酒，酒后在沙发上睡着，23时55分许醒来，产生前往所在小区附近的公共浴室洗澡的想法，因自觉已酒后清醒，所去公共浴室距离较近，且时近凌晨，遂自行驾驶小型轿车前往。7月2日0时14分许，陈某被公安机关现场查获，经鉴定属于醉酒驾驶，之后公安机关以涉嫌危险驾驶罪将陈某移送该县人民检察院。12月19日，经该县人民检察院调查审理，认为陈某犯罪情节轻微，对其作出不起诉决定。2023年1月，陈某被该县纪委立案审查，经审查，其醉酒驾驶违法查证属实，受到党内严重警告、政务撤职处分，被降为一级科员。

【案情分析】

醉驾即醉酒驾驶，指因饮酒而完全丧失或部分丧失个人意志并在这种状态下驾驶机动车的交通违法行为。每100毫升血液酒精含量大于等于20毫克为酒后驾驶（酒驾），大于等于80毫克为醉酒驾驶（醉驾）。醉酒驾驶处罚规定属于《中华人民共和国道路交通安全法》（以下简称《道路交通安全法》）中的一条。《道路交通安全法》第九十一条规定："饮酒后驾驶机动车的，处暂扣六个月机动车驾驶证，并处一千元以上二千元以下罚款。因饮酒后驾驶机动车被处罚，再次饮酒后驾驶机动车的，处十日以下拘留，并处一千元以上二千元以下罚款，吊销机动车驾驶证。醉酒驾驶机动车的，由公安机关交通管理部门约束至酒醒，吊销机动车驾驶证，依法追究刑事责任；五年内不得重新取得机动车驾驶证。"2011年5月的《中华人民共和国刑法修正案（八）》第二十二条将醉酒驾驶纳入危险驾驶罪中的一种法定情形，处以拘役，并处罚金。

该案中陈某既是中共党员，又是公职人员，应受到党纪政务双重处分。

陈某身为中共党员，其醉驾行为已然违反《道路交通安全法》，同时涉嫌违反《刑法》。违法必然违纪。依据《中国共产党纪律处分条例》第二十八条之规定，陈某应视情节被给予警告至开除党籍处分。因其被人民检察院依法作出不起诉决定，依据《中国共产党纪律处分条例》第三十二条之规定，党员犯罪情节轻微，人民检察院依法作出不起诉决定的，或者人民法院依法作出有罪判决并免予刑事处罚的，应当给予撤销党内职务、留党察看或者开除党籍处分。但本案中陈某无党内职务，依据《中国共产党纪律处分条例》第十一条之规定，对于应当受到撤销党内职务处分，但本人没有担任党内职务的，应当给予其严重警告处分。故陈某被给予严重警告处分。

陈某作为公职人员，其违反《道路交通安全法》的行为不在公职人员"六大类"违法行为中，属于其他违法行为。根据《公职人员政务处分法》第四十一条之规定，公职人员有其他违法行为，影响公职人员形象，损害国家和人民利益的，可以根据情节轻重给予相应政务处分。另根据《公职人员政务处分法》第十四条之规定，公职人员因犯罪情节轻微，人民检察院依法作出不起诉决定或者人民法院依法免于刑事处罚的，予以撤职；造成不良影响的，予以开除。故陈某又被给予政务撤职处分，降为一级科员。

3. 医师李某私自收取患者诊疗费用从中牟取不正当利益案

【基本案情及处理结果】

2018年9月5日，某县卫计局收到某县人民医院关于医师李某违规私收费的调查和处理报告，报告称自2018年6月19日以来，多名患者向该院投诉口腔科医师李某在诊疗过程中私自向患者或患者家属收取诊疗费用。2018年9月6日，执法人员从某县人民医院投诉办了解到共有黄某某、陈某某、贾某等8位患者投诉该院口腔科医师李某私自收取诊疗费用，该院已对医师李某作出了解聘处理，李某原电话号码已无法联系。执法人员当即调取了8位患者的投诉登记资料。根据投诉登记资料，2018年9月10日监督员对投诉患者黄某某和陈某某进行了询问，核实到：某县人民医院口腔科医师李某在对患者陈某某和黄某某的治疗过程中分别私自收取患者25500元和10600元现金诊疗费用，被投诉后，李某已通过微信转账方式分别将私自收取的诊疗费用退还给了2名投诉人。李某私自收取患者诊疗费用的行为涉嫌违反《中华人民共和国执业医师法》第二十七条的规定，该案于2018年9月10日正式立案。根据某县人民医院提供的患者投诉登记资料，执法人员又对投诉人贾某、张某等4人进行了调查核实，李某在对4名患者进行口腔治疗过程中分别私自收取了数额不等的诊疗费用共计15300元。此外，因登记的电话号码错误，患者仇某某未能联系上；患者王某某电话表示不愿配合调查。

执法人员通过医师执业注册信息系统查询到，处于无法联系状态的医师李某已将其执业地点变更至贵州省某口腔诊所。2018年9月20日，某县卫计局向贵州省某区卫计局发出协查函，请求协助调查此案。该卫计局调查后回函称：医师李某虽然注册在当地某口腔诊所，但本人并未在该诊所执业。遂告知了李某目前正在使用的新电话号码并暂扣了李某的《医师执业证书》原件。

2018年9月29日、10月17日，执法人员对李某进行了询问。李某承认在给患者黄某某、陈某某、贾某等进行口腔治疗过程中分别私自收取患者数额不等的诊疗费用共计51400元。患者投诉后，李某已自行给部分患者退还了私自收取的诊疗费用共计4万余元，另有3名患者的费用没有退还。2018年10月12日，某县人民医院向医师李某追缴了本应收归医院的患者诊疗费用共计51400元。

2018年10月24日，某县人民医院又接到2名患者对医师李某私自收取诊疗费用的投诉。执法人员再次对李某进行了询问，李某承认在治疗过程中私自收取了这2名投诉患者共计4500元诊疗费用。

调查证实：2017年11月至2018年7月，医师李某在某县人民医院口腔科工作期间利用职务之便以赚取差价为目的牟取不正当利益，共计私自收取10位患者诊疗费用共计55900元。

【案情分析】

一种意见认为，李某私自收取患者诊疗费用达 5 万余元可能涉嫌犯罪，应将该案件移送公安局，并同时抄送同级人民检察院。

一种意见认为，李某私自收取患者诊疗费用从中牟取不正当利益的行为违反了《中华人民共和国执业医师法》第二十七条 "医师不得利用职务之便，索取、非法收受患者财物或者牟取其他不正当利益" 的规定，依据《中华人民共和国执业医师法》第三十七条 "医师在执业活动中，违反本法规定，有下列行为之一的，由县级以上人民政府卫生行政部门给予警告或者责令暂停六个月以上一年以下执业活动；情节严重的，吊销其执业证书；构成犯罪的，依法追究刑事责任：（十）利用职务之便，索取、非法收受患者财物或者牟取其他不正当利益的"，建议予以当事人责令暂停一年执业活动的行政处罚。2018 年 11 月 23 日，某县卫计局向医师李某送达了责令其暂停一年执业活动的《行政处罚决定书》。

我们赞同第二种意见，医师在执业活动中利用职务便利私自收取患者诊疗费用从中牟取不正当利益，属于医疗服务中的不正之风，应按照违反行业内法律法规处罚。该案发生时，李某属于公办医疗卫生单位中从事管理的人员，但 2018 年 9 月 6 日李某已被原单位解聘，执业行政处罚时李某的执业地点已变更至贵州省某口腔诊所，不属于公办医疗卫生单位中从事管理的人员，故未按照《公职人员政务处分法》进行相关行政处罚。

4. 某省某市某县党史办职工李某、住建局职工户某参与赌博案

【基本案情及处理结果】

李某，某省某市某县党史办职工，群众；户某，某省某市某县住建局职工，中共党员。2023 年 1 月，李某、户某在该县某小区打麻将，被公安机关查获。2023 年 1 月，李某、户某分别受到罚款 500 元、收缴赌资 850 元的行政处罚。2023 年 3 月，李某受到政务记大过处分，户某受到党内警告处分。

【案情分析】

有关赌博犯罪违法的相关规定见于《刑法》和《治安管理处罚法》。依据《刑法》第三百零三条之规定："以营利为目的，聚众赌博或者以赌博为业的，处三年以下有期徒刑、拘役或者管制，并处罚金。" 公职人员因其具

有正当合法的职业，且仅为参赌行为，一般不构成赌博罪，故李某、户某的行为不属于赌博罪。

依据《治安管理处罚法》第七十条之规定："以营利为目的，为赌博提供条件的，或者参与赌博赌资较大的，处五日以下拘留或者五百元以下罚款；情节严重的，处十日以上十五日以下拘留，并处五百元以上三千元以下罚款。"本案中，李某、户某均为公职人员，其上述参与赌博行为被认定为赌资较大，故构成违法。虽其赌博行为本身与其公职人员的身份关系不大，但赌博是社会公害，党员干部和公职人员参赌涉赌既会败坏党风政风，又会带坏社风民风。依据《中国共产党纪律处分条例》第二十八条，《公务人员政务处分法》第四十一条，李某、户某的上述行为属于公职人员的其他违法行为，应依纪依规处理。

5. 某地级市政府金融办原副主任严某套取金融机构信贷资金用于高利转贷牟利案

【基本案情及处理结果】

严某，中共党员，某地级市政府金融办原副主任，其在工作中了解到国有银行贷款利率与民间小额贷款公司贷款利率之间存在较大差额，遂产生从国有银行贷款再高利转贷给民间小额贷款公司的想法并实施，半个月后，其行为被他人举报，后经查实，严某通过贷款转贷获利 3 万余元。严某被给予党内严重警告、政务记大过处分。

【案情分析】

根据《刑法》第一百七十五条规定，高利转贷罪是指以转贷牟利为目的，套取金融机构信贷资金高利转贷他人的行为。这类行为不是按银行借款合同约定的用途使用信贷资金，而是转贷给他人获取利息差，不仅不诚信，而且会扰乱国家对信贷资金的发放及利率管理秩序，规避信贷审批监管可能引发金融风险。

根据高利转贷违法所得数额的大小，行为人最高将被处三年以上七年以下有期徒刑，并处违法所得一倍以上五倍以下罚金。《最高人民检察院、公安部关于公安机关管辖的刑事案件立案追诉标准的规定（二）》第二十六条规定："以转贷牟利为目的，套取金融机构信贷资金高利转贷他人，涉嫌下列情形之一的，应予立案追诉：（一）高利转贷，违法所得数额在十万元以上的；（二）虽未达到上述数额标准，但两年内因高利转贷受过行政处罚二次以上，又高利转贷的。"

本案中，严某身为党员、公职人员，实施了高利转贷行为，其获利金额虽未达到刑事案件立案追诉标准，但根据《中国共产党纪律处分条例》第二十八条和《公职人员政务处分法》第四十一条的规定，也应视具体情节追究相应的党纪政务责任。

高利转贷使用的是信贷资金，其主体可以是企事业法人、其他经济组织、个体工商户和具备完全民事行为能力的自然人，公职人员实施高利转贷行为尤需引起警惕。公职人员套取金融机构信贷资金用于高利转贷，本身与其公职人员的身份不无关系，一定程度上隐含侵害职务廉洁性的问题，而不单纯是公民个人的行为失范。此外，若利用职权或职务上的影响向无资金需求的管理服务对象主动提出放贷收息，还可能涉嫌索贿或受贿。

🗨 五、问题拓展讨论

中央纪委《关于设立"小金库"和使用"小金库"款项违纪行为适用〈中国共产党纪律处分条例〉若干问题的解释》（中纪发〔2009〕20号）规定，"小金库"是指违反法律法规及其他有关规定，应列入而未列入符合规定的单位账簿的各项资金（含有价证券）及其形成的资产。关于"小金库"，中共中央纪委、监察部、财政部、审计署等部委出台过不少专门清理检查、专项治理等的意见或办法。对私设"小金库"等行为是否构成违纪违法，如果构成违纪违法，应该如何准确适用处分条款给予相应的处分是执纪实践中经常碰到的问题，极有探讨的必要。

（一）"小金库"分类与案例

依据不同的标准，"小金库"有不同的分类，中央纪委等四部委发布的《关于在党政机关和事业单位开展"小金库"专项治理工作的实施办法》（中纪发〔2009〕7号）对"小金库"表现形式作出规定，主要包含以下7类。下面按类别附以案例供大家讨论。

1. 违规收费、罚款及摊派设立"小金库"

案例：某村原党支部书记郑某违纪案中，郑某所在的村计划修缮村内道路，在该项目可以得到上级相关部门拨付修路资金的情况下，郑某仍按照

"一事一议"筹资筹劳程序召开村民代表会议，通过向村民收取费用的方式筹集资金12万元，并将套取的资金交由村会计保管，用于解决村级历史遗留账务，后将这笔款项用于支付村级日常事务支出的费用。

2. 用资产处置、出租收入设立"小金库"

案例：某村原党支部书记龚某某违纪案中，该村通过房屋出租等方式获得村集体收入共计102020元，经村"两委"决议后，龚某某未将上述款项按要求存入村集体对公账户，而是将上述收入交由村会计保管，用于支付村集体宴请支出和其他无法报销的费用。

3. 以会议费、劳务费、培训费和咨询费等名义套取资金设立"小金库"

案例：徐某某违纪案中，徐某某利用经办会务的职务便利，串通酒店工作人员，通过虚增参会人数，虚构专家授课费等方式，待会议经费进入开会酒店账户内，酒店工作人员将虚构出来的会议经费交由徐某某，徐某某将该笔款项交由会计保管，并用于支付违规招待产生的费用。

4. 经营收入未纳入规定账簿核算设立"小金库"

实践中，有些经营收入需要用特殊的方式进行监管，因工作的需要有时还会设立专账账簿，并规定经营收入需要纳入专账账簿，如果未按照规定的要求将经营收入存入专账账簿，故意使相应经营收入脱离或者规避监管监督，比如按照规定某类经营收入应列入甲账簿，但是没有按照规定列入而列入乙账簿，应当认定为"小金库"。

5. 虚列支出转出资金设立"小金库"

案例：某村原党支部书记叶某某违纪案中，叶某某与村"两委"干部商量后，决定从村事务中心建设工程款中套取部分款项，用于村里无法报销的支出，其以村事务中心建设项目的名义，虚开4万元的工程款发票，套取工程款4万元，并将其中的2万余元用于支付近年来村里因宴请招待、公款吃喝欠下的餐费。

6. 以假发票等非法票据骗取资金设立"小金库"

实践中，以会议费、劳务费、培训费和咨询费等名义套取资金设立"小金库"、虚列支出转出资金设立"小金库"的，通常都会采用假发票的方式在单位账户上入账，通过骗取的形式将资金套取出来，并将现金交给专人保管，用于支付相关的费用。

7. 上下级单位之间相互转移资金设立"小金库"

案例：中央纪委国家监委网站在2015年7月19日发布的《邮储银行

云南省昭通市分行将房屋租赁收入存入工会账户，私设"小金库"问题》通报中指出，该行于 2013 年将房屋租赁收入存入工会账户，用于昭通市分行组织领导班子、中层、一二级支行长、先进员工和优秀员工到省内二级分行交流学习支出，以及支付印刷费、墙体广告、房租违约金、房租税金等。经云南省分行党委研究，决定给予时任昭通市分行行长冯某行政降级处分。

(二) 相关党纪法规

中央纪委《关于设立"小金库"和使用"小金库"款项违纪行为适用〈中国共产党纪律处分条例〉若干问题的解释》（中纪发〔2009〕20 号）规定，有设立"小金库"行为的，对有关责任人员依照《中国共产党纪律处分条例》第一百二十六条的规定追究责任，即认定为违反财经纪律。

《中国共产党纪律处分条例》第二十八条规定，党组织在纪律审查中发现党员有刑法规定的行为，虽不构成犯罪但须追究党纪责任的，或者有其他违法行为，损害党、国家和人民利益的，应当视具体情节给予警告直至开除党籍处分。其中的"其他违法行为"是指除涉嫌犯罪、一般刑事违法行为外，违反其他法律、法规和规章规定的行为，包括财经违法行为。

《会计法》第十六条规定，各单位发生的各项经济业务事项应当在依法设置的会计账簿上统一登记、核算，不得违反本法和国家统一的会计制度的规定私设会计账簿登记、核算。

《财政违法行为处罚处分条例》第十七条规定，单位和个人违反财务管理的规定，私存私放财政资金或者其他公款的，责令改正，调整有关会计账目，追回私存私放的资金，没收违法所得。对单位处 3000 元以上 5 万元以下的罚款；对直接负责的主管人员和其他直接责任人员处 2000 元以上 2 万元以下的罚款。属于国家公务员的，还应当给予记大过处分；情节严重的，给予降级或者撤职处分。

此外，相关党纪法规还有《国务院关于加强预算外资金管理的决定》《违反行政事业性收费和罚没收入收支两条线管理规定行政处分暂行规定》等。

👍 六、阅读文献推荐

1. 丁方旭：《纪检监察案例指导——〈中华人民共和国公职人员政务处分法〉篇》，中国方正出版社，2021 年。

2. 本书编写组：《〈中华人民共和国公职人员政务处分法〉学习问答》，中国方正出版社，2021 年。

3. 本书编写组：《公职人员违纪违法案例警示录》，中国方正出版社，2020 年。

4. 付余：《公职人员违纪违法疑难案例辨析》，中国方正出版社，2020 年。

5. 本书编写组：《公职人员廉政教育手册》，中国方正出版社，2019 年。

第五章
职务犯罪的警示

第一节 贪污贿赂犯罪

《刑法》中的一个罪名通常对应一个法条定刑，而贪污犯罪与贿赂犯罪则属于例外。如《刑法》第三百八十六条规定，对于受贿罪依照《刑法》第三百八十三条贪污罪的规定处罚。换言之，贪污贿赂类犯罪共用同一法条定刑。因为贪污犯罪和贿赂犯罪都侵犯了职务行为的廉洁性、不可收买性和公正性。

贪污罪

⚠️ **一、知识点提要**

1. 贪污罪的定义

贪污罪是指国家工作人员利用职务上的便利，侵吞、窃取、骗取或者以其他手段非法占有公共财物的行为。

2. 贪污罪的主体

贪污罪的主体是特殊主体，一是国家工作人员，二是受委托管理、经营国有财产的非国家工作人员。法律依据分别为《刑法》第九十三条和第三百八十二条第二款，其中第九十三条规定："国家工作人员是指在国家机关中从事公务的人员。国有公司、企业、事业单位、人民团体中从事公务的人员和国家机关、国有公司、企业、事业单位委派到非国有公司、企业、事业单位、社会团体从事公务的人员，以及其他依照法律从事公务的人员，以国家工作人员论。"第三百八十二条第二款规定："受国家机关、国有公司、企业、事业单位、人民团体委托管理、经营国有财产的人员，利用职务上的便利，侵吞、窃取、骗取或者以其他手段非法占有国有财物的，以贪污论。"另据全国人大常委会关于《中华人民共和国刑法》第九十三条第二款的解释释义，村民委员会等基层组织人员协助人民政府从事行政管理工作，利用职务上的便利贪污公共财产的，应以贪污罪论处。通过伪造国家机关公文、证件担任了国家工作人员的，也能成为贪污罪的主体。

3. 贪污罪的一般表现形式

贪污罪一般是指行为人实施了侵吞、窃取、骗取或以扣留、私分、涂改账目、收入不入账、假发票平账等非法手段占有公共财物的行为。贪污罪应当以行为人是否实际控制财物作为区分贪污罪既遂与未遂的标准。对于行为人利用职务上的便利，实施了虚假发票平账等贪污行为，但公共财物尚未被实际转移，或者尚未被行为人控制就被查获的，应当认定为贪污未遂。行为人控制公共财物后，是否将财物据为己有，不影响贪污罪既遂的认定。

其中，贪污罪与一般贪污违法行为有两方面的界限区分：一是根据贪污的数额，二是根据其他情节。根据《刑法》第三百八十三条的规定，贪污数额较大或者有其他较重情节的，构成贪污罪。故如果没有较重情节，在数额未达到较大程度的情况下，仅属于一般贪污违法行为。根据最高人民法院和最高人民检察院 2016 年联合公布的《关于办理贪污贿赂刑事案件适用法律若干问题的解释》（以下简称《贪贿案件解释》）第一条的规定，贪污数额达到 3 万元的，构成贪污罪；贪污数额虽未达到 3 万元但达到 1 万元，并具有下列较重情节的，也构成贪污罪：（1）贪污救灾、抢险、防汛、优抚、扶贫、移民、救济、防疫、社会捐助等特定款物的；（2）曾因贪污、受贿、挪用公款受过党纪、行政处分的；（3）曾因故意犯罪受过刑事追究的；（4）赃款赃物用于非法活动的；（5）拒不交代赃款赃物去向或者拒不配合追缴工作，致使无法追缴的；（6）造成恶劣影响或者其他严重后果的。

二、主讲案例介绍

2017 年 1 月，某县水利局水政监察大队清理某县与某某县交界处澧河的杂草，时任大队长马某中安排任某伟负责联系工程机械，费用 3000 元。2017 年 2 月 6 日，马某中以任某伟的名义开具了一张 21000 元的机械租赁发票，支付税费 611.65 元，并制作某县水利局水政监察大队与任某伟的虚假租赁协议。马某中利用职务便利将上述款项在单位报销后，支付任某伟 3000

元，将剩余 17388.35 元据为己有用于个人开支。

2018 年 5 月，马某中让"鲜果汇水果店"店主秦某磊帮忙开具一张 78600 元的机械租赁发票。2018 年 5 月 24 日，秦某磊按马某中的要求以其表弟丁某磊的名义开具发票，支付税费 2289.32 元。马某中制作了某水利局水政监察大队与丁某磊的虚假租赁合同。马某中利用职务便利将上述款项在单位报销后，付税费外，归还水政监察大队在"国雨水果店"因公务购买礼品 5520 元水果，将剩余 70790.68 元据为己有用于个人开支。2018 年 11 月 26 日，马某中为解决某水利局水政监察大队日常机械租赁费，指使席某栋开具一张 67000 元的机械租赁发票，支付税货 1951.46 元并制作了某水利局水政监察大队与席某栋的虚假租赁协议。马某中利用职务便利将上述款项在单位报销后，支付日常机械租赁费 12000 元，将剩余 53048.54 元据为己有用于个人开支。

2015 年 10 月，经马某中安排，某水利局水政监察大队租用单位职工郭某伟车牌号为豫 DEO××× 五菱宏光面包车，租金 100 元/天，使用时间 40 天。2016 年 1 月，马某中安排郭某伟开具一张 15000 元的租车发票，支付税费 436.99 元，并制作虚假金额的租赁协议。马某中利用职务便利将上述款项在单位报销后，支付郭某伟 4000 元，将剩余 10563.01 元据为己有用于个人开支。2015 年 7 月至 2016 年 1 月，某水利局水政监察大队对非法采砂的黄某谦、郭某峰、郑某伟、李某、卫某收、常某龙等 7 人罚款共计 81000 元，但对罚没款未出具收据也未上缴财政专户。马某中安排单位职工孙某欣将上述款项存入其个人银行账户保管，后马某中将其中 16000 元据为己有用于个人开支。

2017 年 1 月 21 日，某水利局水政监察大队 9 名工作人员在对某村李某合经营的砂场进行检查时，与该砂场人员发生肢体冲突。2017 年 2 月 6 日，马某中口头通知李某合缴纳罚款 10 万元。2 月 7 日，李某合委托其弟李某伟交给马某中 7 万元。马某中以李某合支付补偿款的名义将其中 55000 元予以私分（马某中、梁某辉各分 6500 元，孙某欣、郭某伟、典某贺、贾某龙、杜某涛、董某龙、康某超每人分 6000 元），剩余 15000 元被马某中据为己有。

2015 年 8 月和 12 月，马某中利用职务便利，与马某辉、梁某辉商议后，共同出资购买车牌号为豫 DJH××× 的五菱面包车和豫 D61××× 的二手江淮皮卡车各一辆，并以杨某青、褚某仙、任某伟、万某宏的名义出租给某县水利局水政监察大队。马某中指使马某辉更改水利局党组会会议记录、伪造党组会会议纪要，将车辆租金定为 4500 元/月或 5000 元/月，明显高于政府规定的租车价。自 2016 年 1 月至 2020 年 1 月，马某中利用职务便利在单位报销上述两辆车的租金共计 45000 元，支付税费共计 1398.16 元。从中骗取的租金 199351.84 元被马某中、马某辉、梁某辉平分。

另查明，在审查调查阶段，被告人马某中主动退回违法所得 30000 元。

一审法院经审理认为：被告人马某中身为国家机关工作人员，利用职务便利，单独或伙同他人贪污公款 437142.42 元，其中个人占有 255741.19 元，数额巨大，其行为已构成贪污罪。判处有期徒刑三年，并处罚金人民币 200000 元。违法所得 255741.19 元予以追缴，上缴国库。另外，马某中还犯有滥用职权罪，判处有期徒刑一年六个月（滥用职权罪由另文分析）。

一审宣判后，被告人马某中提出上诉。二审维持原判。

三、案件争点

贪污案件中，将赃款用于公务支出是否应当从贪污数额中扣除？

本案中，马某中及其辩护人提出，马某中将套取后的公款用于单位公务性支出的部分不应计入贪污数额，这也是本案争议的焦点。

根据《最高人民法院、最高人民检察院关于办理贪污贿赂刑事案件适用法律若干问题的解释》第十六条第一款的规定，国家工作人员出于贪污、受贿的故意，非法占有公共财物、收受他人财物之后，将赃款赃物用于单位公务支出或者社会捐赠的，不影响贪污罪、受贿罪的认定，但量刑时可以酌情考虑。

首先，从我国刑法所保护的法益来看，贪污罪侵犯的客体是职务行为的廉洁性和公共财物的所有权。行为人一旦利用职务之便实施了侵吞、窃取、骗取等手段非法占有公共财物的行为，职务行为廉洁性和公共财产所有权被侵害的结果就不可逆转。实质上，贪污罪的立法本意主要是为了打击侵犯公务廉洁性的行为，而并非针对廉洁性被侵害后赃款的去向问题。

其次，通过犯罪构成理论的角度，贪污罪以非法占有一定数额财物为构成要件，属结果犯。行为人利用职务上的便利将公共财物通过侵吞、窃取等手段非法占有后，犯罪形态即已完成，构成既遂。这里的"占有"应是客观上使公共财物脱离了国家、单位控制并置于行为人控制之下，至于行为人后续将赃款用于个人消费或公务支出，均属犯罪行为完成后的赃款去向，相关款项不应从贪污数额中扣除。

最后，结合贪污罪惩处的预防功能来分析，如果将用于公务开支的款项从贪污数额中扣除，将会造成放纵犯罪甚至鼓励犯罪的负面效应。行为人可能提前通过对赃款用途进行虚构、掩盖等手段逃避刑事处罚，大大降低了犯罪成本，一定程度上削弱了刑法对职务犯罪的惩治力度，与贪污罪的立法精神明显相悖。

综上，透过法律规定和法理分析两个视角，我们认为行为人利用职务之便非法占有公共财物构成贪污罪后，无论如何处置赃款赃物，都不能改变犯罪行为已经完成、法定危害结果已然形成、相关法益已被侵害的事实。后续将赃款赃物用于公务开支，与用于个人消费一样，均属犯罪既遂后的赃款去向，不影响案件定性，不应从犯罪数额中扣除。但依据相关法律规定，可在量刑时酌情予以考虑。

具体到本案中，根据在案的被告人供述、证人证言、相关书证等证据，能够证实马某中利用其职务上的便利，虚构事实，套取公共财物，其行为已构成贪污罪，而其在套取公共财物后用于单位公务支出的部分不应当从贪污数额中予以扣除。

✐ 四、课程思政解读

本案至少涉及三个课程思政元素：一是如何通过本案判决来理解职务行为的廉洁性；二是了解中国共产党对贪污罪一以贯之的态度是什么；三是分析"小官巨贪"现象是如何产生的。

1. 何谓职务行为的廉洁性？

国家工作人员的职务廉洁性，是指国家工作人员在履行自身职务所赋予的权力、职责时应当遵守党的纪律和国家法律、保持自身廉洁情操的基本性质。就本案所涉贪污罪而言，职务行为的廉洁性之所以被侵犯，是由于从事公务的人员基于自己的职务权力，以虚开发票、提高定价等方式吞没公共财产。涉案行为人马某中不再"干净"，而是成为"脏（赃）官"，这也是人民群众普遍痛恨"贪官"的原因：身为人民公仆，手握权力，却损公肥私、以权谋私，沦为"国家蛀虫"，完全与"公务人员"的廉洁形象背道而驰。试问，一个见财起意的公务人员怎么能保证无私奉公为国家服务、为人民服务？贪污罪是行为人对职务行为廉洁性的极度败坏。

国家工作人员职务行为是否严明与公正，是以其职务行为的廉洁性为前提的。正是因为廉洁奉公是国家工作人员的为政之本，《刑法》从维护政权稳定的根本出发，专门设立贪污贿赂犯罪一章，突出了贪污贿赂犯罪的本质特征。梳理中国治理腐败的历程可知，腐败的本质在于违反廉洁性，蠲浊而流清，废贪而立廉。

2. 中国共产党对贪污罪一以贯之的态度是什么？

《刑法》第八章"贪污贿赂罪"的第一个罪名便是贪污罪，足见国家立法对于惩治贪污行为的重视程度。在民间话语中，"贪污""腐败"也一直连用，贪污行为成为腐败的最原始行为，人们对腐败官员的第一印象就是"贪"，"贪官污吏"甚至成为职务犯罪人员的统称。古今中外的贪污腐化行为，酿造了无数次的"官民冲突"。"贪污"被统治者视为集团内部最大的祸害，历朝历代莫不以"肃贪"为安邦定国之要务。《左传》对夏朝法律的记载中即有"昏墨贼杀，皋陶之刑也"的记载，"墨"就是贪墨、贪污。及至明代洪武时期，耸人听闻的"剥皮楦草"成为惩治贪污罪相当严厉的刑罚表现之一。但是，囿于封建专制的非法治传统，官吏贪腐仍不能禁绝。

中国共产党始终坚持以人民为中心，尤为重视对贪腐的惩处。1933 年，中华苏维埃政府为了严惩贪贿行为，发布了《惩治贪污浪费行为的第 26 号训令》，惩治包含贿赂犯罪在内的广义贪污罪。在抗日战争和解放战争时期，各边区根据地也相继制定惩治贪贿的条例。新中国成立以后，针对贪污依然严峻的形势，1951 年 11 月 30 日，中共中央根据同年秋季全国工农业战线开展的"爱国增产运动"中揭发出的大量贪污、浪费现象和官僚主义问题，向全党指出："必须严重地注意干部被资产阶级腐蚀发生严重贪污行为这一事实，注意发现、揭露和惩处。"在"三反运动"中，轰动一时的大贪污分子刘青山、张子善被判处死刑。1952 年 4 月 18 日，中央人民政府委员会批准通过《中华人民共和国惩治贪污条例》，其中第二条规定："一切国家机关、企业、学校及其附属机构的工作人员，凡侵吞、盗窃、骗取、套取国家财物，强索他人财物，收受贿赂以及其他假公济私违法取利之行为，均为贪污罪。"可见，彼时的贪污罪是"大贪污罪"概念，包括了贪污行为、受贿行为及其他以公谋私的行为。

这一法理认知直到 1979 年我国《刑法》的制定和颁布才发生改变，该法分别将贪污、受贿置于第五章和第八章，并区分两罪的量刑标准，贪污罪最高刑为死刑,受贿罪最高为十五年有期徒刑。但是,随后开启的改革开放出现了新态势,一边是经济社会迅猛发展,一边是贪贿犯罪渐趋蔓延,刑法规则显得有些供给不足。为了尽快消除腐败犯罪对经济体制改革的消极影响,1982年全国人大常委会通过的《关于严惩严重破坏经济的罪犯的决定》作出重大修改:一是回归《中华人民共和国惩治贪污条例》的定罪量刑模式,取消受贿罪独立的法定刑,改为适用贪污罪的法定刑;二是为受贿罪增设"情节特别严重"的罪状,适用"无期徒刑或死刑",两罪法定刑完全并轨。1988年全国人大常委会通过了《关于惩治贪污罪贿赂罪的补充规定》,明确将贪污罪和受贿罪归为一类规定在特别刑法中。1997年《刑法》修订,确认将贪污贿赂并类为第八章,接续了两罪同罪同罚的立法传统。中国共产党领导下的反贪污贿赂的立法、执法、司法演进,除了个别年份,一直是一体化系统推进。

3. 本案中的"小官巨贪"现象是如何产生的?

对照干部序列,一个水政大队的大队长属于股级干部。然而,就是这样一个"不起眼"的岗位,马某中却利用手中职权,单独或伙同他人贪污公款43万余元,个人占有25.5万余元。并且,马某中在工作中还滥用职权,不按法定程序执法,违反中央八项规定精神,接受监督对象的宴请和旅游,占用公物归个人使用,违反财经纪律挪用公款。

马某中于2015年才被提拔担任某县水政监察大队大队长,这一岗位的职责是依据相关法律维护正常的水事秩序,对公民、法人或其他组织违反水行政法规的行为实施行政处罚或采取其他行政措施;配合协助公安、司法部门查处水事治安和刑事案件;受水行政执法机关委托,办理行政许可和征收行政事业性规费等有关事宜。

马某中一向好朋好友,颇爱吃吃喝喝,看重所谓的江湖义气,随着职务的提升,手中权力变大,个人也开始膨胀起来。囿于手中的钱难以负担日渐提升的职务消费,他便打起了公款的主意,总想找机会捞点钱。从虚购办公用品到用虚开租赁费、伪造会议纪要和文件等方式获取租赁车辆款,马某中挖空心思找各种由头报销费用,屡次得手后,马某中的胆子越来越大。他逐渐不满足于这样的"小打小闹",热衷起"开发利用"自己手中的权力,谋求变现、生财,通过虚报名目报账、欺骗领导签名等方式多次骗取单位公款。

尝到甜头后的马某中野心和贪欲不断膨胀,将目光瞄准了自己手中的权力，开辟了另外一条"财路"——以违法采砂等名义向监督对象索要钱财，要求他人支付各种罚款并支付自己外出旅游的费用。频繁的索要让一些监督对象不堪重负，他们曾经尝试拒绝马某中的无理要求，但索要不成的马某中并没有意识到自身错误，反而变本加厉。2015 年至 2020 年，马某中利用担任水政大队大队长的职务之便，多次收受烟、酒、茶叶等礼品价值 10 万余元。

其实，组织上对马某中有过提醒和警示，但是马某中利令智昏，丝毫没有止步，反而变本加厉。正是自己的肆意妄为，让其陷入囹圄。就在马某中被调查期间，他仍旧飞扬跋扈，不仅掌掴了和自己意见不一的主管副局长，还擅自将与自己意见相左的水政监察大队副队长的办公室落锁，排挤走了这个要求他严格执法的副队长。甚至到案后，他还拒不交代自身存在的问题，针对组织所掌握的其违纪和违法犯罪事实，不如实向组织说明情况，掩盖事实真相，在证据面前仍百般狡辩，对抗组织审查，自残绝食，辱骂调查人员，不服从留置管理，不遵守留置场所规定；在组织多次教育引导下，马某中的态度才有所转变，但认错认罪态度一般，仍不主动向组织交代问题，没有立功表现，有积极主动退赃表现。

古谚云：欲不除，如蛾扑灯，焚身乃止。贪不戒，如车载物，久重不负。干部不论大小，都手握一定的权力；不论职务高低，都心存一定的欲望。权力一旦失控，便会张狂变异；欲望一旦不遏，则会焚身滔天。马某中被不断膨胀的欲望主宰，致使他丧失了政治信仰，迷失了方向，他如同一辆超载疾驰的"货车"，一步步驶向犯罪深渊。

这个案件再一次告诫我们，绝不能放松对干部的教育管理，否则权力张狂、贪欲泛滥，危害的就不仅仅是一两个人了。尤其是对于基层干部的腐败问题，群众雪亮的眼睛看得更真切，其也影响更坏、更深。必须从严治理、用力治理、用重典治理干部贪污腐败行为，以重树各级领导干部在人民群众心目中的良好形象，巩固党的执政基础。

君子素其位而行。作为党员干部，唯有坚守底线，初心如磐，沉下身子，为民办实事、办好事，做党和人民可信赖的人，才能行稳致远。

五、问题拓展讨论

附录：新中国"第一大贪污案"

刘青山、张子善是经历过土地革命、抗日战争和解放战争严峻考验，对革命事业作出过很大贡献的领导干部。新中国成立后，刘、张二人先后担任中共天津地委书记。刘、张主要犯罪事实有：

一是利用职权，盗用飞机场建筑款，克扣地方粮、干部家属救济粮、民工供应粮等公款总计达 171.6 亿多元（旧币，1 万元折合现行人民币值 1 元，以下同），用于经营他们秘密掌握的所谓"机关生产"。

二是勾结奸商，投机倒把，从事倒买倒卖的非法活动，勾结奸商以 49 亿元巨款倒卖钢材，使国家财产损失达 21 亿元；为从东北套购木材，他们不顾灾民疾苦，占用 4 亿元救灾款，还派人冒充军官倒买倒卖。

三是生活腐化堕落，拒不悔改，他们从盗取的国家资财中贪污挥霍共达 3.78 亿多元。刘青山还吸毒成瘾；张子善为隐瞒罪证，一次销毁单据 300 余张。

四是破坏国家政策，他们以高薪诱聘国有企业的 31 名工程技术人员，成立非法的"建筑公司"，从事投机活动。

五是盘剥民工，将国家发给民工的好粮换成坏粮，抬高卖给民工的食品价格，从中渔利达 22 亿元。1952 年 2 月 10 日，河北省人民法院在保定市举行了公审刘、张二犯的大会，依法判处刘青山、张子善死刑。

问题：

1. 刘青山、张子善案被称为新中国"第一大贪污案"的缘由是什么？

2. 如果按照现在的国家法律和党内法规，如何处理刘青山、张子善的违纪违法犯罪行为？

3. 职务犯罪案件查处中如何实现法律效果、政治效果和社会效果的有机统一？

六、阅读文献推荐

1. 国家法官学院、最高人民法院司法案例研究院：《中国法院 2022 年度案例·刑事案例四》，中国法制出版社，2022 年。

2. 《刑法学》编写组：《刑法学（下册·各论）》，高等教育出版社，2018 年。

3. 张明楷：《刑法学：下册》（第六版），法律出版社，2021 年。

4. 陈兴良：《判例刑法学：下卷》（第二版），中国人民大学出版社，2017 年。

5. 王晓东：《贪污贿赂、渎职犯罪司法实务疑难问题解析》，人民法院出版社，2020 年。

6. 冀洋：《职务犯罪案例解析》，东南大学出版社，2019 年。

7. 李珍珠、罗健：《贪污贿赂罪裁判中的法理》，中南大学出版社，2016 年。

贿 赂 罪

贿赂罪既包括受贿罪也包括行贿罪，行贿与受贿是对应犯关系，即有行贿必有受贿，有受贿必有行贿。这里着重分析以国家工作人员为行为主体的受贿罪。

⚠ 一、知识点提要

1. 受贿罪的定义

受贿罪是指国家工作人员利用职务上的便利，索取他人财物，或者非法收受他人财物，为他人谋取利益的行为。

2. 受贿罪的主体

受贿罪的主体是国家工作人员，其范围根据《刑法》第九十三条确定。离职、停薪留职的国家工作人员也可以成为受贿罪的行为主体（尤其是可以成为斡旋受贿的行为主体）。村民委员会等基层组织人员协助人民政府从事行政管理工作，利用职务上的便利实施本罪行为的，应以受贿罪论处。国家工作人员的亲属教唆或者帮助国家工作人员受贿的，以受贿罪的共犯论处。一般公民与国家工作人员相勾结，伙同受贿的，以受贿罪的共犯论处。单位可以成为单位受贿罪的主体。

国家工作人员（含离职的国家工作人员）的近亲属或其他与该国家工作人员关系密切的人，也可成为利用影响力受贿罪的主体。其中，客观上能够通过国家工作人员职务上的行为，或者利用国家工作人员职权或地位形成的便利条件，通过其他国家工作人员职务上的行为，为请托人谋取不正当利益的人，基本可认定为是与国家工作人员有密切关系的人。

3. 受贿罪的一般表现形式

受贿行为表现为索取或者收受贿赂。两类行为的区别在于索取贿赂只需要利用职务上的便利便构成受贿罪，而收受贿赂只有为他人谋取利益了才构成受贿罪。

索取贿赂包括要求、索要与勒索贿赂。要求、索要与勒索之间只有程度区别，没有本质差异，都是国家工作人员在他人有求于自己的职务行为时提出的非法要求。国家工作人员向请托人正常借款后，对方要求归还，国家工作人员拒不归还的，应认定为索取贿赂。收受贿赂，是指在行贿人主动提供贿赂时，国家工作人员本应拒绝，却予以接受。

现实生活中，经常出现约定贿赂，即行贿人与受贿人就贿赂一事相互沟通、达成协议。《刑法》第三百八十五条第二款规定："国家工作人员在经济往来中，违反国家规定，收受各种名义的回扣、手续费，归个人所有的，以受贿论处。"这实质就是一种约定方式。但是，以谁先提出为标准，分别归为索取与收受：国家工作人员先提出约定的，属于索取贿赂；请托人先提出约定，国家工作人员同意并收受了财物的，则是收受贿赂。

索取或者收受贿赂并不限于行为人将贿赂直接据为己有，而是包括使请托人向第三者提供贿赂的情形。例如，丙有求于国家工作人员甲的职务行为，甲便要求或者暗示丙向乙提供财物，乙欣然接受；或者甲利用职务上的便利为丙谋取利益，事后丙欲向甲提供作为职务行为的不正当报酬的财物时，甲要求或者暗示丙将财物提供给乙，乙没有拒绝。在这种情况下，甲的行为依然构成受贿罪。如果乙不明知丙所提供的财物与国家工作人员甲的职务行为具有关联，乙不构成受贿罪的共犯；如果乙明知丙所提供的财物为贿赂，则构成受贿罪的共犯。

现实生活中，屡屡有一些请托人在有求于国家工作人员的职务行为却又无法接触国家工作人员时，想方设法通过与国家工作人员有密切关系的人牵线搭桥，进而实现行贿的事实。请托人及其他知情者都清楚地认识到，这是收买国家工作人员职务行为的一种方式。对于国家工作人员而言，其特定关系人索取、收受他人财物，国家工作人员知道后未退还或者上交的，应当被认定构成受贿罪。例如，请托人声称送给国家工作人员一点土特产，国家工作人员接收之后的第二个月发现不是土特产而是现金，却没有退还或者上交。在这种场合，真正的收受行为是一个月后的认可行为，而不是此前误以为是土特产而接收的行为。

二、主讲案例介绍

2002 年至 2018 年，被告人吴某权在担任某市外贸局副局长、市委组织部副部长、市人事局局长、某区政府区长及某市政府秘书长等职务期间，利用职务上的便利，在项目招标、土地招拍挂、优惠政策落实、工程款拨付、人事安排等事项上为他人谋取利益；利用其职权或地位形成的便利条件，通过其他国家工作人员职务上的行为，为他人谋取不正当利益。具体有：

被告人吴某权分别于 2011 年 9 月、2012 年 6 月和 7 月，利用其担任某区区长的便利，接受章某的请托，为建筑商吴某工程中标、工程款拨付提供帮助，使吴某及时收到工程款。吴某按事前约定，将送给吴某权的人民币 50 万元、人民币 400 万元转账至章某银行账户，吴某权得知后，委托章某代其保管至案发。

被告人吴某权在 2010 年至 2012 年，利用其担任某区区长的便利，为甲公司"甲环球医药城"项目落户某区工业园及土地出让金返还等方面提供帮助。在项目推进过程中，吴某权向甲公司股东周某提议预留好处费。后甲公司决定拿出 700 万元作为吴某权的好处费。2013 年下半年，周某告知吴某权，700 万元好处费已经到位。吴某权表示，钱暂存周某处，随用随取。2014 年下半年，吴某权安排其子从周某处索要人民币 200 万元，供其子炒股。2016 年 10 月，吴某权因连襟梁某被安徽省纪律检查委员会立案调查，担心自己被牵连查处，安排其子将 200 万元退给周某。告知周某，等风头过去之后再说。

2010 年至 2015 年，被告人吴某权利用其担任某区区长的便利，为张某注册的某置公司、某地公司和某莎公司在协调财政资金代缴土地出让金、从某建投公司借款、协调小商品市场整体搬迁等事务上提供帮助。2014 年下半年，某小商品市场搬迁到某商贸城后，张某为表示感谢并希望继续得到吴某权的帮助，向吴某权许诺送其 1000 万元感谢费，随要随取，吴某权默许。2016 年下半年，张某在吴某权办公室向其表示，欲在北京为其子购买商品房一套，部分兑现他之前向吴某权许诺 1000 万元感谢费的事，吴某权表示过段时间再说。2017 年上半年的一天，张某在某市政府南门再次向吴某权提出

1000 万元感谢费的事，张某说近期会收到 600 多万元的售楼款，他准备再凑一点，先拿出 600 万至 800 万元去北京为吴某权的儿子买套房子。吴某权表示，因举报他的材料不断，等退休以后再予以收受，直至 2018 年案发。

一审人民法院依照《中华人民共和国刑法》第三百八十五条第一款，第三百八十六条，第三百八十八条，第三百八十三条第一款、第二款、第三款，第六十七条第三款，第六十四条，《最高人民法院、最高人民检察院关于办理贪污贿赂刑事案件适用法律若干问题的解释》第三条第一款、第十三条、第十五条、第十八条、第十九条第一款，《中华人民共和国刑事诉讼法》第十五条、第二百零一条之规定，作出如下判决：

第一，被告人吴某权犯受贿罪，判处有期徒刑 12 年，并处罚金人民币 220 万元；

第二，涉案的赃款予以追缴，上缴国库。

三、案件争点

受贿罪中，受贿方未直接收受贿款，事先约定将受贿款暂存行贿人处或者第三人处随用随取的行为如何认定？

一种观点认为，涉案钱款已脱离行贿人控制，置于第三人控制之下，由于行贿人及第三人依然有求于吴某权，章某、周某无意将其据为己有，吴某权对该钱款有完全的支配力，处于随时支取的状态。虽然吴某权没有实际支取该钱款，但对受贿罪保护的法益已造成实际侵害。

另一种观点认为，财物并未被受贿人吴某权直接支配，没有现实的紧迫性。该行为属于"约定受贿"，仅系犯意流露，不应认定为受贿。

法院最终采纳前一种观点。因为约定受贿是指国家工作人员利用职务上的便利为请托人谋取利益，约定收受或索取财物，但至案发并未实际占有相关财物的情形。约定受贿不是一种法定的受贿类型，但在实践中却大量存在。根据《最高人民法院、最高人民检察院关于办理受贿刑事案件适用法律若干问题的意见》的规定，国家工作人员利用职务上的便利为请托人谋取利益之前或者之后，约定在其离职后收受请托人财物，并在离职后收受的，以受贿论处。所以，国家工作人员在职时约定受贿财物暂存于行贿人或第三人处随用随取，也应当被认定为受贿。

上述案情主要介绍了三起受贿事实：一是吴某权委托章某保管行贿人吴

某事先约定的 450 万元贿赂款；二是吴某权委托甲公司股东周某代为保管甲公司为吴某权预留的 700 万元好处费，随用随取；三是吴某权为张某及其公司谋取了利益，双方约定贿赂现金 1000 万元在吴某权退休后收受。

在约定受贿中，受贿人为规避法律制裁，与行贿人商定不直接交付财物，而是由行贿人或者第三人进行保管，待受贿人需要时再获取财物。就本案而言，可从行受贿双方的关系及财物所处的状态等方面来分析。

第一，行贿人吴某、周某对吴某权有事相求，约定将受贿财物暂存于行贿人周某及第三人章某处，故周某、章某没有将受贿款据为己有的可能。虽然吴某权未直接保管、掌握受贿财物，但在事实上其已经对受贿财物达到了随用随取的支配状态，对行贿人和第三人保管的财物具有实际的控制力，对受贿罪保护的法益已造成实际侵害。

第二，本案受贿财物虽然由第三人单独保管，吴某权取得财物需要借助行贿人及第三人的帮助才能实现，但结合整个案件，被告人吴某权与行贿人和第三人约定受贿财物随用随取，吴某权取得财物的程度容易，实际上财物已经处于吴某权的实际控制之下。因此，吴某权构成受贿罪。

第三，鉴于行受贿双方不仅达成了行受贿的犯罪合意，且吴某权已为请托人谋取了利益，吴某权的行为已经对受贿罪保护的法益造成了紧迫的危险，不属于犯意流露。因吴某权意志以外的原因而没有完成收受贿赂的 1000 万元，应认定为犯罪未遂。

第四，受贿罪的构成要件主要包含"为他人谋取利益"和"收受财物"两个方面，且通常以是否收受了财物作为判断受贿罪成立的标准。本案中，吴某权利用其担任某区区长的便利，为行贿人谋取不正当利益，并在之后与行贿人和第三人约定受贿财物由行贿人周某、张某及第三人章某代为保管，吴某权需要时随用随取。吴某权明知其收受的财物为请托人给予，在主观上也意识到这是其在某区任职期间为请托人谋取利益后以明示或者暗示方式约定的不当回报，其收受财物行为与职务行为具有必然联系。

综而述之，作为国家工作人员的吴某权，利用职务上的便利非法收受他人财物，并为他人谋取利益，侵害了国家机关正常管理秩序和公务人员职务行为廉洁性的法益，应以受贿罪追究其刑事责任。

✎ 四、课程思政解读

本案至少涉及三个课程思政元素：一是如何通过本案判决来理解职务行为的不可收买性；二是本案吴某权受贿多为"事后性"和"本人不经手"，具有很强的迷惑性，如何刺破这层面纱；三是分析从本案中能够获得什么样的警示意义。

1. 通过本案判决来理解职务行为的不可收买性

在我国，国家工作人员职务行为的宗旨是为人民服务。国家工作人员理所当然要合法、公正地实施职务行为。但权力有时会被滥用，一旦滥用权力，用权力与其他利益相交换，权力就会带来各种利益。因此，防止权力滥用、保障公正行使权力的最起码、最基本的措施，就是防止权力与其他利益的相互交换。古今中外的客观事实告诉人们，职务行为的合法、公正首先取决于职务行为的不可收买性。国家工作人员的职务行为已经由公权力机关代表国家付了相应的报酬，再因职务行为而获取的其他报酬皆属于不正当的报酬。如果职务行为可以收买，可以与财物相互交换，那么职务行为必然只为提供财物的人服务，从而损害全体民众的利益，进而导致民众丧失对职务行为公正性和国家机关本身的信赖。因此，国家必须保证职务行为的不可收买性。

不可收买性包括两个方面的内容：一是职务行为的不可收买性本身；二是民众对职务行为不可收买性的信赖。这种信赖是社会公平正义观念的具体表现，是值得刑法保护的重要法益。只要国家工作人员客观上以职务行为换取了财物，就损害了职务行为的不可收买性；只要国家工作人员收受财物时许诺了为他人实施职务行为，就损害了公民对职务行为不可收买性的信赖。

本案中，吴某权利用职务上的便利，在项目招标、土地招拍挂、优惠政策落实、工程款拨付、人事安排等事项上为他人谋取利益；利用其职权或地位形成的便利条件，通过其他国家工作人员职务上的行为，为他人谋取不正当利益。吴某权不仅损害了自身职务行为的不可收买性，还以斡旋受贿的形式损害了其他国家工作人员职务行为的不可收买性，以及自身职权与地位形成的便利条件的不可收买性。

2. 厘清本案吴某权受贿的特点，刺破受贿罪隐蔽与迷惑的面纱

吴某权的受贿在形式上较为隐蔽，贿赂款物基本不经本人手，概括起来有以下几个特点：

一是间接化。主要表现为权钱交易的关系在时间和空间上的刻意淡化，如吴某权收受财物往往在利用职权为请托人谋取利益几个月甚至多年之后，刻意制造时间上的间隙，冲淡权钱交易的对价关系，表现出"事后受贿"的鲜明特征；同时，在收受财物方面又避免本人亲自出面，在空间上进行回避。

二是扩张化。权力天然具有扩张性，这在底线意识失守的吴某权身上表现得更甚，他不仅在自身职权上"做文章"，利用职务之便搞权钱交易，还利用了自己分管、主管的下属国家工作人员的牟权，为请托人谋利，公权力已沦为吴某权攫取一己私利的工具。

三是交织化。一旦公权力未得到有效制约，其腐蚀性最先体现在掌权者身上，紧接着便是身边最为亲密的人，而后就可能会按照亲疏远近向其他人扩散，表现出特定关系人共同敛财的特征。如吴某权的儿子也裹入其中，走上了共同犯罪的道路。

由此可知，基于吴某权受贿形式上的隐蔽性与迷惑性，有必要进一步厘清收受贿赂与取得合理报酬、接受馈赠、正当借贷、合理接受投资的界限：

一是受贿罪与取得合理报酬的界限。国家工作人员在法律允许的范围内，利用业余时间，以自己的劳动为他人提供某种服务，从而获得报酬的，不构成受贿罪。但是，国家工作人员在业余时间，利用职务上的便利为他人谋取利益，进而获得报酬的，仍然构成受贿罪。

二是受贿罪与接受正当馈赠的界限。现实生活中存在以馈赠为名的行贿，故在区分二者时，应注意从以下几个方面进行判断：（1）接受方与提供方是否存在亲友关系；（2）提供方是否有求于接受方的职务行为；（3）接受方是否许诺为提供方谋取利益，或者是否正在或已经为提供方谋取利益；（4）所接受的财物是否超出了一般馈赠的数量与价值；（5）接受方是否利用了职务之便；（6）有无正当馈赠的适当理由；（7）接受与提供方式是否具有隐蔽性；等等。对上述问题要全面分析、综合判断。

三是受贿罪与正当借贷的界限。国家工作人员利用职务上的便利，以借贷为名向他人索取财物，或者非法收受财物为他人谋取利益的，应当认定为受贿罪。在区分受贿与借贷时，不能仅看有无书面借款手续，应当综合考察以下因素，作出合理判断：（1）有无正当、合理的借款事由；（2）款项的去向；（3）双方平时关系如何、有无经济往来；（4）出借方是否要求国家工作人员利用职务上的便利为其谋取利益；（5）借款后是否有归还的意思表示与行为；（6）是否具有归还能力；（7）归还的原因；等等。尤其应当注意的是，国家工作人员正常向他人借款后，他人有求于国家工作人员的职务行为，提出免除还款义务，或者国家工作人员要求对方免除还款义务的，构成受贿罪。

四是受贿罪与合理接受投资的界限。例如，行贿人向国家工作人员的特定关系人的公司投资，相关手续也比较齐全，却并不关心经营情况。总体来说，除了判断投资与国家工作人员的职务行为有无对价关系外，还需要根据公司的经营状况、投资人的获利情况等进行具体判断。（1）公司根本不经营的，应将投资全额认定为受贿数额。（2）公司明显亏损，投资后不可能有回报的，事实上也没有回报的，投资数就是受贿数额；公司明显亏损，投资后形式上有少量回报的，也可以认定为受贿，投资额减去回报额就是受贿数额。（3）如果公司经营状况一般或者较好，则需要调查投资人的获利情况。应当分红不分红的，其实也相当于将投资款送给特定关系人，应将投资款全部认定为受贿数额。有少量分红的，则需要调查实际应当分红多少，再判断受贿数额。（4）如果名义上是投资，但实际上是借款，事后仅归还本金的，则可以将利息认定为受贿数额。

总之，上述界限区分的核心标准是交付财物是否基于接受财物者的职务行为及其影响力，该财物能否纳入职务行为的正当报酬，不能纳入就是贿赂。

3. 由本案获得的警示意义

吴某权是一个从山村里走出的穷苦学生，1981年考入某农校农学专业学习，品学兼优。1984年，吴某权中专毕业后被分配至某某省某某院工作，吃上了公家饭。不到两年，吴某全被组织上遴选到某某县从政，从基层干部到乡镇副镇长、区县主官，权力逐渐增大，同时贪欲也越来越大。从收受2000元时的胆战心惊到收受1000万元时的从容自得，吴某权的贪腐金额大、涉案时间长、手段隐蔽深、危害影响远。

尤其是在吴某权担任某市外贸局副局长、市委组织部副部长、市人事局局长、某区区长及某市政府秘书长等职务期间，其违反政治纪律，"不信马列信鬼神"，与他人一起多次到九华山烧香拜佛；违反中央八项规定精神和廉洁纪律，收受管理服务对象礼品礼金、接受旅游安排及长年免费使用北京市住房，违规在下属单位报销个人费用；违反组织纪律，不如实报告个人事项，利用职权为他人职务调整等事项提供帮助并收受财物；违反国家法律法规，骗取因公伤残补助；利用职务便利，为他人在项目招标、土地招拍挂、工程款拨付、人事安排等方面提供帮助，多次非法收受他人财物，数额特别巨大。

《中国共产党纪律处分条例》第六十三条规定：组织迷信活动的，给予撤销党内职务或者留党察看处分；情节严重的，给予开除党籍处分。参加迷信活动，造成不良影响的，给予警告或者严重警告处分；情节较重的，给予撤销党内职务或者留党察看处分；情节严重的，给予开除党籍处分。党内"不信马列信鬼神"的人通常是"两面人"。近年来，不少落马领导干部有一个共同特点，那就是"不信马列信鬼神"。他们开口闭口说马列，背地里却迷信鬼神。有人不禁会问：一个受党教育多年且在党旗下宣过誓的领导干部，怎么会"不信马列信鬼神"？俗话说，为人不做亏心事，半夜不怕鬼敲门。这句话也可以这样来理解：身为领导干部，如果背弃马克思主义而搞封建迷信，希冀鬼神庇护，就很可能是做了亏心事。吴某权案发之后，有关部门专门拍摄了警示教育纪录片《"两面人生"——吴某权贪腐案件警示录》，以儆效尤。"两面人"一定是个人利益至上、私欲膨胀的人。延安时期，毛泽东同志在《反对自由主义》一文中指出，自由主义是"以个人利益放在第一位，革命利益放在第二位"的。"两面人"正是如此。在个人利益与人民利益发生冲突时，他们只顾个人利益而牺牲人民利益，甚至为谋取个人私利不惜违法乱纪。"两面人"为掩盖劣迹、逃避惩处，不得不在人前道貌岸然，装正人君子。例如，一些落马领导干部不仅自己受贿，而且纵容家人敛财，却到处标榜自己清、家属清、亲属清、身边清。这样的人往往善于表演作秀，表里不一、欺上瞒下，说一套、做一套，台上一套、台下一套，当面一套、背后一套，是典型的"两面人"。

吴某权本出身贫寒之家，也曾是有志青年，可他在诱惑面前丧失了原则立场，在作风上"跑冒滴漏"，不引起警惕，不加以抵御，自然埋下了危险的种子。吴某权之所以走上歧途，与小节不守、小德不顾、小廉不行大有关系，与作风松动、理想信念偏差、纪法防线全面失守密不可分。他从小贪走向大贪，由犯小错发展到犯下重罪，其腐化堕落过程让每一名公职人员警醒，并引以为戒。公职人员应当洁身自好，提升防腐拒腐能力，这样才能经得住诱惑和考验，真正做到不为名利，为人民服务。

五、问题拓展讨论

附录：雷某富受贿案

2007 年 3 月至 2012 年 11 月，被告人雷某富先后担任某区区长、区委书记。2008 年 1 月，甲公司法定代表人肖某（另案处理）等人为谋取非法利益，安排赵某（另案处理）偷拍赵某与雷某富的性爱视频。同年 2 月 14 日，雷某富与赵某在酒店再次开房时被肖某安排的人当场"捉奸"，假扮赵某男友的张某、扮私家侦探的严某（另案处理）向雷某富播放了雷某富与赵某的性爱视频，双方为此发生纠纷。肖某接赵某的电话通知来到饭店后假意协调解决，让雷某富离开。2008 年 2 月 16 日，肖某以张某要闹事为由，以借为名向雷某富提出"借款"300 万元，雷某富担心不雅视频曝光，在明知被肖某设局敲诈的情况下，要求乙公司法定代表人明某"借款"300 万元给肖某的甲公司。同年 2 月 18 日，肖某向乙公司出具借条；次日，乙公司向甲公司转账 300 万元；8 月 18 日，该"借款"期满后，肖某个人及其公司的账上均有足额资金，但未归还。雷某富得知肖某未归还后向明某表示由其本人归还，明某提出不用雷某富归还，要求雷某富支持其公司发展，雷某富表示同意。

法院经审理认为，雷某富身为国家工作人员，利用职务之便，为他人谋取利益，其行为已构成受贿罪，依法应予惩处，于 2013 年 6 月 28 日作出判决，以被告人雷某富犯受贿罪，判处有期徒刑 13 年，并处没收个人财产 30 万元，对雷某富受贿赃款予以追缴。

雷某富不服提起上诉，被驳回。

问题 1：国家工作人员利用职务便利授意他人以自己名义向第三人出借款项，而后最终同意他人免除债务，这种行为是否属于受贿，即"免除 300 万元债务是否属于受贿款"？

问题 2：刑法将贿赂的内容限定为财物，权钱交易与权色交易在入罪方面是否有区分？

六、阅读文献推荐

1. 国家法官学院、最高人民法院司法案例研究院：《中国法院 2022 年度案例·刑事案例四》，中国法制出版社，2022 年。

2.《刑法学》编写组：《刑法学（下册·各论）》，高等教育出版社，2018 年。

3. 张明楷：《刑法学：下册》（第六版），法律出版社，2021 年。

4. 陈兴良：《判例刑法学：下卷》（第二版），中国人民大学出版社，2017 年。

5. 王晓东：《贪污贿赂、渎职犯罪司法实务疑难问题解析》，人民法院出版社，2020 年。

6. 冀洋：《职务犯罪案例解析》，东南大学出版社，2019 年。

7. 李珍珠、罗健：《贪污贿赂罪裁判中的法理》，中南大学出版社，2016 年。

第二节 滥用职权罪

本节所分析的滥用职权罪属于刑法第九章"渎职罪"，这是一类犯罪的统称。渎职罪，是指国家机关工作人员在公务活动中滥用职权、玩忽职守、徇私舞弊，妨害国家管理活动，致使公共财产、国家和人民利益遭受重大损失的行为。

目前，由国家监察委员会管辖的 71 个渎职犯罪罪名可分为五大类：一是滥用职权型渎职犯罪，共涉及《刑法》条文 13 条，包含 15 个罪名；二是玩忽职守型渎职犯罪，共涉及《刑法》条文 11 条，包含 11 个罪名；三是徇私舞弊型渎职犯罪，共涉及《刑法》条文 13 条，包括 15 个罪名；四是责任事故型渎职犯罪，共涉及《刑法》条文 8 条，包括 11 个罪名；五是公职人员的其他渎职犯罪，共涉及《刑法》条文 17 条，包括 19 个罪名。

在这些罪名中，滥用职权罪和玩忽职守罪被称为普通渎职罪，其他渎职罪名被称为特殊渎职罪。

⚠ 一、知识点提要

1. 滥用职权罪的定义

滥用职权罪是指国家机关工作人员超越职权，违法决定、处理其无权决定、处理的事项，或者违反规定处理公务，致使公共财产、国家和人民利益遭受重大损失的行为。

2. 滥用职权罪的主体

滥用职权罪的主体是国家机关工作人员，即在国家各级立法机关、各级行政机关、各级司法机关、各级军事机关中从事公务的人员，不包括在国有公司、企业中从事公务的人员。根据 2002 年 12 月 28 日全国人大常委会《关于〈中华人民共和国刑法〉第九章渎职罪主体适用问题的解释》："在依照法律、法规规定行使国家行政管理职权的组织中从事公务的人员，或者在受国家机关委托代表国家机关行使职权的组织中从事公务的人员，或者虽未列入国家机关人员编制但在国家机关中从事公务的人员，在代表国家机关行使职权时，有渎职行为，构成犯罪的，依照刑法关于渎职罪的规定追究刑事责任。"显然，这个立法解释扩大了《刑法》中渎职罪的主体范围，将渎职罪的主体从国家机关工作人员扩大到以下三种人：第一种是在依照法律、法规规定行使国家行政管理职权的组织中从事公务的人员。也就是说，这种组织本身并不是国家机关，但可以行使某种国家机关行政管理职权，这些机关的人员可以成为渎职罪的主体。第二种是在受国家机关委托，代表国家机关行使职权的组织中从事公务的人员。也就是说，这个组织本身并不是国家机关，但它受国家机关委托行使某种行政管理职权。第三种是虽未列入国家机关人员编制但在国家机关行使职权的人员，如合同制民警等。上述三种人都可以成为滥用职权罪的行为主体。

3. 滥用职权罪的一般表现形式

在实践中，滥用职权主要表现为以下几种情形：

一是超越职权，擅自决定或处理没有具体决定、处理权限的事项。如公安机关本无权管理环境保护方面的工作，但超越职权以环境污染为由对某些企业处以罚款等行政处罚的行为。

二是玩弄职权，随心所欲地对事项作出决定或者处理。如监狱长本无权让犯人替自己干私活，却要求犯人每天为自己擦皮鞋、洗内衣。

三是故意不履行应当履行的职责，或者说任意放弃职责。这是针对行为人有权处理的事务而言的。如明知违反《刑事诉讼法》等法律的规定，对犯罪嫌疑人、被告人超期羁押，情节严重的行为。

四是以权谋私、假公济私，不正确地履行职责。这也是针对行为人有权处理的事务而言的。如市场监管人员对市场从业人员合法经营百般刁难、寻衅滋事的行为，类似电视剧《狂飙》开篇中菜市场戴红袖章的小龙和小虎两兄弟故意挤走高启强鱼摊位的剧情。

行为人滥用职权的行为造成了公共财产、国家和人民利益的重大损失才构成本罪。所谓重大损失，是指给国家和人民造成的重大物质性损失和非物质性损失。物质性损失一般是指人身伤亡和公私财物的重大损失，是确认滥用职权犯罪行为的重要依据；非物质性损失是指严重损害国家机关的正常活动和声誉等。认定是不是重大损失，应根据司法实践和有关规定，对所造成的物质性和非物质性损失的实际情况作出判断，并按直接责任人员的职权范围全面分析，以确定应承担责任的大小。依照最高人民法院、最高人民检察院2012年《关于办理渎职刑事案件适用法律若干问题的解释（一）》第一条第一款，国家机关工作人员滥用职权或者玩忽职守，具有下列情形之一的，应当认定为《刑法》第三百九十七条规定的"致使公共财产、国家和人民利益遭受重大损失"：（1）造成死亡1人以上，或者重伤3人以上，或者轻伤9人以上，或者重伤2人、轻伤3人以上，或者重伤1人、轻伤6人以上的；（2）造成经济损失30万元以上的；（3）造成恶劣社会影响的；（4）其他致使公共财产、国家和人民利益遭受重大损失的情形。

其中，所谓"经济损失"，依据上述解释第八条："是指渎职犯罪或者与渎职犯罪相关联的犯罪立案时已经实际造成的财产损失，包括为挽回渎职犯罪所造成损失而支付的各种开支、费用等。立案后至提起公诉前持续发生的经济损失，应一并计入渎职犯罪造成的经济损失。债务人经法定程序被宣告破产，债务人潜逃、去向不明，或者因行为人的责任超过诉讼时效等，致使债权已经无法实现的，无法实现的债权部分应当认定为渎职犯罪的经济损失。"渎职犯罪或者与渎职犯罪相关联的犯罪立案后，犯罪分子及其亲友自行挽回的经济损失，司法机关或者犯罪分子所在单位及其上级主管部门挽回的经济损失，或者因客观原因减少的经济损失，不予扣减，但可以作为酌定从轻处罚的情节。

4. 滥用职权罪的责任形式

一是滥用职权行为与造成的重大损失结果之间必须具有刑法上的因果关系。滥用职权行为与造成的严重危害结果之间的因果关系错综复杂，有直接原因，也有间接原因；有主要原因，也有次要原因；有领导者的责任，也有直接责任人员的过失行为。

构成滥用职权罪，应当追究刑事责任的，是指滥用职权行为与造成的严重危害结果之间有必然因果联系的行为。否则，一般不构成滥用职权罪，而是属于一般工作上的错误问题，应由行政主管部门处理。

二是责任形式为故意。故意包括了直接故意和间接故意，即行为人明知自己滥用职权的行为会发生侵害国家机关公务的合法、公正、有效执行的结果，并且希望或者放任这种结果发生。至于行为人是为了自己的利益滥用职权，还是为了他人的利益滥用职权，不影响本罪的成立。

二、主讲案例介绍

2020 年 1 月 16 日，某县水政监察大队在办理某村非法采砂案件时，马某中未获得县水利局授权委托，违反法定程序，擅自决定扣押 1 辆挖掘机和 22 辆拉沙车，且未及时对案件进行调查处置，致使上述车辆被超期扣押。2020 年 5 月 7 日，马某中又擅自决定使用上述被扣押的 5 辆拉沙车运输砂石用以垫平单位地面，其中 2 辆车超载运输，且 1 名驾驶员不具备驾驶货车资格。在运输途中，上述车辆被车主发现并拦下，随后报警。此事被各类媒体广泛报道，社会影响恶劣。

2016 年至 2019 年，某县水利局水政监察大队在未获得水利局授权的情况下，违法办理行政处罚案件 115 件，收缴罚没款 1988563.54 元。其中，档案齐全的仅 23 件，档案不齐全的 34 件，剩余 58 件只有罚款票据，没有档案。

被告人马某中身为国家机关工作人员，多次违法办理行政处罚案件，造成恶劣社会影响。

法院经审理认为：被告人马某中犯滥用职权罪，判处有期徒刑一年六个月。

一审宣判后，被告人马某中提出上诉。二审维持原判。

三、案件争点

如何判断马某中的渎职行为与损失后果之间的因果关系？

本案中，被告人马某中身为国家机关工作人员，多次违法办理行政处罚案件，其中部分案件引发重大网络舆情，造成恶劣社会影响。滥用职权罪是结果犯，滥用职权的行为与重大损失之间必须具备刑法上的因果关系才能构成犯罪，而滥用职权罪中多因一果的情形较为普遍，因果关系的认定是被告方常提出的辩解理由。

本案中，判定马某中构成滥用职权罪需要确认马某中滥用职权的行为对严重损失后果应当承担责任，即明确马某中滥用职权行为与重大损失之间具有刑法上的因果关系。

一是要确认滥用职权行为与危害结果之间符合条件关系。滥用职权罪中因果关系的判断并不要求行为人对重大损失的出现具有支配关系，只要求行为对后果的发生具有作用力，否则会不当缩小滥用职权罪的认定范围，导致滥用职权罪条文的虚设。滥用职权罪中因果关系的判断应当适用条件公式，行为与结果之间需满足"没有前者就没有后者"的条件关系。在滥用职权行为以不作为形式存在的情况下，因果关系判断的条件公式即为"一旦履行了一定的义务，该结果就不会发生"。本案中，马某中若在接到线索举报后对某村非法采砂案件依照法定程序进行核查，获取水利局书面委托书，制作扣押决定书和清单，及时查清事实，在规定期限内作出行政处罚，则不会致使涉案车辆一直处于违规扣押状态，更不会引发后来因水政监察大队擅自使用扣押车辆并处置暂扣砂砾石引发的严重舆情，社会影响恶劣，这属于非物质性重大损失。故马某中滥用职权的行为与危害后果之间符合条件关系。

二是要判断介入因素能否中断因果关系。马某中擅自决定扣押并使用车辆的行为只有与超期扣押车辆的行为结合起来才会导致严重的损失后果，需要评价超期扣押车辆和使用扣押车辆上路的行为能否中断因果关系。因为滥用职权罪中也处罚间接创设危害后果的行为，所以仅仅介入第三人行为还不足以中断因果关系，不能产生排除结果归责的效果，只有在滥用职权行为对于危害后果的作用效果终结的情况下，才能产生因果关系中断的效果。中断滥用职权行为与危害结果之间的因果联系必须满足以下条件：第一，介入因素的异常性程度很高；第二，介入因素合乎规律地引起了结果的发生；第三，介入因素在行为人的监管范围之外。本案中，超期扣押车辆和使用扣押车辆上路的行为在马某中的监管范围之内且该行为的发生不具有异常性，故超期扣押车辆和使用扣押车辆上路的行为不能中断马某中滥用职权与危害后果之间的因果关系。

三是要结合行为人的职责范围进行价值判断。本案中，结果归责判断的关键并不仅仅在于马某中擅自决定扣押并使用车辆的行为是造成社会反响恶劣的直接或独立原因，更在于马某中担任某县水利局水政监察大队大队长期间，在未获得水利局授权的情况下，违法办理行政处罚案件115件，收缴罚没款 1988563.54 元。其中，档案齐全的仅 23 件，档案不齐全的 34 件，剩余 58 件只有罚款票据，没有档案。这一滥用职权的行为本身蕴含着对职务行为的公正性、合法性产生严重破坏的危险，即从价值判断的角度明确危害结果能否归责于该行为。在滥用职权罪中，危害结果的发生可能是由参与决策、执行、监督环节的多人共同导致的，需要结合国家机关工作人员的职责范围、职务履行的实际情况，科学、公正地认定应承担责任的人员范围。本案中，马某中担任某县水利局水政监察大队大队长，对上述行政行为的合法性、公正性、有效性被损害负有不可推卸的领导责任，在依法行使特定职权的过程中实施了对危害结果具有"原因力"的滥用职权行为，应认定其行为与危害结果之间具有刑法意义上的因果关系。

 四、课程思政解读

本案所涉课程思政元素：一是本案中的马某中是受贿罪和滥用职权罪并罚，这给我们带来的启迪是什么；二是公职人员滥用职权除了入罪，还有违纪与政务处分，三者如何区分；三是如何树立正确的权力观。

1. 本案中马某中受贿罪和滥用职权罪并罚的启迪

有权力的人非常容易滥用权力，这是千百年来治国理政总结出的一个教训。所以，必须给权力套上制度的笼子。滥用职权罪是权力滥用的核心规制罪名。滥用职权，顾名思义，是公权力行使者对公权力的胡乱使用，从而使得公职履行行为不能公正、合法、有效进行。滥用职权罪的渎职行为是一种主观故意，因此本罪的罪数形态很容易与贪污罪、受贿罪等罪名交叉混合。本案中，实践中行为人因权钱交易而实施滥用职权的行为已属常态，其收受贿赂的行为就会触犯受贿犯罪，从而两罪并罚。

而就贪污罪而言，实践中时常出现国家机关工作人员利用职务便利以贪污为目的实施犯罪行为，客观上又致使公共财产、国家和人民利益遭受重大损失。依据法理分析，行为人利用职权侵吞、骗取公共财物，从本质上讲亦具有滥用职权的性质，如果因其贪污行为又致使其他公共财产、国家和人民利益遭受重大损失的，则同时触犯滥用职权罪与贪污罪，属于想象竞合，择一重罪以贪污罪处罚。依此，国家机关工作人员滥用职权，同时构成其他犯罪的，属于想象竞合，从一重罪处罚。例如，乡（镇）政府工作人员滥用职权窝藏犯罪人的（如滥用职权为犯罪人出具办理虚假身份证件所需要的证明材料等），是滥用职权罪与窝藏罪的想象竞合，从一重罪处罚。又如，乡（镇）政府工作人员滥用职权骗取县财政补贴、补偿据为己有或者帮助他人骗取县财政补贴、补偿的，是诈骗罪与滥用职权罪的想象竞合，应从一重罪处罚。再如，国家机关工作人员滥用职权、假公济私，对控告人、申诉人、批评人、举报人实行报复陷害，致使控告人、申诉人、批评人、举报人的利益遭受重大损失的，是滥用职权罪与报复陷害罪的想象竞合，从一重罪处罚。国家机关工作人员与他人共谋，利用其职务行为帮助他人实施其他犯罪行为，同时构成滥用职权罪和共谋实施的其他犯罪的共犯的，属于想象竞合，从一重罪处罚。

2. 滥用职权的"罪与非罪"的纪政刑区分

滥用职权罪是刑法在 1997 年修订之后首次作出独立规定的罪名，但是滥用职权行为从古至今都存在。这一行为的本质是不正确或者不恰当履行职权，该行为一旦实施即可能构成党员违纪或政务违法，发生危害结果即可能构成必须承担刑事责任的滥用职权罪。现实生活中，需要就滥用职权行为做纪律处分、政务处分、刑事处罚的区分。

首先，从纪检监察证据标准适用角度看，滥用职权行为构成违纪违法的要素有两个：一是从行为实质上看，该行为具有违规性、违法性；二是从行为责任上看，实施该行为具有主观责任（即故意）和个人责任（即对行为造成的结果需承担责任），也就是有责性。但与其不同的是，滥用职权的行为导致刑法规定的危害结果发生时才可能构成职务犯罪，也即滥用职权罪。

其次，从滥用职权行为的构成要素角度看，对滥用职权行为违纪违法与滥用职权罪进行比较，可从主体、主观、客体、客观四个方面进行：

一是主体。滥用职权行为违纪的主体必须是有责任能力的党组织和党员。滥用职权行为违法的主体可以是党员，也可以是非党员，但必须属于监察对象。滥用职权犯罪的主体为特殊主体，即只能是在国家机关中从事公务的人员，不包括在国家机关中从事劳务的人员。另根据《关于〈中华人民共和国刑法〉第九章渎职罪主体适用问题的解释》《关于办理渎职刑事案件适用法律若干问题的解释（一）》的相关规定，还包括依照法律法规从事公务的人员等三类主体。

二是主观。滥用职权行为构成违纪违法时，要求行为人主观上具有认识上的故意，即认识到自己的行为是在超越职权或者不正确履职情况下行使的违纪违规违法行为。由上述党纪党规、法律法规可知，部分滥用职权行为只要求行为人实施终了或者正在实施便构成违纪违法。如《中国共产党纪律处分条例》中"违反政治纪律"第五十条第一款，只要行为人实施了"拒不执行党中央确定的大政方针，甚至背着党中央另搞一套"的行为即构成违反政治纪律。但同条的第二款不仅要求行为人实施了滥用职权的行为，还要求在政治上造成了不良影响或者严重后果情况下才构成违反政治纪律。滥用职权罪的主观方面不仅要求行为人明知自己滥用职权的行为会发生致使公共财产、国家和人民利益遭受重大损失的结果，并且希望或者放任这种结果发生。如党员领导干部明知自己的行为不是在执行党中央确定的大政方针，甚至属于背着党中央另搞一套的行为，如果该行为在一定程度上造成了刑法规定的重大损失，则可能构成滥用职权罪。

三是客体。滥用职权违纪违法行为和滥用职权罪所侵犯的客体并无差别，均是公共权力的正常运行秩序，即行为人实施的滥用职权行为对国家机关正常运行的管理秩序造成了不良影响。

四是客观。滥用职权违纪违法行为的客观表现为：一是违纪违法行为人客观上实施了超过职权范围的行为；二是在该行为的支配下，行为人对某种事项作出违纪违规违法决定、处理；三是违反规定处理公务，包括违纪违法行为人虽然没有超过职权范围，但其以不正当目的或者使用违反规定的方式行使职权，对有关事项作出不符合党纪党规、法律法规规定的处理或者决定，也包括违纪违法行为人积极主动行使职权，但超过职权范围或者不正确、不恰当行使职权、处理公务。滥用职权罪的客观方面与上述滥用职权违纪违法行为的客观方面存在包含关系，唯一不同在于行为人实施的滥用职权行为导致了危害结果的发生，这一关系在前文已经详细叙述。

3. 树立正确的权力观

2023年4月3日，习近平总书记在主题教育工作会议上的讲话强调"要教育引导广大党员、干部学思想、见行动，树立正确的权力观、政绩观、事业观，增强责任感和使命感"。长期以来，中国共产党人对加强公权力监督进行了不懈的探索和实践，逐渐形成了"正确的权力观"：首先，坚持"权为民所赋、权为民所用"的历史唯物主义权力观，让人民监督权力的运行；其次，坚持在法治轨道上运行公权力，推进公权力全过程、全方位、全周期法治化；再其次，抓住领导干部这个"关键少数"，各级领导干部必须解决好世界观、人生观、价值观这个"总开关"问题，珍惜权力、管好权力、慎用权力，增强依法用权的法治意识；最后，权力必须有制约和监督，领导干部必须自觉接受各方面监督。

其中，习近平总书记关于"正确的权力观"的重要论述是习近平法治思想的重要组成部分，是加强权力制约监督、推进党的自我革命的行动指南。"正确的权力观"指引所有公职人员必须运用法律形式为国家公权力的行使设定必要的原则和程序，通过法律明确规定公权力的内容、行使范围、运作方式等。超越法律规定而行使的权力是非法的、无效的。法律职业共同体要切实增强依法用权的执法司法公信力。法治的对立面是使用不确定的权力，要约束这种不确定的权力，就必须通过法律加强对权力运行的制约和监督。

五、问题拓展讨论

《刑法》中对滥用职权罪做了详尽规定，如第三百九十七条规定了一般的滥用职权罪。同时，《刑法》还在第三百九十九至第四百零五条、第四百零七条、第四百一十至第四百一十八条中将某些特定的滥用职权行为规定为独立犯罪。除了前文提及的全国人大常委会 2002 年通过的《关于〈中华人民共和国刑法〉第九章渎职罪主体适用问题的解释》、最高人民检察院 2006年通过的《关于渎职侵权犯罪案件立案标准的规定》、"两高" 2012 年通过的《关于办理渎职刑事案件适用法律若干问题的解释（一）》之外，中国特色社会主义法治体系中有关滥用职权行为的各类规范依据亦扼要梳理如下。

首先，党内法规和国家法律中对滥用职权行为的规定较多。主要体现在《中国共产党纪律处分条例》《公务员法》《法官法》《检察官法》《警察法》《事业单位工作人员处分暂行规定》《事业单位人事管理条例》《国有企业领导人员廉洁从业若干规定》《农村基层干部廉洁履行职责若干规定》等，有关滥用职权行为的规制还散见于司法机关、公安、海关、国有企业等部门和领域的法律法规中，包含了滥用职权行为构成违纪违法和滥用职权罪的具体规定：

（1）《公务员法》中主要规定在第五十九条第十项；

（2）《法官法》中主要规定在第四十六条第一至第四项；

（3）《检察官法》中主要规定在第四十七条第一至第四项；

（4）《警察法》中主要规定在第二十二条第二、三、八项；

（5）《海关法》中主要规定在第七十二条第一、五、六、九项；

（6）《国家安全法》中主要规定在第十三条；

（7）《枪支管理法》中主要规定在第四十五条；

（8）《城乡规划法》中主要规定在第五十八至第六十一条；

（9）《监狱法》中主要规定在第十四条第二、七、八项；

（10）《企业国有资产法》中主要规定在第七十一条第三、六项。

其次，有关司法解释对一些特定人员实施的滥用职权行为或者特定情形的滥用职权行为做了规定。

（1）最高人民法院、最高人民检察院 2003 年《关于办理妨害预防、控制突发传染病疫情等灾害的刑事案件具体应用法律若干问题的解释》第十五条规定，在预防、控制突发传染病疫情等灾害的工作中，负有组织、协调、指挥、灾害调查、控制、医疗救治、信息传递、交通运输、物资保障等职责的国家机关工作人员，滥用职权或者玩忽职守，致使公共财产、国家和人民利益遭受重大损失的，依照刑法第三百九十七条的规定，以滥用职权罪或者玩忽职守罪定罪处罚。

（2）最高人民法院、最高人民检察院 2003 年通过的《关于办理非法制造、买卖、运输、储存毒鼠强等禁用剧毒化学品刑事案件具体应用法律若干问题的解释》第四条规定，对非法制造、买卖、运输、储存毒鼠强等禁用剧毒化学品行为负有查处职责的国家机关工作人员，滥用职权或者玩忽职守，致使公共财产、国家和人民利益遭受重大损失的，依照刑法第三百九十七条的规定，以滥用职权罪或者玩忽职守罪追究刑事责任。

（3）最高人民法院、最高人民检察院、公安部 2003 年通过的《关于严格执行刑事诉讼法，切实纠防超期羁押的通知》规定，本通知发布以后，凡违反刑事诉讼法和本通知的规定，造成犯罪嫌疑人、被告人超期羁押的，对于直接负责的主管人员和其他直接责任人员，由其所在单位或者上级主管机关依照有关规定予以行政或者纪律处分；造成犯罪嫌疑人、被告人超期羁押，情节严重的，对于直接负责的主管人员和其他直接责任人员，依照刑法第三百九十七条的规定，以玩忽职守罪或者滥用职权罪追究刑事责任。

（4）最高人民法院、最高人民检察院 2007 年通过《关于办理盗窃油气、破坏油气设备等刑事案件具体应用法律若干问题的解释》第七条规定，国家机关工作人员滥用职权或者玩忽职守，实施下列行为之一，致使公共财产、国家和人民利益遭受重大损失的，依照刑法第三百九十七条的规定，以滥用职权罪或者玩忽职守罪定罪处罚：一是超越职权范围，批准发放石油、天然

气勘查、开采、加工、经营等许可证的；二是违反国家规定，给不符合法定
条件的单位、个人发放石油、天然气勘查、开采、加工、经营等许可证的；
三是违反《石油天然气管道保护条例》等国家规定，在油气设备安全保护范
围内批准建设项目的；四是对发现或者经举报查实的未经依法批准、许可擅
自从事石油、天然气勘查、开采、加工、经营等违法活动不予查封、取
缔的。

（5）最高人民法院、最高人民检察院 2007 年通过的《关于办理与盗窃、
抢劫、诈骗、抢夺机动车相关刑事案件具体应用法律若干问题的解释》第三
条规定，国家机关工作人员滥用职权，有下列情形之一，致使盗窃、抢劫、
诈骗、抢夺的机动车被办理登记手续，数量达到 3 辆以上或者价值总额达到
30 万元以上的，依照刑法第三百九十七条第一款的规定，以滥用职权罪定
罪，处 3 年以下有期徒刑或者拘役：一是明知是登记手续不全或者不符合规
定的机动车而办理登记手续的；二是指使他人为明知是登记手续不全或者不
符合规定的机动车办理登记手续的；三是违规或者指使他人违规更改、调换
车辆档案的；四是其他滥用职权的行为。

（6）最高人民检察院 2007 年通过的《关于对林业主管部门工作人员在
发放林木采伐许可证之外滥用职权玩忽职守致使森林遭受严重破坏的行为适
用法律问题的批复》规定，林业主管部门工作人员违法发放林木采伐许可
证，致使森林遭受严重破坏的，依照刑法第四百零七条的规定，以违法发放
林木采伐许可证罪追究刑事责任；以其他方式滥用职权或者玩忽职守，致使
森林遭受严重破坏的，依照刑法第三百九十七条的规定，以滥用职权罪或者
玩忽职守罪追究刑事责任。

（7）最高人民检察院 2008 年通过的《关于加强查办危害土地资源渎职
犯罪工作的指导意见》就当前和今后一个时期做好查办危害土地资源渎职犯
罪案件工作提出，在查办案件中，对损失后果的认定，既要考虑被破坏的土
地资源的经济价值，按照有关部门作出的鉴定结论，以经济损失计算损失后
果，也要充分考虑土地作为特殊资源，被破坏土地的性质、地理位置、实际
用途等差异所产生的土地价值，受损后无法用经济价值数额衡量的特殊性，
可以采取经济标准或者面积标准认定损失后果，准确适用《刑法》第三百九
十七条和第四百一十条的规定以及相关司法解释查处犯罪。

最后，行为人有滥用职权行为但不构成犯罪的条款适用。

党员领导干部、国家机关工作人员实施滥用职权行为但不构成滥用职权

罪的，在给予党纪处分方面，应当依据《中国共产党纪律处分条例》第二十八条的规定，视具体违纪情况给予警告以上处分。值得注意的是，《中国共产党纪律处分条例》第二十八条中的"不构成犯罪"应当依据《刑法》第十三条、《刑事诉讼法》第十六条第（一）项等规定来理解和把握，而不能将"人民检察院依法作出不起诉决定或者人民法院依法作出有罪判决并免于刑事处罚"的情况理解为不构成犯罪。相反，针对该情况应当依据《中国共产党纪律处分条例》第三十一条规定给予撤销党内职务以上处分。在给予政务处分方面，应当根据违法事实，依据《公职人员政务处分法》第二十八条、第二十九条、第三十条、第三十二条、第三十五条、第三十七条、第三十八条、第三十九条等规定给予相应的政务处分。

👍 六、阅读文献推荐

1. 公丕祥：《深刻领悟"正确的权力观"重要论述的丰富内涵》，《中国社会科学报》2023 年 4 月 26 日第 001 版。

2. 国家法官学院、最高人民法院司法案例研究院：《中国法院 2022 年度案例·刑事案例四》，中国法制出版社，2022 年。

3. 《刑法学》编写组：《刑法学（下册·各论）》，高等教育出版社，2018 年。

4. 张明楷：《刑法学：下册》（第六版），法律出版社，2021 年。

5. 陈兴良：《判例刑法学：下卷》（第二版），中国人民大学出版社，2017 年。

6. 王晓东：《贪污贿赂、渎职犯罪司法实务疑难问题解析》，人民法院出版社，2020 年。

7. 冀洋：《职务犯罪案例解析》，东南大学出版社，2019 年。

8. 陈建勇、曾群、彭恋：《渎职犯罪案例与实务》，清华大学出版社，2017 年。

第三节　玩忽职守罪

《刑法》第三百九十七条第一款规定："国家机关工作人员滥用职权或者玩忽职守，致使公共财产、国家和人民利益遭受重大损失的，处三年以下有期徒刑或者拘役；情节特别严重的，处三年以上七年以下有期徒刑。本法另有规定的，依照规定。"本条规定包括滥用职权和玩忽职守两个罪名。在刑法分则中，该条规定较有特色：在一个条文中将两个不同罪名概括性地予以规定。这也说明了两个罪名联系紧密，容易混淆。

一、知识点提要

1. 玩忽职守罪的定义

玩忽职守罪，是指国家机关工作人员严重不负责任，不履行或者不认真履行职责，致使公共财产、国家和人民利益遭受重大损失的行为。

其中，玩忽职守罪的行为主体和滥用职权罪的行为主体相同，都是国家机关工作人员；主观不同，玩忽职守罪的主观方面表现为过失，而滥用职权罪如前节所述，主观方面表现为故意。

2. 玩忽职守罪的客观表现

玩忽职守罪在客观方面表现为不履行或者不认真履行职责，致使公共财产、国家和人民利益遭受重大损失。具体来说，包括两方面的内容：

第一，不履行或者不认真履行职责。其中，不履行职责是不作为形式的玩忽职守行为，表现为擅离职守或者对自己工作范围内的事项不传达、不布置、不报告、不检查、不执行等；不认真履行职责是作为形式的玩忽职守行为，表现为行为人虽然履行了职责，却不尽职尽责，而是马虎草率、粗心大意、敷衍塞责。

第二，致使公共财产、国家和人民利益遭受重大损失。所谓重大损失，与滥用职权罪的认定标准相同，可依照最高人民法院、最高人民检察院《关于办理渎职刑事案件适用法律若干问题的解释（一）》第一条第一款之规定认定。玩忽职守罪的主观过失也是针对重大损失结果而言的，对于违反工作纪律和规章制度，以及自己的作为或者不作为，行为人可能是明知故犯。

3. 准确区分玩忽职守罪与滥用职权罪

玩忽职守罪和滥用职权罪都属于渎职犯罪，都是典型的结果犯，行为结果必须达到重大损失的程度，才能被评价为犯罪。

实践中，如果行为人明知不作为有可能造成重大损失，仍然故意不作为，那么该行为就属于"故意不履行职责"，就属于滥用职权罪；如果行为人对损失结果没有预见，仅仅是在工作中疏忽大意或过于自信自己的行为不会造成损失，则不能认定其主观上存在故意，其行为就属于"过失不履行职责"，这就属于玩忽职守罪。

二、主讲案例介绍

经贸处长被指控玩忽职守案

唐某系某市（设区的市）经信委处长，先后在中小企业综合协调处和中小企业产业与合作处任职。检察院指控其玩忽职守罪事实：某市甲公司不符合 2014 年国家中小企业发展专项资金申报单位主体资格及申报条件，甲公司负责人蔡某伪造企业营业执照、服务企业名单等资料，于 2014 年 5 月向某市经济和信息化委员会申报国家中小企业发展专项资金，并在申报时允诺某市经信委中小企业产业与合作处处长唐某待申报成功后给其一些经费。某市经信委在审核申报材料过程中，负责审核的工作人员唐某、杨某严重不负责任，不认真履行工作职责，未对甲公司申报材料的真实性进行审查，并以该申报资料作为依据，为甲公司向省经信委申报国家中小企业发展专项资金服务体系项目，致使不符合申报条件的甲公司于 2014 年 12 月骗得国家奖励资金 100 万元，给国家造成重大损失。

三、案件争点

本案的争议焦点在于唐某的行为是否属于不履行或者不正确履行职责。

如上所述，玩忽职守罪中的不履行职责、不正确履行职责的前提是行为人有能力、有条件履行职责，也即行为人在自己能力范围之内履行职责，行为人的注意义务也仅限于此。本案中，唐某已经在能力范围之内履行了相应职责，不存在"严重不负责任，不履行职责、不正确履行职责"的情况。

其一，在项目审核工作中，某市经信委中小企业产业与合作处处长唐某对区一级相关行政机关的公务行为存在合理的信赖。根据省经信委、省财政厅的文件，"符合条件的单位向注册地市、县（市）经信委、财政局提出资金申请报告"。据此，第一级的受理单位是市、县（市）经信委、财政局，具体到本案即为某市经信委、财政局，区一级单位是不直接组织申报的，这就是本次申报工作看似存在的最大不同。区一级单位虽然没有被要求组织辖区内的单位申报，但辖区内的单位必然会去区经信局、财政局开具一系列证明材料，这就意味着区一级单位仍然参加了本次申报材料的审查。而且，某市经信委、财政局虽然没有向区一级机构发文，但进行了电话通知，甲公司所在的软件园区也通过 QQ 群进行了申报通知的转发，甲公司在准备申报材料时也必然去软件园经发局盖章，事实上软件园经发局也确实在材料上进行了盖章确认。这就表明，虽然区一级经信局（经发局）没有实际组织区内单位申报，某市直接作为所辖区内单位的直接受理机构，但在实际申报工作中，区一级经信局（经发局）等部门仍然作为实际的初审部门参与审核工作。这与以往专项资金的申报流程没有任何区别，即作为第一层审查机构的区经信局（经发局）等单位对各类项目进行调查摸排，首先加盖具有法律证明效力的国家机关部门公章。申报材料加盖了两个政府部门合法有效的公章，就相当于相关政府部门已经对这份材料的真实性进行了保证，其已经具有相当的公信力和证明力，这也是公章效力的表现形式。如果每一个人都对盖有合法公章的材料进行质疑，将公章效力推倒重来、重新审核材料的真实性，那么国家机关在公务行为中加盖公章的意义何在？前面国家机关的工作还要后面机关的重复、重新验证，以此类推，国家机关尤其是政府机关的效率如何保证？这种重复劳动已经将公章的效力完全架空。所以，盖有合法有效政府公章的材料最具有说服力，这也是政府部门这一公权力部门的公信力、权威性所在。那么，基于这种对政府部门公信力和权威性的信赖，唐某在材料审核中对申报材料不需要再进行重复性审查，即与一贯的审核流程一样，不存在再次进行"实质审查"的职责。

其二，唐某对专项审计报告存在合理的信赖。根据工信部、财政部文件（工信厅联企业〔2014〕65 号），甲公司申报项目必须提供 2013 年度专项审计报告。为此，甲公司委托某市某会计师事务所有限公司出具了《专项审计报告》。众所周知，审计工作是一项专业性极强的工作，是由专职机构或人员接受委托或授权，以被审计单位的经济活动为对象，对被审计单位在一定时期的全部或一部分经济活动的有关资料按照一定的标准进行审核检查，收集和整理证据，以判明有关资料的合法性、公允性、一贯性和经济活动的合规性、效益性，并出具审计报告的监督、评价和鉴证活动。那么，根据唐某本人的专业能力、公务范围，其本人根本不具有对《专项审计报告》再次进行所谓"实质审查"的能力，甚至整个中小企业产业与合作处、某市经信委也不可能实际完成对甲公司 2013 年度的服务性资产的审计、涉及能力建设项目的审计、涉及业务奖励服务的审计等任务。所以，基于《专项审计报告》审计意见的信服力、公正性和严肃性，唐某完全对这份证明性文件具有合理的信赖；即便对中小企业产业与合作处，以及唐某本人强加一种"实质审查"职责，囿于唐某及单位的能力，也无法期待唐某能胜任这一职责。更何况本案实际上是因为某市审计局在审计甲公司账目时案发，而非在审查《专项审计报告》时才发现问题。这就更加说明，不仅不能期待唐某在对《专项审计报告》进行所谓"实质审查"时发现问题，更不能强求唐某像审计局那样对甲公司的公司账目进行细致审查。

四、课程思政解读

本案所涉课程思政元素：一是从中华优秀传统法律文化维度考察本案中提及的玩忽职守罪沿革；二是对公职人员玩忽职守行为的惩治，如何做到纪法贯通、法法衔接；三是本案所反映出的工作不落实、不扎实、不切实的风气在现实生活中不在少数，如何做到"干在实处"。

1. 从中华优秀传统法律文化维度考察玩忽职守罪沿革

玩忽职守罪是所有渎职犯罪中最为典型的犯罪，日常生活中的"渎职"也往往指代玩忽职守行为。玩忽职守在古代就受到统治者的重视，因为如果官员不为我所用、怠于履行职责，则不能发挥帝王知人善用、拱卫统治的目的，容易造成官民之间的直接冲突。针对职官不称职的行为，早在西汉时期就规定了"不胜任""能不宜其官"和"软弱不任吏职"等罪名，职官在公务活动中不履行职务构成"办其官事不办"罪，职官不按时完成工作任务构成"失期罪"，职官对紧急事件不及时上报或故意阻止上报的构成"不以求移"罪和"留难变事"罪，在公务活动中书写文书不准确、不认真的构成"书误"罪和"为伪书"罪等。

中国共产党人历来十分痛恶玩忽职守行为。1933年12月15日，毛泽东同志签署《关于惩治贪污浪费行为——中央执行委员会第26号训令》，其中规定，对于玩忽职守而浪费公款，致使国家受到损失者，依其浪费程度处以警告、撤销职务以至一个月以上三年以下的监禁。1934年4月8日，《中华苏维埃共和国中央执行委员会命令》（中字第六号）第十条规定：以反革命为目的或希图取得报酬为反革命服务，进行各种间谍行为或传达、盗窃、收集各种有关国家秘密性质的材料或军事秘密者，处死刑；因玩忽职守，不感觉其行动所能发生的结果而泄漏上项秘密者，处一年至五年的监禁。在革命年代，一个玩忽职守的行为可能导致很多革命同志的牺牲甚至革命根据地的动摇，其危害性不亚于一次叛变。在和平年代，玩忽职守的行为由于行为人对职务的漫不经心，可能导致职务相对人的生命财产遭受重大损失，动摇公众对"人民公仆"的信任。1952年3月11日，政务院公布的《中央节约检查委员会关于处理贪污、浪费及克服官僚主义错误的若干规定》指出：由于负责人严重的官僚主义和经管人员失职所造成的业务上的浪费和损失，而且并无不可克服的困难，其负直接责任的有关人员，除应严格检讨外，须酌予行政处分；其情节严重因而招致国家巨大损失者，可作专案议处，酌予刑事处分。

1979年《刑法》第一百八十七条以法典形式规定，国家工作人员由于玩忽职守，致使公共财产、国家和人民利益遭受重大损失的，处五年以下有期徒刑或者拘役。如前章所述，这里的玩忽职守罪还包括了滥用职权行为，这是因为当时明确承认类推适用，对于那些与玩忽职守行为危害性相当甚至更具危害性的行为，而1979年《刑法》又没有明确的规定时，按照类推适用的原则，比照最相类似的规定进行处罚，这是法制不发达、法治精神欠缺时期的一种选择。及至1997年，基于反渎职经验的积累，以及法制发展过程中的教训，全面修订后的《刑法》确立了新的玩忽职守罪，并与滥用职权罪并列，形成了第三百九十七条："国家机关工作人员滥用职权或者玩忽职守，致使公共财产、国家和人民利益遭受重大损失的，处三年以下有期徒刑或者拘役；情节特别严重的，处三年以上七年以下有期徒刑。本法另有规定的，依照规定。国家机关工作人员徇私舞弊，犯前款罪的，处五年以下有期徒刑或者拘役；情节特别严重的，处五年以上十年以下有期徒刑。本法另有规定的，依照规定。"

2. 惩处公职人员玩忽职守行为需要纪法贯通、法法衔接

一是区分玩忽职守罪与一般玩忽职守行为的界限。二者的关键区别在于是否造成了公共财产、国家和人民利益的重大损失。在这方面要防止两种倾向：一种是认为在改革创新的形势下，各种规章制度不健全，许多工作具有探索性，国家机关工作人员的失误不可避免，并以此为由将构成玩忽职守罪的行为认定为一般玩忽职守行为，不以犯罪论处；或者以行为属于官僚主义为由，对玩忽职守犯罪行为仅作党纪、政务处分。另一种是将国家机关工作人员的一切失职行为都当作玩忽职守罪处理。当前特别要防止前一种倾向。改革开放不意味着可以玩忽职守，官僚主义行为中也有构成玩忽职守罪的

行为。

二是公职人员的行为只要构成玩忽职守罪，都应给予党纪或政务处分。如果是党员，要先适用党内法规，体现"纪律挺在前面"的精神。如《中国共产党纪律处分条例》第二十七条规定："党组织在纪律审查中发现党员有贪污贿赂、滥用职权、玩忽职守、权力寻租、利益输送、徇私舞弊、浪费国家资财等违反法律涉嫌犯罪行为的，应当给予撤销党内职务、留党察看或者开除党籍处分。"实践中，纪严于法，上述所有渎职犯罪都是渎职违纪行为。行为人只要构成玩忽职守犯罪，都应给予党纪或政务处分；如果渎职行为没有达到上述渎职犯罪的立案标准，也应该根据具体情节，酌情作出党纪处分或政务处理。除了上述"涉嫌犯罪"或"有刑法规定的"渎职违纪行为，党内法规还规定了 32 种特殊的渎职违纪行为。比如：贯彻执行上级决策部署不力，给党、国家和人民利益以及公共财产造成较大损失；干预和插手市场经济活动，造成不良影响；克扣群众财物；等等。党员如果存在这些违纪行为，即使没有触犯刑法规定，但按照纪在法前、纪比法严的精神，也必须给予党纪处分。如果情节严重，又是党员领导干部，还要匹配相应的政务处分。如中央纪委国家监委于 2021 年 8 月 4 日发布了第一批执纪执法指导性案例，其中第一个是"贺某在新冠疫情防控工作中搞形式主义、官僚主义问题案"，此案中，贺某受到党内警告处分。但是，贺某的形式主义、官僚主义行为，从性质上看也是一种玩忽职守违纪行为。

3. 本案所反映出的工作不落实、不扎实、不切实风气的解决思路

习近平同志在 2006 年 1 月 13 日浙江省纪委第九次全会上的讲话，重点论述了"干在实处"："现在一些地方形式主义严重，浮躁风气盛行。有的干部作风飘浮，不深入实际，不了解实情，习惯于做表面文章，空喊口号，说大话套话，不干实事；有的地方平庸懒散的作风突出，不思进取，不敢创新，怕担风险、怕负责任，工作标准不高，工作要求不严；有的热衷于沽名钓誉，哗众取宠，应付上级，应付群众；有的好大喜功、急功近利，不按客观规律办事；有的报喜不报忧，掩盖矛盾和问题，以致酿成恶果。现在发生的一些严重的突发性事件和群体性事件，其中一个重要原因，是由于工作不落实、不扎实、不切实。"形式主义和浮躁风气必须下大力气纠正，听之任之就是玩忽职守，一定会出乱子，甚至出大乱子。

全面建成小康社会靠的是实干，中国式现代化也要靠实干，中华民族伟大复兴还要靠实干。要"干在实处"，必须狠抓落实，抓而不紧，等于不抓，

抓而不实，等于白抓；必须处理好干在实处与干在虚处、干在难处、干在巧处的关系。

首先，坚持干在实处，反对干在虚处。实践证明，公职人员一旦崇尚拜金主义、享乐主义和极端个人主义，虚功就会增多，形式主义就会抬头，就会无视百姓疾苦，"老爷心态"日盛一日，与百姓的心理距离也会变远。工作虚化的表现就像在墙上敲钉子，"钉不到点上，钉子就要打歪；钉到了点上，只钉一两下，钉子就会掉下来；钉了三四下，过不久钉子仍会松动"。不钉个七八下，之前的工作就会变成虚功。实实在在的功绩，必须是经得起实践、人民、历史检验的实绩，蛮干、胡干、瞎干虽然也是干，但会适得其反。不能随便抓一下，胡乱敲一敲，浅尝辄止、朝三暮四、虎头蛇尾。"牡丹花好空入目，枣花虽小结实成"，成果小不怕，就怕弄出些虚假的成果，劳民伤财不说，往往会坏了风气，拉了倒车。群众的眼睛是雪亮的，乐民之乐者，民亦乐其乐；忧民之忧者，民亦忧其忧。

其次，坚持干在实处，不怕干在难处。万事开头难，天下大事必做于细，天下难事必做于易，先易后难，由易变难，这既是干事的程序，也是经验积累的过程。"为官避事平生耻"，不能因为难而打退堂鼓，不能因为难而畏首畏尾，停步不前。"难处"就是最需要下大力气去抓的"实处"。新时代总有新难题，我们必须迎着时代的难题，着手于难处，直面荆棘，拆掉藩篱，踏过坡坎，经历纷争，清扫前进路上的绊脚石，让"难处"变成"易处"。

最后，坚持干在实处，用心干在巧处。巧干而不蛮干、想干而不乱干是习近平总书记和党中央的一贯主张。这里的"巧"，不是指"投机取巧"，而是指有技术含量、高效务实、不劳民伤财的巧。要想"巧"，就必须"当好小学生"，沉到底，摸情况，听民意，集民智，聚民力，省略不得，马虎不得。当年习近平同志在河北正定、福建宁德、浙江披荆斩棘做调研，调查研究的过程就是科学决策的过程。调查只有躬身向下，甘做小学生，向群众讨教，汲取智慧，才能作出接地气的正确决策。有了调研的"求深、求实、求细、求准"，才能有实干的求"巧"和求"效"。不能"情况不明决心大，心中无数点子多"，必须是真调研，调出问题、研出本质，调进骨髓、研出未来，这就是干在"巧"处的窍门。

五、问题拓展讨论

附录：钟某被指控玩忽职守宣告无罪案

钟某，曾用名钟某某，男，生于 1980 年，系某镇司法所工作人员，因涉嫌玩忽职守罪，于 2014 年 12 月 3 日取保候审。

公诉机关区检察院指控：被告人钟某身为国家机关工作人员，在 2014 年 7 月担任某镇司法所工作人员之后，不认真履行对辖区矫正人员的监管职责，致使矫正人员张某（假释人员）长期脱管，并于脱管期间再次抢劫、杀人犯罪，造成 1 人死亡的严重后果。钟某行为已触犯《刑法》第三百九十七条之规定，犯罪事实清楚，证据确实、充分，应当以玩忽职守罪追究其刑事责任。特提起公诉，请依法判处。

被告人钟某的辩解意见为：

"我是可以拒绝做司法所工作的。我是 2014 年 7 月底 8 月初到司法所的，没有书面的交接手续，只移交了资料，前任司法人员没有跟我说过张某这个人。我组织两次社区矫正劳动，张某没有参加，我与他联系过一次，没联系上他，可能有半个月到一个月时间，我不知道该怎么做，也没有向领导报告。后来听说张某杀人了，领导安排我做了一些完善社区矫正的档案资料，我根据上头安排补了一个走访调查笔录和处罚决定书，把走访调查笔录时间签到了张某出事之前。我做工作不熟悉，只能边学边做，可以说对我的工作尽到了职责，并且我还有近十项工作要做，我在 7 月至 9 月任办公室主任，主要负责网站、文化、禁毒的工作，要做文化站的节目准备，还有信访维稳，去北京接上访者，两个月去了两次。我的主要职责不是司法人员，是综治办主任，我也没有法律执业资格证，没学习过法律，只是暂代这项工作，请求宣告我无罪。"

辩护人的辩护意见为：

1. 被告人钟某犯玩忽职守罪罪名不能成立。

2. 被告人钟某不符合本案中玩忽职守罪犯罪的主体身份。钟某系 2013 年 4 月从武警部队安置到某镇政府的工勤人员，其履职政府安排的综治、信访、维稳、防邪、禁毒、文化、政府网络、保密等多项工作。2014 年 7 月中旬，镇政府某领导口头安排钟某兼职司法所工作。按规定，司法所是司法局的派出机构，所长实行任命制，且需具有法律专业学历，司法所应当配备

3 名以上人员，其中 1 人应为政法专项编制人员。被告人钟某既不是被聘请的镇司法所司法助理员，也未参加区司法局组织的法律专业知识培训，更未被任命为镇司法所所长。钟某工作职责的增加、身份的变动，镇党委、政府并未经集体研究作出书面决定或任命，也未报告司法局，导致镇司法所 2014 年 7 月以后工作人员不明、司法所所长缺位、职责分工不清。钟某在 2014 年 7 月后不具有社区矫正人员监管职责的法定身份，不具备本案中玩忽职守罪的犯罪主体身份。

3. 被告人钟某无玩忽职守行为。钟某身负多项工作，即使其按领导个人意见从 7 月中旬兼任司法所工作至被矫正人员张某重新犯罪也只有 70 天左右时间，除去文化节目编排 20 天、劝返上访人员 11 天、调解维稳 10 余天、创建和其他工作 7 天、法定假日 16 天后，仅剩余 7 天左右时间，而这段时间里该镇被矫正人员达 11 人，客观上不可能完成社区矫正工作，并非被告人钟某不认真履职。

4. 被矫正人员张某的重新犯罪与社区矫正人员履职行为之间不具有刑法意义上的因果关系。矫正工作的认真全面并不必然阻止被矫正人员犯罪动机的产生和危害结果的发生。

5. 据《四川省社会矫正实施细则（试行）》第十九条四项二款规定："监狱、看守所拟对罪犯提请假释，暂予监外执行的，应当委托县级社区矫正机构进行调查评估。"而被矫正人员张某虽籍贯为本地人，但其全家已于 1999 年到山西、山东等地打工，长期居住省外，张某家房屋已于地震中倒塌，无法居住。监狱没有委托区司法局对其调查评估，张某的居住地不应再是本地。山东省某某市中级人民法院的（2013）×刑执字第 4504 号刑事裁定书中称，已经对张某在假释后所居住社区影响调查评估，可对其适用社区矫正的言辞纯属子虚乌有。而张某在原任司法所所长任职期间长期脱管，其自 2014 年 1 月 25 日释放后至 5 月初才到司法所报到，5 月至 7 月其已脱管，其在 2014 年 7 月之前就应当依法收监。连负有监管职责的人民检察院也在这半年之久的时间里未派员到镇司法所实地检查监督。综上，被告人钟某不构成玩忽职守罪。

经审理查明，被告人钟某系镇政府工作人员，经该镇党委会议决定于 2014 年 7 月起代管该镇司法所工作。被告人钟某接手该工作后，被告知司法所需负责辖区内的社区矫正工作，对社区矫正人员要进行监督管理和教育帮助。2014 年 8 月，被告人钟某依照档案资料联系社区矫正人员，发现处于假释期间的社区矫正人员张某的常用电话号码联系不上，钟某便没有再拨打张某的手机定位电话，也没有按规定对张某家进行调查走访，也没有将该情况及时汇报给区司法局，而是放任张某于假释期间脱离监管的状况持续。2014年10月4日，张某因涉嫌抢劫罪、故意杀人罪被检察院批准逮捕后，被告人钟某才得知张某下落。在向司法局工作人员汇报后，钟某补充了一份申请给予张某的警告处分材料，并将申请的落款时间写为2014年7月18日。

法院认为，被告人钟某的行为不构成玩忽职守罪。辩护人关于被告人钟某不符合本案中玩忽职守罪犯罪的主体身份的辩护意见，法院不予采纳。被告人钟某虽无司法执法资格承担司法所工作，也无司法局的任命，但鉴于司法局未派驻符合条件的工作人员进该司法所，镇政府作为协助管理的部门，镇党委会决定让钟某处理司法所工作事宜，钟某因该组织任命成为有权处理司法所工作事宜的国家工作人员，且该司法所实际仅有钟某一人处理相关工作，钟某已符合玩忽职守罪的主体身份。辩护人关于被告人钟某没有玩忽职守行为的辩护意见，法院不予采纳。

被告人钟某日常工作繁杂不是其不认真履行职务的理由，工作繁杂可以有多种途径解决问题，如及时向上级汇报，请求增加人手，也可以自行加班，还可以明确拒绝安排的工作任务等，但不能不做自己已明确表示愿意承担的工作。辩护人认为，被矫正人员张某的重新犯罪与社区矫正人员履职行为之间不具有刑法意义上的因果关系、矫正工作的认真全面并不必然阻止被矫正人员犯罪动机的产生和危害结果的发生，该辩护意见法院不予采纳。玩忽职守行为在主观方面由过失构成，钟某作为一名成年人，应当知道自己在职守中马虎从事对待自己的职责，可能会发生一定的社会危害结果，但其疏忽大意而没有预见，或是虽然已经预见但凭借其经验而轻信可以避免，以致发生被矫正人员脱管的危害后果。刑法中的因果关系是指危害行为与危害结果之间引起与被引起的关系。本案中，被告人钟某玩忽职守的行为导致的是被矫正人员张某脱管的后果，而不是辩护人所认为的被矫正人员张某涉嫌抢劫杀人的后果，即无论张某是否重新犯罪，其都因钟某未认真履职而脱离管控。社区矫正工作的认真全面的确不必然阻止被矫正人员犯罪动机的产生和危害结果，但该项工作的目的在于对被矫正人员进行监督管理，使被矫正人员从心理上受到教育和矫正、从行为上受到约束和管理。而钟某不认真履行职责的行为，使矫正人员张某的日常行为没有受到约束和管理，也没有从心理上受到教育和矫正，从而放任了其再次犯罪的可能性。

对公诉机关指控被告人钟某犯玩忽职守罪法院不予支持的原因为，虽然钟某不认真履职的行为与张某脱管之间有因果关系，但被监管人员再次涉嫌严重犯罪的最主要因素在于该人员独立意识出现问题，该独立意识是一种畸形的、不正常的意识，其自身主观恶性大到足以割裂社区矫正工作对其再犯罪的约束，故钟某的行为与张某重新犯罪的行为之间联系过于薄弱，情节显著轻微，可不认为是犯罪。

法院一审判决被告人钟某无罪。

一审宣判后，区人民检察院抗诉。抗诉机关认为，该判决认定事实错误，适用法律不当，理由如下：

首先，刑法对玩忽职守罪的构成规定了三个要件：一是行为主体必须是国家机关工作人员；二是有玩忽职守的行为；三是致使公共财产、国家和人民利益遭受重大损失。对前两个要素，一审判决与起诉书认定一致。而对第三个要素，司法解释中对"重大损失"规定了9种情形，钟某玩忽职守的行为导致1人死亡的结果发生，符合第一种规定。而一审法院认为"被监管人员再次涉嫌严重犯罪的最主要因素在于该人员独立意识出现问题，该独立意识是一种畸形的、不正常的意识，其自身主观恶性大到足以割裂社区矫正工作对其再犯罪的约束，故钟某的行为与张某重新犯罪的行为之间联系过于薄弱，情节显著轻微，可不认为是犯罪"。一审法院的这一认定与事实不符，于法无据。本案中，钟某怠于履行职责，导致张某脱管，后张某实施了抢劫、杀人的行为，并致1人死亡。上述事实均有确实、充分的证据证实，且已形成锁链。一审法院判决钟某无罪，一方面认为钟某不认真履职的行为与张某的脱管具有因果关系，另一方面认为脱管所造成的后果不属于"重大损失"的范畴，钟某对之后发生的张某致人死亡的犯罪结果没有因果关系。故一审判决明显割裂了钟某怠于履职行为与张某脱管后造成的严重后果之间的紧密联系，系典型的事实认识性错误。

其次，从法理上分析，渎职犯罪中引起危害结果的原因包括引发结果的直接原因和作为渎职行为的间接原因，二者构成了此类案件导致危害结果发生的完整因果关系链。而渎职行为之所以也被视为原因的组成部分，是因为渎职犯罪的核心是"公务职责"，该职责行为本身不会直接导致后果的发生，但正确履职却是避免危害结果发生或降低其发生概率的重要屏障。因此，在法律意义上，渎职因为使职务行为丧失了这种秩序维护、风险防范功能而被视为危害结果发生的原因。本案中，钟某怠于履职的行为与张某实施抢劫、杀人致1人死亡的后果具有直接相关性，钟某的客观行为系不作为的玩忽职守行为，其作为义务来源于相应的公务职责的要求。当钟某怠于履职的行为发生时，其失职行为在法律意义上侵害了法律所保护的相应法益，具有严重的社会危害性，构成犯罪，应当受到刑法的处罚。

因此，钟某身为国家机关工作人员，在本职工作中疏于履职，对本应遵循的规定没有遵循，对本应防范的风险没有防范，最终导致张某实施犯罪行为致1人死亡，其疏于履职的行为与危害结果之间构成刑法上的因果关系。

综上所述，抗诉机关认为一审判决认定事实错误，适用法律不当，致错误判决钟某无罪。为维护司法公正，准确惩治犯罪，依照《刑事诉讼法》第二百一十七条的规定，特提出抗诉，请依法判处。

钟某及其辩护人的辩护意见与一审一致。

二审法院审理意见与一审法院一致。驳回抗诉，维持原判。终审裁定。

问题1：如何分析检察院的抗诉理由？

问题2：本案中的钟某经一审、二审判决无罪，请问钟某是否有玩忽职守的行为？对这一行为是否需要给予党纪、政务处分？

👍 六、阅读文献推荐

1. 公丕祥：《深刻领悟"正确的权力观"重要论述的丰富内涵》，《中国社会科学报》2023年4月26日第001版。

2. 国家法官学院、最高人民法院司法案例研究院：《中国法院2022年度案例·刑事案例四》，中国法制出版社，2022年。

3. 《刑法学》编写组：《刑法学（下册·各论）》，高等教育出版社，2018年。

4. 张明楷：《刑法学：下册》（第六版），法律出版社，2021年。

5. 陈兴良：《判例刑法学：下卷》（第二版），中国人民大学出版社，2017年。

6. 王晓东：《贪污贿赂、渎职犯罪司法实务疑难问题解析》，人民法院出版社，2020年。

7. 冀洋：《职务犯罪案例解析》，东南大学出版社，2019年。

8. 陈建勇、曾群、彭恋：《渎职犯罪案例与实务》，清华大学出版社，2017年。

第四节　徇私舞弊罪

徇私舞弊犯罪规定于刑法分则渎职犯罪一章中，本章罪名主要包括滥用职权罪、玩忽职守罪、徇私枉法罪等。这里着重分析以国家司法机关工作人员为行为主体的徇私枉法罪。徇私枉法罪作为渎职犯罪中的高发罪名，专门针对司法工作人员在刑事追诉和刑事裁判过程中实施的破坏司法公正行为而设立，旨在规范司法工作人员的职务行为，实现司法公正。

⚠ 一、知识点提要

1. 徇私枉法罪的定义

根据《刑法》第三百九十九条第一款的规定，徇私枉法罪是指司法工作人员徇私枉法、徇情枉法，对明知是无罪的人而使其受追诉，对明知是有罪的人故意包庇而使其不受追诉，或者在刑事审判活动中故意违背事实和法律做枉法裁判的行为。

2. 徇私枉法罪的主体

徇私枉法罪的主体是国家司法机关工作人员，指担任侦查、检察、审判、监管职责的司法工作人员。其中，侦查人员主要是指对刑事案件行使侦查权的专门机关的人员；检察人员主要是指检察员和负有检察职责的人员；审判人员是在人民法院行使审判权的工作人员的总称；监管人员主要是指在监狱及其他劳动改造场所承担监管和改造犯罪嫌疑人、被告人、罪犯职责的工作人员。例如监察机关中负责调查职务犯罪的人员，以及海关中负责侦查走私犯罪的人员都属于本罪的主体。需要注意的是，公安机关的工作人员在某些情况下也可作为徇私枉法罪的适格主体。公安机关在承担行政职能的同时，也承担着重要的司法职能，如刑事侦查等。因此，公安机关本身属于行政机关，但对于公安机关的工作人员，不能一概认为是行政工作人员。当其履行与刑事诉讼活动（司法活动）有关的公务活动时，即成为司法工作人员。公安机关本身的性质与公安机关内部工作人员的性质分属两个不同的概念，公安机关的工作人员是否成为徇私枉法罪的主体，需要依据其所履行的岗位职责和从事的公务活动性质进行具体分析。此外，根据2007年5月17日公安部印发的《公安派出所正规化建设规范》第二条关于公安派出所的主要职责第六项的规定，基层派出所可以办理辖区发生的因果关系明显、案情简单、一般无需专业技术侦查手段和跨县、市进行侦查的案件，并协助侦查部门侦破其他案件。据此，基层派出所具有办理简单刑事案件的职责。那么，在履行刑事案件侦办职责的过程中，基层派出所的所长、普通民警乃至其他工作人员均属于司法工作人员，也可以成为徇私枉法罪的适格主体。

3. 徇私枉法罪的一般表现形式

《刑法》第三百九十九条第一款规定了徇私枉法罪的三种表现形式：第一种是对明知是无罪的人而使他受追诉，即做不利于被告人的司法活动；第二种是对明知是有罪的人而故意包庇不使他受追诉，即作有利于被告人的司法活动；第三种是在刑事审判活动中故意违背事实和法律做枉法裁判的行为。具体包括不立案、不侦查、不起诉、不审判、裁定无罪等。其中，不侦查的主要表现有：（1）立案后，应当采取强制措施而不采取强制措施。（2）虽然采取强制措施，但通过下列行为导致犯罪嫌疑人、被告人实际脱离司法机关的侦查控制：无正当理由中断侦查；超过法定期限不采取任何措施，实际放任不管；违法撤销、变更强制措施。（3）故意不收集有罪证据，导致相关有罪证据灭失，无法定罪。

📋 二、主讲案例介绍

谭某某，男，从警 10 年，某区公安局刑事侦查支队某片区大队副大队长。

2015 年 2 月 25 日，谭某某接警一起非法持有枪支刑事案件，从报案信息中得知，持枪人是其认识的活跃在打猎圈的沈某某等人。因案发地偏远，经谭某某联系协助后，当地派出所民警截获返程中的冯某某、沈某某、彭某某、郭某甲共 4 人两车并带至派出所。谭某某带领大队案侦组民警赶到后，连人带车带回刑事侦查支队调查，从郭某甲车上查获内装 7 支枪、60 发子弹的 3 个渔具包，从沈某某车上查获打猎所用迷彩服等物。期间，闻讯其 1 支枪被查获的杨某甲来到刑事侦查支队，谭某某安排民警记下其手机号后让其离开。随后谭某某带领案侦组民警对冯某某等 4 人讯问，冯某某供述上述 7 支枪系自己所有，沈某某 3 人否认持有枪支。次日，冯某某被刑事拘留，沈某某 3 人被释放。

2015 年 3 月 2 日，谭某某安排两名民警到看守所提讯冯某某，冯某某翻供，供述仅持有 1 支枪，其余 6 支枪系沈某某及沈某某的朋友存放己处。谭某某得知这一情况后，未就枪支持有问题开展进一步调查，仅简单询问了沈某某，并将冯某某翻供的情况告诉沈某某，让沈某某将枪支的真正所有人带来自首。3 月 6 日，沈某某贿买郭某乙至刑事侦查支队投案，经初步调查，谭某某怀疑其不是枪支持有人，但未进一步调查核实便让郭某乙离开。3 月 7 日、3 月 9 日，沈某某等人陆续贿买唐某某、石某某、杨某乙、赵某甲、王某甲、王某乙共 6 人至刑事侦查支队投案，谭某某带领案侦组民警对唐某某等 6 人讯问后立案，并均采取取保候审的强制措施。

2015 年 3 月 5 日，谭某某安排案侦组民警向区公安局法制科申请对冯某某取保候审，法制科以冯某某持枪数量大，取保候审不适为由未批准。其后，区公安局将冯某某涉嫌非法持有枪支罪移送区检察院提请批准逮捕。3 月 10 日，谭某某到看守所核问冯某某后怀疑唐某某等 6 人在替他人顶罪，却仍然将唐某某等 6 人的基本信息告知冯某某，并叮嘱冯某某记住这 6 人，以便此后均照此供述。3 月 11 日，谭某某安排两名民警到看守所提讯冯某某，冯某某按谭某某所说供述查获的 7 支枪中其余 6 支枪系唐某某等 6 人所有，民警记入询问笔录，后谭某某将此笔录和自己书写的一份申请对冯某某取保候审的说明递交区检察院。3 月 12 日，区检察院对冯某某作出不批准逮捕的决定；同日，区公安局决定对冯某某取保候审，随后谭某某安排冯某某对唐某某等 6 人的照片进行辨认，在冯某某无法辨认出非当地人赵某甲、杨某乙时，谭某某指着照片提示，后冯某某便指认唐某某等 6 人系该案其余 6 支枪的所有人。3 月 16 日，谭某某安排民警再次讯问冯某某稳固供述，随后联系沈某某等人提供能够证实唐某某等 6 人系枪支持有人的相关证人。之后，唐某某等 6 人分别找到林某某、夏某某、杨某丙、李某甲、王某丙、张某某共 6 人做证，谭某某安排民警对 6 名证人制作询问笔录。

2015 年 3 月 26 日，区公安局将唐某某等 6 人和冯某某以涉嫌非法持有枪支罪移送区检察院审查起诉，区检察院提起公诉后，区法院于 6 月 3 日以非法持有枪支罪判处冯某某有期徒刑 3 年 6 个月，判处唐某某等 6 人 7 至 9 个月不等有期徒刑，并对唐某某等 6 人均宣告缓刑 1 年。冯某某上诉后，中级人民法院于 7 月 13 日维持原判。

2015 年 7 月 26 日，区公安局复查，分别以涉嫌非法持有枪支罪、妨害做证罪对其余 6 支枪真正持有人沈某某、彭某某、郭某甲、杨某甲、赵某乙、李某乙共 6 人立案侦查，以涉嫌包庇罪对唐某某等 6 人和冯某某立案侦查，以涉嫌伪证罪对林某某等 6 人立案侦查，将谭某某徇私枉法犯罪线索移交区检察院。2016 年 3 月 8 日，中级人民法院将唐某某等 6 人和冯某某非法持有枪支案发回重审，区法院将区检察院提起公诉的包庇案并案审理。

三、案件争点

控辩双方对谭某某是构成徇私枉法罪还是滥用职权罪，以及是否认定情节严重的问题存在重大分歧。根据控辩意见，结合案情，归纳争议焦点如下：

第一，对行为对象"明知"而故意枉法的认定问题。

对徇私枉法"明知"的认定，在无解释的情况下，要从全案的事实及具体情节来把握。需结合行为人在办案过程中所起的作用和动机、行为人的认知能力、接触案件线索材料和行为对象的情况、各个诉讼环节掌握的案件事实及案件进展情况等案件的具体情节来综合把握。在行为人供述和辩解不知道、不确定、怀疑等有模棱两可意义的字眼时，需充分考虑其主客观因素和阻却事由。如果行为人有证据甚至有合理解释证实自己确实不知道行为对象是否有罪时，则推定行为人明知的结论不成立，以确保主客观相统一。徇私枉法罪的立法本意是故意犯罪，条文中用"故意"二字重申，该罪中的"明知"就要重视排除过失的心理状态，对行为人因业务水平不高、认识错误、办案能力不强、经验不足等原因枉法的，就不能定性为徇私枉法罪。

本案中，谭某某对唐某某等 6 人系无罪的人与对沈某某等人系有罪的人的认识程度实际是内心确定的事实，达到明知程度。谭某某在主导侦办冯某某等人非法持有枪支案件中，对有证据证实有犯罪事实的沈某某放弃查证，向沈某某传递冯某某翻供的案件信息，还先后联系沈某某找来持枪人、证人，对沈某某带来的明知是无证据证实有犯罪事实的唐某某等 6 人进行立案和采取强制措施后，严重违反有关讯问、辨认、询问等法律规定，制作了虚假的讯问、辨认、询问材料。从案情中反映出来的谭某某的行为及作用看，谭某某对唐某某等 6 人系无罪的人的明知程度比沈某某等人系有罪的人的明知程度要高。

第二，对"徇私"或"徇情"的认定问题。

关于徇私、徇情的含义，《刑法》无规定，最高人民检察院关于立案追诉标准的司法解释亦未有释义，但是在原徇私舞弊罪被修改、分解为徇私枉法罪等多个罪名之前，公布过《关于办理徇私舞弊犯罪案件适用法律若干问题的解释》（以下简称《徇私舞弊案件适用法律解释》），其中第一条对徇私舞弊罪的"徇私"作出过"为贪图钱财、袒护亲友、泄愤报复或其他私情私利"的释义，后该解释虽因1979年《刑法》被修改而废止，但仍是目前学术界对徇私、徇情进行定义的原型。"徇私"就是徇私利，以案谋私、贪图金钱、钱权交易，包括徇财产性利益和徇非财产性利益（例如职务升迁）等；"徇情"就是徇私情，泄愤报复、袒护亲友，照顾亲情、友情及其他复杂人情世故等私情。需要注意的是，随着社会的发展与进步，以及复杂的经济脉络和人际关系，"利"和"情"的内容更加丰富，其内涵和外延越来越宽泛，有些内容的隐蔽性、私密性也变得越来越强。当非财产性私利的内容与某些隐秘私情的内容有交集时，很难将二者区分开来，这也促使司法者要用发展的眼光去认识其本质，例如感谢帮助类、期待利益类、"意思意思"类等私情。司法者不能再用贪图钱财、袒护人情类的浅显词义来表达，需要根据社会生活的发展、人们增长的物质精神需求、客观存在的社会不良现象并结合案件的具体情况进行分析和掌握。尽管从理论上看"徇私"似乎只是为了个人的利益，但是从司法实践中的情况来看，"徇私""徇情"不仅仅包括司法工作人员为个人之私情、私利，还包括为了单位、集体的利益而枉法行事的行为。从"为单位谋福利"的意图出发，为了谋求单位、集体的不正当利益而实施枉法行为的，在本质上是为了小团体利益而损害集体利益的小团体主义，完全可以按徇私枉法罪来追究其刑事责任。

本案中，谭某某的动机有：办案任务重，急于破案，为完成打击任务。分析该动机，未查实有徇私舞弊犯罪活动中常见又易于理解的收受金钱、接受吃请的徇私，也未查实有报复陷害、包庇亲友的徇情，即未发现存在有办金钱案、关系案、人情案的情况，很难有客观证据界定其动机的性质是否徇私。但是在某些地方存在一种社会现象，为了激励和创新机制，突出工作业绩，上级对下级、本级对内部的各部门和小单元研究、制定了一套工作计划甚至目标任务，从而考察甚至下达一定的任务数作为晋升、奖励等的参考依据。谭某某的动机属于主观方面的内容，主要依靠其供述和辩解。结合其任职情况，谭某某供述的上述动机是有一定理由的，也没有其他事实证据得出其他结论来排除其合理性。依据前面对徇私、徇情常指徇个人之私但也不排除徇单位、集体之私的分析结果，得出的结论是：谭某某的动机是徇私，而且是徇个人之私。

第三，对"情节严重"的认定问题。

"情节严重"是一个抽象性、综合性兼具概括性描述犯罪行为严重程度的法律术语，是对行为人实施犯罪活动所运用手段或方法、行为的恶劣程度、所造成的社会危害程度及行为人的主观恶性程度的一种总体评价。情节恶劣或情节严重具体分两种情形，一种是作为某些特定犯罪的入罪条件，一种则是作为犯罪的加重情节和法定刑的升档条件。其区别在于：前者是犯罪构成的定量因素，是构罪与不构罪的划分标准，即性质上属于犯罪情节，影响定罪；后者是在已经构成犯罪的基础上，说明和影响犯罪的法益损害程度的各种事实情况，不影响定罪，但影响量刑。

结合徇私枉法罪案件一般情节的特征，下列情形因超出了该罪的一般情节，都有可能被考虑为情节严重：（1）多次进行枉法追诉、枉法裁判、包庇的；（2）枉法追诉、枉法裁判、包庇的人数较多的；（3）枉法裁判的对象被适用了较重的刑罚或者较长的羁押期限，使当事人的人身权利、财产权利、民主权利遭受严重损害的；（4）包庇的对象是重大犯罪分子的；（5）包庇的对象长期脱离侦控、未受到追诉而又再次实施犯罪的；（6）枉法行为手段极其恶劣或者造成被追诉人或其近亲属精神失常、自残、自杀、重伤、死亡等严重社会影响等。再根据枉法的次数、枉纵的人数、羁押期限时长、适用刑罚高低等是否多与特别多、长与特别长、严重与特别严重的界定来量化区分情节严重和情节特别严重。

本案中，谭某某徇私枉法案造成唐某某等6名无罪的人受到刑事责任追究并被判处刑罚，而沈某某等人却逃避了刑事追诉。该案枉纵人数众多，包庇的人又实施了妨害做证的犯罪活动，显然符合情节严重的通常认识标准。被错误追诉的6名无罪的人被判处了较轻的刑罚。根据2006年《渎职侵权案件立案标准规定》，采取伪造、隐匿、毁灭证据或者其他隐瞒事实、违反法律的手段属于徇私枉法罪的基本情节内容，而制作虚假材料即弄虚造假其实质也应是包括在这个基本情节之内，符合《渎职侵权重特大标准试行》的规定。再看其他综合情节方面，谭某某在侦查案件过程中无刑讯逼供、暴力取证等行为，加之徇私枉法犯罪和与之相关的犯罪活动及涉案人员均被及时地发现和作出相关处理，舆情控制得当，并未造成大面积的社会影响。总体上，谭某某的枉法行为在人数、后果等方面超出了一般情节范围，符合情节严重的普通认识标准，但因《渎职侵权重特大标准试行》对渎职侵权案件有参考作用且未被明确为失效，因此结论是：不宜认定情节严重。

综而述之，谭某某作为国家司法机关工作人员，接受他人请托，帮助犯罪嫌疑人伪造虚假材料，致使他人将该虚假材料作为犯罪嫌疑人立功证据逃避刑罚，侵害了司法机关的正常工作秩序（违反正常的司法程序行事）和司法工作人员职务行为的廉洁性（不可收买性），应以徇私枉法罪追究其刑事责任。

四、课程思政解读

本案涉及三个课程思政元素：一是从中华优秀传统法律文化维度考察本案中提及的徇私枉法罪沿革；二是如何判断罪与非罪的界限；三是分析从本案中能获得什么样的警示意义。

1. 从中华优秀传统法律文化维度考察本案中提及的徇私枉法罪沿革

韩非子提出过"明主治吏不治民"的理论主张。历代统治者都非常重视吏治，把官吏的职务犯罪纳入法律规范之中，并不断加以完善，以减少吏弊，维护权威，巩固政权。"国家之败，由官邪也。"无论是先秦，还是秦汉、唐宋、明清，严惩官吏的徇私枉法等渎职行为，已经成为历朝历代的"必修课"。新中国成立以来，我国刑法几经修改，最终在第三百九十九条第一款规定了徇私枉法罪。该罪的雏形源于1979年《刑法》的第一百八十八条，即徇私舞弊罪，它主要强调在刑事活动中司法人员徇私舞弊的行为，对于民事、行政活动中的徇私舞弊行为是否包含在本罪中未作出明确的规定。1986年3月，最高人民检察院颁布的《最高人民检察院关于检察院直接受理的法纪检察案件立案标准的规定（试行）》第十四条中对徇私舞弊罪的内涵进行了扩充，将国家工作人员利用职务便利窝藏、包庇严重破坏经济的犯罪分子，掩饰、隐瞒其犯罪行为的行为也包含在徇私舞弊罪中，重点强调对涉及经济领域犯罪面的打击。1996年6月，最高人民检察院印发的《关于办理徇私舞弊犯罪案件适用法律若干问题的解释》在之前的基础上对具体的行为方式进行了细化的规定，并将民事、经济、行政案件中的徇私舞弊行为用本罪进行约束。直至1997年《刑法》才将1979年《刑法》第一百八十八条加以修改，成为现行《刑法》第三百九十九条的内容。它删去了原法条中"故意颠倒黑白作枉法裁判的"等模糊化的表述，采用了更专业化的术语，对具体的方式进行了规定，并明确将在民事、行政审判中的枉法裁判行为作为犯罪处理，将其作为《刑法》第三百九十九条第二款，同时增加司法工作人员贪赃枉法同时触犯受贿罪时应如何处理作为本罪的第三款，但对于执行过程中的枉法行为未作出约束。2002 年 12 月 8 日颁布的《刑法修正案（四）》明确将执行判决、裁定过程中的枉法行为视为犯罪处理，将其称为执行判决、裁定失职罪，以及执行判决、裁定滥用职权罪，作为《刑法》第三百九十九条第三款。随后在 2006 年 6 月 29 日通过的《刑法修正案（六）》中规定了枉法仲裁罪，至此，完整构成了我国《刑法》第三百九十九条的内容。由此可见，刑法对于徇私枉法罪的刑罚越来越严密，同时也越来越严厉，体现了依法打击司法工作人员渎职犯罪的决心。

2. 厘清本案中谭某某徇私枉法的特点，准确判断罪与非罪的界限

要认定是否构成某一罪名，必须是行为人实施的行为满足了刑法分则对该罪所规定的所有犯罪构成要件。具体到徇私枉法罪，是指行为人的行为满足《刑法》第三百九十九条第一款所规定的所有条件，也就是具有主体适格、出于故意、"徇私、徇情"的动机，符合该款的客观行为表现等才可以构成本罪。是否构成本罪，首先就是看行为人主观上是否出于徇私、徇情的动机和枉法的故意。要注意把本罪同司法工作中存在的失误区别开来。行为人主观上不是出于徇私、徇情的动机，而往往是由于工作能力、水平不高或者工作马虎、不认真，对案情、证据没有进行全面了解、调查、认定，或对某一问题的理解有偏差而造成错捕、错判的，一般不以犯罪论处。其次，要审查是否属于《刑法》第十三条规定的"情节显著轻微危害不大的，不认为是犯罪"的情况，即注意把本罪同一般的碍于熟人关系而轻微违反法定程序的行为区别开来。在刑事诉讼进程中，有的司法工作人员难免会陷入人情的纠葛，在案件处理和工作流程中的某个环节，会因感情的偏向而做出对案件当事人有利或不利的决定。但是从总体上来说，只要不是严重影响刑事诉讼活动的正常开展和对案件的最终定性，则一般认为是工作中出现的失误，不必按本罪论处。另外，由于隶属关系，自己不得不执行上级的错误决定、命令，造成错判的，如果不具有共同故意和行为表现，也不能以本罪论。

3. 由本案获得的警示意义

我国的社会结构以熟人社会为主，社会生活的各个方面都离不开一个"情"字，"人情""情分""情谊"便成了一个人安身立命的最好法宝。然而，一旦把"交情""交易"带到司法领域，所造成的影响恐怕就只能是负面的了。江泽民同志曾指出："历史事实说明，吏治上的腐败，司法上的腐败，是最大的腐败，是滋生和助长其他腐败的重要根源。"司法腐败是影响

我国社会和谐稳定的一个毒瘤，徇私枉法罪便是其中的一个典型。

司法是主持社会公平与正义的最后一道防线，司法工作人员徇私、徇情而执法不公必将导致司法腐败的产生。它直接危害到司法机关的正常活动，降低司法机关的信誉，使司法公信力受到严重危害。培根曾说过："一次不公的裁判比多次不平的举动为祸尤烈。因为这些不平的举动不过弄脏了水流，而不公的裁判则把水源败坏了。"本案给我们提供了重要的反面教材，警示司法工作人员不能为了个人利益放弃法律原则和职业道德，应该始终保持公正、廉洁、正直的工作态度。与此同时，也促使我们建立更加透明、公正的司法制度，加强司法改革，提高司法公正的可信度，为人民群众提供更好的司法服务。

五、问题拓展讨论

附录：程某文徇私枉法案

俞某在与陈某波合作贩卖高考答案过程中发生矛盾，便欲报复陈某波。俞某与王某商议找一名警察说出陈某波发送高考答案作弊的事情，并让其抓捕陈某波，进而一起从中搞钱。王某找到了时任某县公安局某村派出所的干警程某威。2015年6月8日，王某、程某威达成一致意见，当天下午，程某威驾车带着程某文抓获贩卖高考答案的陈某波及何某飞，并将二人带至派出所调查。程某文通过陈某波的供述知道陈某波、何某飞是因贩卖高考答案而被抓的。17时许，程某威和程某文一起将陈某波、何某飞带离派出所，在车上程某威又叫程某文把何某飞带回派出所。在派出所院子里，程某文发短信问程某威如何处置何某飞，程某威说让他走，于是程某文就让何某飞走了，程某文猜想何某飞可能是程某威的线人。之后，程某文与程某威一起将陈某波带至某县臻品酒店陈某波入住的房间并与程某文带陈某波前往陈某鹏住处收缴考生支付的作弊费用4.86万元。后程某威通过好友吾某庐与前来保陈某波的姜某、甘某兵等人交涉后，定下缴纳10万元保证金就放人的意见。程某威收到钱后，将扣押的发送高考答案的设备归还甘某兵，并把陈某波放下车，带着程某文离开。陈某波被释放后，姜某、甘某兵等人一起商谈陈某波被抓的事情，怀疑程某威办假案，并以将事情暴露要挟程某威退钱，后吾某庐遂前往臻品酒店与程某威商议，程某威决定将9.7万元退还给姜某、甘某兵等人。正准备退钱时，某村派出所所长、教导员找到程某威询问陈某波被抓一事，程某威承认了私自抓捕陈某波的事实。

问题1：本案中程某文系某县公安局通过签订劳动合同招录的协警，是否符合徇私枉法罪的主体要件？

问题2：程某文主观上是否明知自己的行为是徇私枉法行为？

👍 六、阅读文献推荐

1. 敬大力：《渎职罪》，中国人民公安大学出版社，2003年。
2. 曲新久：《刑法学》（第四版），中国政法大学出版社，2011年。
3. 张明楷：《刑法学：下册》（第六版），法律出版社，2021年。
4. 刘志高：《司法工作人员渎职犯罪基本问题研究》，上海社会科学院出版社，2008年。
5. 孙应征：《渎职侵权犯罪法律适用研究》，武汉大学出版社，2010年。
6. 朱丽欣：《职务犯罪刑法适用指导》，中国检察出版社，2006年。
7. 周道鸾、张军：《刑法罪名精释》（第四版），人民法院出版社，2013年。

第五节　重大责任事故罪

重大责任事故罪规定在《刑法》危害公共安全第二章节中第一百三十四条第一款，是《刑法》规定的危害生产安全的罪名之一，是责任事故类刑事案件的兜底性条款，在司法实践中较为常见。

⚠ 一、知识点提要

1. 重大责任事故罪的定义

重大责任事故罪，是指在生产、作业中违反有关安全管理的规定，因而发生重大伤亡事故或者造成其他严重后果的行为。

2. 重大责任事故罪的主体

本罪的主体为自然人，犯罪必须达到《刑法》规定的具有刑事年龄和刑事责任能力，从事生产、作业的一般主体，包括对生产作业负有组织指挥或者管理职责的负责人、管理人员、实际控制人、投资人等人员，以及直接从事生产作业的人员，企业的性质并不影响犯罪的成立。2015 年 12 月 14 日，最高人民法院、最高人民检察院发布的《关于办理危害生产安全刑事案件适用法律若干问题的解释》（以下简称《危害生产安全解释》）明确了本罪的犯罪主体均是自然人，而非单位，所以单位不能构成重大责任事故罪。

3. 重大责任事故罪的主观要件

本罪在主观方面表现为过失，这种过失表现在对造成的后果没有预见，或者轻信可以避免。而对违章本身，既可能是无意之中违反，也可能是明知故犯，但均不影响本罪的成立，在量刑时可以作为一个情节予以考虑。如果行为人对危害结果出于故意的心理状态，不构成本罪，可能构成其他危害公共安全的犯罪。

本罪过失的预见能力在认识因素上应当主要参照业务过失标准去考量，以岗位职责、安全准则、规章制度等对行为人业务能力的要求来确定可预见的；意志因素上，两种过失都对重大责任事故的结果保持反对心态，都不希望发生重大伤亡事故或者其他严重后果。如果意志因素表现为听之任之或者放任态度，即重大责任事故的危害结果发生也罢，不发生也罢，主观方面都属于间接故意，不构成本罪，可能构成以危险方法危害公共安全罪。司法实践中，应注意区分违反安全管理规定的主观方面不一定是发生重大责任事故时的态度，不以行为人对相关规章制度是否明知为要求，对违反安全管理规定的行为往往出于故意，并不影响判定行为人在发生重大责任事故时主观方面表现为过失、放任或者已预见轻信能够避免的心态。

4. 重大责任事故罪的客体

本罪侵犯的客体是工厂、矿山、林场、建筑企业或者其他企业、事业单位的生产安全。

5. 重大责任事故罪的一般表现形式

本罪在客观方面表现为在生产和作业过程中违反规章制度，因而发生重大伤亡事故，造成严重后果的行为。重大责任事故罪在客观方面有两种表现形式：

一种表现形式是行为人在生产、作业活动中不服管理、违反规章制度，因而发生重大伤亡事故或者造成其他严重后果的，即一般职工本人直接违反规章制度，造成严重后果的行为。"不服管理"是指企业、事业单位的职工不服从本单位安全生产的要求或者不服从单位领导有关安全方面的工作安排。"违反规章制度"是指违反有关生产安全方面的操作规程、劳动纪律和劳动保护等规定。这里所说的规章制度，不仅指国家发布的各种有关安全生产的法规，以及企业、事业单位及其上级管理机关制定的反映安全生产客观规律并涉及工艺技术、生产操作、技术监督、劳动保护、安全管理等方面的规程、规章、章程、条例、办法和制度等，还包括那些虽无明文规定，但反映了生产、科研、设计、施工中安全操作的客观规律并长期为群众所公认的行之有效的正确的操作习惯与惯例。处于不同岗位的人员违反规章制度的行为往往具有不同的形式。普通职工违反规章制度主要表现为不服管理，不听指挥，不遵守操作规程和工艺设计要求，盲目蛮干，或者擅离岗位。技术人员违反规章制度主要表现为违背科学原理，对设计、配方等应予论证、检验而不进行论证、检验。

另一种表现形式是行为人在生产、作业活动中强令工人违章冒险作业，因而发生重大伤亡事故或者造成其他严重后果的，即有关生产、作业指挥、管理人员利用职权强令职工违章冒险作业。在这种表现形式中，首先是工人不愿听从生产指挥、管理人员的违章冒险作业的命令，其次是生产指挥、管理人员利用自己的职权强迫命令工人在违章的情况下冒险作业，即强迫工人服从其错误的指挥，而工人不得不违章作业。在这种情况下，虽然工人客观上是违章作业，但由于违章作业不是工人本人的意愿，而是被指挥、管理人员强迫去违章作业，因此不能追究被强迫违章作业的工人的刑事责任，而要追究违章指挥人员的刑事责任。

二、主讲案例介绍

2015年6月，某发电公司热电联产项目开工建设。施工中，余某某、双某某为了加快建设进度，在采购设备时，未按湖北省发展和改革委员会关于该项目须公开招投标的要求，自行组织邀请招标。张某某收受无生产资质的重庆某仪表有限公司（以下简称仪表公司）负责人李某某给予的4000元好处费及钓鱼竿等财物，向其采购了质量不合格的"一体焊接式长颈喷嘴"（以下简称喷嘴），安装在2号、3号锅炉高压主蒸汽管道上。项目建成后，余某某、双某某擅自决定试生产。

2016年8月10日凌晨，该发电公司锅炉车间当班员工巡检时发现集中控制室前楼板滴水、2号锅炉高压主蒸汽管道保温层漏气。赵玉某、王某某赶到现场，未发现滴水情况和泄漏点，未进一步探查。8 月 11 日 11 时许，锅炉运行人员发现事故喷嘴附近有泄漏声音且温度比平时高，赵玉某指示当班员工继续加强监控；13 时许，2 号锅炉主蒸汽管道蒸汽泄漏更加明显且伴随高频啸叫声。赵玉某、王某某未按《锅炉安全技术规程》《锅炉运行规程》等规定下达紧急停炉指令；13 时 50 分至 14 时 20 分，叶某某先后三次接到该发电公司生产科副科长和某化工集团生产调度中心调度员电话报告"2 号锅炉主蒸汽管道有泄漏，请求停炉"。叶某某既未到现场处置，也未按规定下达停炉指令；14 时 30 分，叶某某向赵某某报告"蒸汽管道泄漏，电厂要求停炉"，赵某某未按规定下达停炉指令，亦未到现场处置；14 时 49 分，2 号锅炉高压主蒸汽管道上的喷嘴发生爆裂，致使大量高温蒸汽喷入事故区域，造成 22 人死亡、4 人受伤，直接经济损失 2313 万元。

2018 年 8 月 21 日，某市人民法院依据《刑法》第一百三十四条、第一百三十五条、第一百四十六条、第一百四十九条、第三百零七条第二款、第三百九十九条、《危害生产安全解释》第一条和第三条、《最高人民法院关于进一步加强危害生产安全刑事案件审判工作的意见》，以重大劳动安全事故罪分别判处被告人余某某、双某某、张某某有期徒刑 5 年、4 年、5 年；以重大责任事故罪、帮助毁灭证据罪分别判处被告人赵某某有期徒刑 4 年、6 个月，数罪并罚决定执行 4 年 3 个月；以重大责任事故罪分别判处被告人叶某某、赵玉某、王某某有期徒刑 4 年、5 年、4 年。各被告人均未上诉，判决已生效。

三、案件争点

重大责任事故罪与重大劳动安全事故罪如何区分？

《刑法》第一百三十四条规定："在生产、作业中违反有关安全管理的规定，因而发生重大伤亡事故或者造成其他严重后果的，处三年以下有期徒刑或者拘役；情节特别恶劣的，处三年以上七年以下有期徒刑。强令他人违章冒险作业，或者明知存在重大事故隐患而不排除，仍冒险组织作业，因而发生重大伤亡事故或者造成其他严重后果的，处五年以下有期徒刑或者拘役；情节特别恶劣的，处五年以上有期徒刑。

《刑法》第一百三十五条规定：安全生产设施或者安全生产条件不符合国家规定，因而发生重大伤亡事故或者造成其他严重后果的，对直接负责的主管人员和其他直接责任人员，处三年以下有期徒刑或者拘役；情节特别恶劣的，处三年以上七年以下有期徒刑。

重大责任事故罪和重大劳动安全事故罪同属刑法分则第二章危害公共安全罪。重大责任事故罪的主体是对生产、作业负有组织、指挥或者管理职责的负责人、管理人员、实际控制人、投资人等，以及直接从事生产、作业的人员。一般情况下，重大劳动安全事故罪的主体是对安全生产设施或者安全生产条件不符合国家规定负有直接责任的生产经营单位负责人、管理人员、实际控制人、投资人，以及其他对安全生产设施或者安全生产条件负有管理、维护职责的人员。两罪在客观方面也有区别，重大责任事故罪的行为特征是"在生产、作业中违反有关安全管理的规定"，偏于动态；重大劳动安全事故罪的行为特征是"安全生产设施或者安全生产条件不符合国家规定"，偏于静态。实践中，安全生产事故发生的原因如果仅为生产、作业中违反有关安全管理规定，或者仅为提供的安全生产设施或条件不符合国家规定，罪名较易确定。但如果事故发生系上述两方面混合因素所致，两罪则会出现竞合，此时应当根据相关涉案人员的工作职责和具体行为来认定其所涉罪名。

在刑事辩护中，区分罪名具有一定意义：第一，重大责任事故罪是安全生产事故类罪名的最基础的、一般罪名，实践中肯定要优先适用具体的、特殊罪名，例如构成重大劳动安全事故罪，则不能直接适用重大责任事故罪。第二，某一类人，除了例外情况，不可能构成重大劳动安全事故罪。比如，一线设备操作工，没有特殊情形，不会构成重大劳动安全事故罪；而设备维修工却容易构成此罪。因此，这可能成为一线设备操作工的重要辩点。

本案中，事故发生的最主要原因是该发电公司所采购的喷嘴系劣质产品，直接原因是在主蒸汽管道蒸汽泄漏出现重大安全隐患时，相关管理人员没有按照操作规程及时停炉，作出正确处置，属于混合原因的情况。余某某、双某某作为企业管理者，在热电联产项目设备采购过程中未按审批内容公开招标，自行组织邀请招标，监督管理不到位，致使采购人员采购了质量不合格的喷嘴；张某某作为设备采购负责人，收受投标人好处费，怠于履行职责，未严格审查投标单位是否具备相关生产资质，采购了无资质厂家生产的存在严重安全隐患的劣质产品。3 人的主要责任均在于未依法依规履职，致使公司的安全生产设施和条件不符合国家规定，从而导致该案事故的发生，因此应认定为重大劳动安全事故罪。赵某某、叶某某、赵玉某、王某某对该发电公司的安全生产均负有直接管理职责，4 人在高压蒸汽管道出现漏气、温度异常并伴随高频啸叫声的危险情况下，未按操作规程采取紧急停炉措施，导致重大伤亡事故发生，其主要责任在于生产、作业过程中违反有关安全管理规定，应认定为重大责任事故罪。

此外，有的安全生产刑事案件中涉案人员较多，既有一线的直接责任人员，也有管理层的实际控制人，还有负责审批监管的国家工作人员。有的安全生产刑事案件涉及罪名较广，包括生产、销售不符合安全标准的产品罪，玩忽职守罪，受贿罪，帮助毁灭证据罪等；除了自然人犯罪，有的还包括单位犯罪。检察机关在办案时要注重深挖线索，准确界定相关人员责任，发现漏罪漏犯要及时追诉。对负有监管职责的国家工作人员涉嫌渎职犯罪或者违纪违法的，及时将线索移交相关部门处理。

综上所述，对于生产安全刑事案件，检察机关需要准确界定不同责任人员和责任单位的罪名，依法追诉漏罪漏犯，向相关部门移交职务违法犯罪线索。

四、课程思政解读

本案涉及的课程思政元素：一是安全发展是贯彻新发展理念的重要要求，是推动高质量发展的重要内容；二是本案给我们的安全生产教训及"关于安全与发展之间关系"的启示。

1. 安全发展是贯彻新发展理念的重要要求，是推动高质量发展的重要内容

全国安全生产电视电话会议于 2023 年 7 月 30 日在北京召开，会议揭示了 2023 年以来，截至 2023 年 7 月 28 日，全国发生各类生产安全事故 12070 起，死亡 10527 人，同比分别下降 26.5%、18.1%。虽然事故总量、死亡人数保持下降，但较大以上事故出现反弹，安全生产形势严峻复杂。一是重特大事故和较大事故上升。发生重特大事故 10 起、死亡 205 人，同比增加 5 起、103 人，基本反弹至新冠疫情前的水平。发生较大事故 221 起，死亡和下落不明 849 人，同比分别上升 3.3%、11.12%。二是多行业和地区发生重特大事故。内蒙古阿拉善"2·22"露天煤矿特大坍塌事故、宁夏银川富阳烧烤店"6·21"特别重大燃气爆炸事故是新中国成立以来死亡人数最多的露天煤矿和燃气事故。黑龙江齐齐哈尔体育馆坍塌，也是近年未发生过的校园安全事故。江西、内蒙古、北京已四五年未发生重特大事故，却都在上

半年发生。三是施工场所屡屡引发大事故。河北沧州 3·27、浙江金华 4·17、北京长春医院 4·18 等重大火灾，均有违规施工、违规电气焊作业。理发、小饭馆、快递站、高楼电缆井等单位屡屡发生重大危险事故。四是瞒报和非法生产事故抬头。上半年暴露出山西代县金城矿业公司持续 10 多年的事故瞒报问题，性质极为恶劣。辽宁阜新阜弘霖煤矿、湖南郴州发生矿山较大瞒报事故。7 月 11 日，湖南醴陵一养猪场内的非法烟花爆竹生产窝点发生爆炸，造成 7 人死亡。浙江嘉兴、云南昆明还发生非法销售柴油、盗采资源导致的较大事故。

2023 年以来，重特大事故、较大事故均明显反弹，客观上有安全生产基础不牢、存量风险和增量风险交织叠加集中暴露的阶段性特征，但也暴露出一些地方部门和单位在安全生产工作上存在很大差距。有的开展隐患排查整治质量不高，责任措施没有真正落到基层末梢；有的吸取事故教训不深刻，事故不发生在自己身边就敷衍应付，导致屡屡重蹈覆辙；有的斗争精神不强，不敢动真碰硬，不愿拉下脸来追责问责，宽松软虚问题仍然流出，安全生产仍处于爬坡过坎期。

各地安全事故频发，劳动者的生命、财产安全会面临重大威胁。而生命权、健康权是宪法赋予每个公民的基本权利，生命权具备优先性，在宪法确立的价值秩序中，相较于其他法益（尤其是财产性的利益），人的生命、人的尊严有明显较高的位阶。劳动权是公民的基本权利之一，其是指具有劳动能力的公民有参加劳动并取得报酬的权利。在多个公民基本权利的交叉领域中，法律和公权力机关必须在劳动中维护劳动者的生命健康，保障劳动者的职业安全权。

由于处于弱势的劳动者往往无法直接指出劳动环节中的不合规行为，因此强势的执法部门是劳动者坚强的后盾，其在一定程度上督促企业积极整改，防止重大事故的发生。据此，在《民法典》《劳动法》的框架下，我国刑法规定的安全事故类罪名，如《刑法》第一百三十四条重大责任事故罪、第一百三十五条重大劳动安全事故罪等，目的在于预防劳动安全事故的发生，更加强有力地保护劳动者职业安全，并给予受害者寻求救济的手段。实践中，事故发生前企业已经被行政部门处罚但仍未改正导致发生事故的，司法裁判时往往会被重刑化。例如，在福建省泉州市中级人民法院（2017）闽 05 刑终 1222 号刑事判决、吉林省通化市中级人民法院（2015）通中刑终字第 149 号刑事裁定中，可以发现"在工地存在安全隐患经相关部门告知限期整改后，仍不采取措施""未按照安监部门停业整顿"都是加重刑罚的情节。

在企业生产经营活动中，安全生产事故的发生原因是多方面的，或是人的原因（如违反安全操作规程、操作不慎、思想麻痹，安全意识淡薄等），又或是设备的原因（如设备老化、损坏、故障等），再者是管理的原因（如缺乏正规的安全管理制度、缺乏安全教育和培训、安全责任不到位等）。生产企业安全生产事故对企业的影响是十分重大的。发生安全生产事故不仅会导致人员伤亡和财产损失，给员工的身心健康带来巨大伤害，给企业造成经济损失，甚至引起企业的破产；而且会导致企业形象受损，丧失员工和消费者的信任，进一步影响企业的市场地位和销售业绩；同时会受到法律法规的制裁和社会的谴责，导致企业的声誉受损，社会的援助和扶持力度减弱；此外，甚至会引起社会不稳定因素，干扰社会的和谐与安宁。

综上所述，无论是政府还是企业，都需要深入学习贯彻习近平总书记关于安全生产的重要论述，切实把思想和行动统一到党中央决策部署上来，站在树牢"四个意识"、坚定"四个自信"、做到"两个维护"的政治高度，强学而力行，认真落实各省委、市委的部署要求，坚决防范和遏制重特大生产安全事故的发生。安全发展是贯彻新发展理念的重要要求，是推动高质量发展的重要内容。

2. 本案带给我们的安全生产教训及"关于安全与发展之间关系"的启示

作为政府，要始终坚持人民至上、生命至上，做到抓发展必须抓安全，管安全必须担责任，对安全生产工作要天天讲、月月讲、年年讲。要提高政治站位抓安全，全力以赴抓好安全稳定这个"国之大者"，以实际行动和实际效果践行"两个维护"。要站稳人民立场抓安全，坚持以人民为中心的发展思想，扎扎实实做好安全生产工作，不断增强人民群众获得感、幸福感、安全感。要强化风险研判抓安全，突出重点地区、重点行业、重点领域、重点环节，深入开展专项整治行动，全面排查治理风险隐患。要层层担好责任抓安全，严格落实安全生产责任制，管行业必须管安全、管业务必须管安全、管生产经营必须管安全，做到层层知责、层层担责、层层尽责。要严格依法依规抓安全，既铁面无私、敢于"唱黑脸"，又精准监管、主动服务，扎实抓好《安全生产法》的学习宣传贯彻工作，全面提升安全生产治理能力，筑牢安全生产的人民防线。

作为企业，应当遵守国家各级法律法规及公司各项规章制度，严格遵守

《安全生产法》等国家法律法规、标准和公司有关安全生产规章制度。涉及特种作业，企业应当按照国家有关规定进行专门的安全作业培训，相关人员取得特种作业操作资格证书后持证上岗作业。企业需要落实安全生产整改措施，积极采用新技术、新工艺，改善劳动生产条件，不使用未经公司"三同时"验收或国家明令淘汰的、禁止的、报废的或危及生产安全的工艺、设备，提高生产装置的安全性。企业应当安排工作人员负责对本岗位生产现场的机械和电气设备进行日常检查、管理，及时发现和消除安全事故隐患，严格落实对本岗位范围内的易燃易爆、危化品使用等重点部位的监控措施，确保设备、设施的安全使用。

作为员工，应当自觉接受各项安全生产教育和培训，掌握本职工作所需的安全生产知识；在独立上岗前掌握本职工作所需的安全生产知识和安全操作技能，掌握安全设备、设施、工具、劳动防护用品的使用、维护和保管知识；应当了解本人作业场所和工作岗位存在的危险因素、防范措施及事故应急措施，以及相关自救互救知识，增强事故预防和应急处理能力；严格按照岗位安全操作规程和安全作业指导书规定作业，服从单位领导的管理，杜绝违章行为。员工之间在工作中应当互相关心、互相照顾、互相提醒、互相监督，不伤害自己，不伤害他人，不被他人伤害；应当集中精力，不带病作业，不疲劳作业，不做与工作无关的危险动作；发现事故隐患或者其他不安全因素时，立即向安全生产管理人员或者本单位负责人报告并采取可能的应急措施。管理人员拒绝违章指挥和强令冒险作业；制止、纠正其他人员的违章行为；积极对本单位的安全生产决策事项和日常的安全生产工作提出意见、建议。如果发生生产安全事故，事故现场人员应当立即报告本单位负责人；迅速采取措施进行抢救，保护事故现场，防止事故扩大，并立即如实报告本部门领导和其他有关部门；不隐瞒、不谎报、不拖延，不故意破坏事故现场，保护有关证据。

安全生产事关人民福祉，事关经济社会发展大局，要牢牢守住安全生产底线，健全公共安全体系，完善安全生产责任制，完善安全监管体制，强化依法治理，坚决遏制重特大安全事故，提升防灾减灾救灾能力，树立安全发展理念，弘扬生命至上、安全第一的思想，不断提高全社会安全生产的水平，更好地维护广大人民群众的生命财产安全。

💬 五、问题拓展讨论

2012 年 3 月，在左某某的召集下，"X 号"等四艘平板拖船的股东夏某某、夏英某、刘某某、段某某、伍某某等十余人经协商签订了联营协议，左某某负责日常经营管理及财务，并与段某某共同负责船只调度；夏某某、夏英某、刘某某负责"X 号"平板拖船的具体经营。在未依法取得船舶检验合格证书、船舶登记证书、水路运输许可证、船舶营业运输证等经营资质的情况下，上述四艘平板拖船即在湖南省安化县资江河段部分水域进行货运车辆的运输业务。

2012 年 12 月 8 日晚 12 时许，按照段某某的调度安排，夏某某、刘某某驾驶的"X 号"在安化县烟溪镇十八渡码头搭载四台货运车，经资江水域柘溪水库航道前往安化县平口镇。因"X 号"无车辆固定装置，夏某某、刘某某仅在车辆左后轮处塞上长方形木条、三角木防止其滑动，并且未要求驾乘人员离开驾驶室实行"人车分离"。次日凌晨 3 时许，"X 号"行驶至平口镇安平村河段时，因刘某某操作不当，船体发生侧倾，致使所搭载的四台货运车辆滑入柘溪水库，沉入水中。该事故造成 10 名司乘人员随车落水，其中 9 人当场溺亡，直接经济损失 100 万元。

2015 年 8 月 20 日，安化县人民法院以交通肇事罪分别判处夏某某、刘某某有期徒刑 4 年 6 个月。安化县人民检察院抗诉后，益阳市中级人民法院于 2015 年 12 月 21 日以重大责任事故罪分别判处夏某某、刘某某有期徒刑 4 年 6 个月，判决已生效。2017 年 5 月 25 日，安化县人民法院以重大责任事故罪判处左某某有期徒刑 3 年，左某某提起上诉，二审发回重审，该院作出相同判决，左某某再次上诉后，二审法院裁定维持原判。2018 年 9 月 19 日，安化县人民法院以重大责任事故罪分别判处段某某、夏英某有期徒刑 3 年，缓刑 5 年。二人未上诉，判决已生效。

事故发生后，负有监管责任的相关国家工作人员被依法问责。安化县地方海事处原副主任刘某某、航道股股长姜某某等 6 人，因负有直接安全监管责任，未认真履行职责，或在发现重大安全隐患后没有采取积极、有效的监管措施，被追究玩忽职守罪的刑事责任。安化县交通运输局原党组成员、工会主席余某某等 9 人分别被给予警告、严重警告、记过、撤职等党纪政务处分。

问题 1：如何压实主管和监管部门责任，切实保障人民群众的生命财产安全？

问题2：党内问责、监察问责与刑事责任如何衔接？

👍 六、阅读文献推荐

1. 张述元：《生产安全责任事故犯罪案件实务指导全书》，中国法制出版社，2019年。

2.《刑法学》编写组：《刑法学（下册·各论）》，高等教育出版社，2018年。

3. 张明楷：《刑法学：下册》（第六版），法律出版社，2021年。

4. 王章学：《重大责任事故犯罪的定罪与量刑》，中国民主法制出版社，2003年。

5. 彭本辉、彭恋：《危害公共安全罪案例与实务》，清华大学出版社，2017年。

第六节　行使公权力过程中涉及的其他犯罪

《监察法实施条例》第三十一条规定，监察机关依法调查公职人员在行使公权力过程中涉及的其他犯罪，包括破坏选举罪，背信损害上市公司利益罪，金融工作人员购买假币、以假币换取货币罪，利用未公开信息交易罪，诱骗投资者买卖证券、期货合约罪，背信运用受托财产罪，违法运用资金罪，违法发放贷款罪，吸收客户资金不入账罪，违规出具金融票证罪，对违法票据承兑、付款、保证罪，非法转让、倒卖土地使用权罪，私自开拆、隐匿、毁弃邮件、电报罪，故意延误投递邮件罪，泄露不应公开案件信息罪，披露、报道不应公开的案件信息罪，接送不合格兵员罪。本部分着重分析公职人员在行使公权力过程中涉及的利用未公开信息交易罪。

⚠ 一、知识点提要

1. 利用未公开信息交易罪的定义

本罪是指证券交易所、期货交易所、证券公司、期货经纪公司、基金管理公司、商业银行、保险公司等金融机构的从业人员以及有关监管部门或者行业协会的工作人员，利用因职务便利获取的内幕信息以外的其他未公开信息，违反规定，从事与该信息相关的证券期货交易活动，或者明示、暗示他人从事相关交易活动，情节严重的行为。

2. 利用未公开信息交易罪的主体

本罪是真正身份犯，即具有特定身份的人员才能成为本罪的行为主体。根据《刑法》第一百八十条第四款的规定，利用未公开信息交易罪的行为主体有两类：一是证券交易所、期货交易所、证券公司、期货经纪公司、基金管理公司、商业银行、保险公司等金融机构的从业人员，此处的从业人员应指取得金融从业资格、从事与实际金融业务有关的专业性人员，金融机构中的资料保管员等就不属于金融机构的从业人员；二是监管部门、行业协会的工作人员，此处的工作人员应指在监管部门、行业协会中履行金融监管、行业协会的行政公务、职责的人员，应采取履行职务或者行使公权力的"公务论"解释立场，与是否具有正式行政编制等身份无关。

3. 利用未公开信息交易罪的行为类型

根据刑法规定，利用未公开信息交易罪的行为类型有两种：一是交易型，即有身份者利用因职务便利获取的内幕交易以外的其他未公开信息，从事相关的交易活动；二是建议型，即有身份者明示、暗示他人从事相关交易活动。前者是本源意义上的直接正犯，后者实际上是教唆犯，但立法将其拟定为直接正犯，因此，前述两种行为类型均属于利用未公开信息交易罪的实行行为。

在共同犯罪之下，利用未公开信息交易罪的行为类型表现为：一是有身份者和有身份者合谋，共同实施了相关的交易行为；二是有身份者和无身份者合谋，分别实施了明示、暗示和相关的交易行为。在第一种情形中，由于各行为人均利用职务便利，均实施了交易行为，因而在认定时相对容易。在第二种情形中，由于各行为人的分工不同，且存在有无身份的区别，因而在认定时需严格把握共同犯罪的认定标准：其一是各行为人（无论是有身份者还是无身份者）是否存在共同的犯罪故意；其二是各行为人之间有无实施共同的犯罪行为，包括对实行行为的分担和协助。

在司法实践中，有身份者和无身份者合谋主要存在以下三种情形：第一，有身份者提供资金、证券账户，通过无身份者进行交易；第二，有身份者和无身份者具有特殊的亲属关系，诸如父母、配偶等，具有共同的利益关系；第三，无身份者实施了打探套取，或者进行交易后双方存在利益分配，属于利益共同体。

二、主讲案例介绍

被告人姜某君，系上海云某投资管理有限公司（以下简称云某公司，该公司为私募基金管理公司）实际控制人；被告人柳某，系泰某基金管理有限公司（以下简称泰某公司，该公司为公募基金公司）基金经理。姜某君与柳某系好友。

2010年12月至2011年3月，姜某君设立云某公司及"云某一期"私募基金，并通过私募基金从事证券交易。2009年4月至2015年1月，柳某管理泰某公司发行的泰某蓝筹基金，负责该基金的运营和投资决策。

2009年4月至2013年2月，姜某君频繁与柳某交流股票投资信息。柳某明知姜某君经营股票投资业务，仍将利用职务便利获取的泰某蓝筹基金交易股票的未公开信息泄露给姜某君，或使用泰某蓝筹基金的资金买卖姜某君推荐的股票；姜某君利用上述未公开信息，使用所控制的证券账户进行趋同交易。在上述时间段内，姜某君控制的"杨某某""金某""叶某"三个个人证券账户及"云某一期"私募基金证券账户与泰某蓝筹基金账户趋同买入且趋同卖出股票76只，趋同买入金额7.99亿元，趋同卖出金额6.08亿元，获利4619万元。其中，"杨某某"个人证券账户双向趋同交易的股票买入金额1.93亿余元，卖出金额1.56亿余元，获利1708万余元；"金某"个人证券账户双向趋同交易的股票买入金额0.47亿余元，卖出金额0.40亿余元，获利336万余元；"叶某"个人证券账户双向趋同交易的股票买入金额1.35亿余元，卖出金额1.29亿余元，获利1566万余元；"云某一期"私募基金证券账户双向趋同交易的股票买入金额4.22亿余元，卖出金额2.82亿余元，获利1006万余元。

在侦查和审查起诉过程中，柳某供认将公募基金投研信息泄露给姜某君，并使用姜某君的投资建议进行公募基金投资。姜某君辩称，系柳某主动向其咨询个股信息，其给予投资建议，没有利用柳某因职务便利获取的未公开信息，其从事股票投资均基于自己的专业分析研判。

2019年6月14日，上海市第一中级人民法院经审理作出一审判决，认定姜某君、柳某均构成利用未公开信息交易罪，判处姜某君有期徒刑6年6个月，并处罚金人民币4000万元；判处柳某有期徒刑4年4个月，并处罚金人民币620万元。姜某君、柳某不服一审判决，提出上诉，上海市高级人民法院经审理于 2019 年 12 月 31 日作出终审判决，认定起诉指控及一审判决的罪名成立，但鉴于在二审阶段姜某君、柳某分别退缴部分违法所得，姜某君揭发他人犯罪行为经查证属实，有立功表现，改判姜某君有期徒刑 5 年 9 个月、改判柳某有期徒刑 4 年，维持原判罚金刑。

三、案件争点

在利用未公开信息交易罪中，私募基金从业人员伙同金融机构从业人员"双向交流"的投资信息是否属于"内幕信息以外的其他未公开信息"？

一种观点认为，柳某和姜某君的双向交流，既有柳某将获取的投资信息透露给姜某君的情形，也有接受姜某君建议进行投资的行为，二者属于正常的业务交流，且"未公开信息"指的是基金公司的股票交易信息，而不是股票推荐信息，不宜对"未公开信息"进行过度延展。

另一种观点认为，要在具体案件中结合行为人的专业能力、交流的深入程度等进行实质性的判定。柳某作为公募基金的经理，在与姜某君交流过程中将履职过程中获悉的股票信息透露给姜某君，而姜某君结合柳某的身份，也很容易将此类信息作为相关信息实行交易，因此双方交流的投资信息属于"未公开信息"范畴。

法院通过证据链条的相互印证，采取后一种观点，认为柳某的行为属于利用职务便利泄露股票交易的未公开信息，而姜某君进行相关证券交易也主要凭借柳某提供的基金决策信息，二者的行为属于利用金融机构的未公开信息实施趋同交易。理由在于，最高人民法院、最高人民检察院 2019 年公布的《关于办理利用未公开信息交易刑事案件适用法律若干问题的解释》第一条规定，未公开信息包括以下三类信息：一是证券、期货的投资决策、交易执行信息；二是证券持仓数量及变化、资金数量及变化、交易动向信息；三是其他可能影响证券、期货交易活动的信息。该列举式条款虽未对"未公开信息"进行概念界定，但明确了未公开信息不局限于股票的交易信息，还包括相应的投资决策信息等，姜某君和柳某的投资交流信息显然属于该范围。

除此之外，对于"未公开信息"的理解，还可以从"内幕信息以外、未公开性、价格敏感性"三个维度进行把握。

所谓"内幕信息以外"，即未公开信息的范围具有延展性。这一信息不仅包括证券法等法律法规规定的内幕信息以外的金融机构等对客户委托资金、自有资金的投资经营、统计结算、预测分析等，也包括监管部门、行业协会对于证券期货交易主体作出的一系列行政行为和管理行为。

所谓"未公开性"，即秘密性，意味着该信息处于保密状态，未经相应程序或授权不得披露、使用和传播。具体而言，主要是指金融机构、监管部门、行业协会按照规范管理的投资经营、技术分析、监督管理、行业资讯等未在市场上公布或者尚未被投资者知悉的信息。

所谓"价格敏感性"，根据刑法和证券法等法律法规的规定，内幕信息要求具有价格敏感性的特征，对未公开信息却未有此类规定。但未公开信息作为"内幕信息以外"的一类信息，刑法将其与内幕信息交易罪置于同一法条之中，设置近似的构成要件和相同的法定刑，显示未公开信息也应具有价格敏感性。值得注意的是，该罪关注的是利用未公开信息进行交易的行为对市场秩序的破坏和从业人员忠实义务的违反，无须过多关注未公开信息内容对市场的影响究竟有多大。

本案中，柳某在和姜某君的交流中不仅透露包括哪只股票值得购买，还将公司的股票投资计划和股票交易信息透露给姜某君，显然超出正常的业务交流范围，而涉及实质性投资信息的泄露，属于利用未公开信息交易罪，而姜某君与柳某合谋，共同实施上述行为，属于该罪的共犯。

四、课程思政解读

本案至少涉及三个课程思政元素：一是通过本案来理解国家对于证券领域犯罪的司法政策导向；二是准确认定犯罪事实对确保国家金融安全的意义；三是将国有金融机构的公职人员列为监察对象的必要性。

1. 通过本案来理解国家对于证券领域犯罪的司法政策导向

由于利用未公开信息交易罪是 2009 年《刑法修正案（七）》的新增罪名，2009 年之前的状况无从得知，故对于 2009 年之前的证券领域的犯罪主要以内幕交易罪为例进行考察。内幕交易罪在 1997 年《刑法》中就已经有明确的规定，但直到 2003 年才由司法机关查处该类犯罪的第一起案件。这一方面反映了我国证券市场早期发展缓慢，另一方面也表明在证券市场发展前期，国家对于该类犯罪的态度较为宽容。

进入 21 世纪，随着经济的迅速发展，我国证券、期货市场也迎来了快速发展期，然而金融领域的违法犯罪现象频发，严重违背了公开、公正、公平的证券市场原则，严重损害了投资者尤其是信息弱势的散户的利益，严重破坏了金融行业的信誉，对资产管理和基金、证券、期货市场的健康发展产生了严重影响。为打击证券领域日益严重的"老鼠仓"违法行为，维护证券市场的管理秩序和广大投资者的利益，严密刑事法网，2009 年《刑法修正案（七）》在第一百八十条中增加第四款规定，证券交易所、期货交易所、证券公司、期货经纪公司、基金管理公司、商业银行、保险公司等金融机构的从业人员以及有关监管部门或者行业协会的工作人员，利用因职务便利获取的内幕信息以外的其他未公开的信息，违反规定，从事与该信息相关的证券期货交易活动，或者明示、暗示他人从事相关交易活动，情节严重的，构成利用未公开信息交易罪。为进一步加强打击证券违法犯罪活动的可操作性，2019 年《关于办理操纵证券、期货市场刑事案件适用法律若干问题的解释》和《关于办理利用未公开信息交易刑事案件适用法律若干问题的解释》开始施行。同年 12 月，《证券法》修订，与之相对应，2021 年 3 月《刑法修正案（十一）》提高部分证券犯罪的法定刑。

除司法层面由松转严外，国家政策也对证券违法犯罪活动表现出"零容忍"。为了维护社会安宁，稳定金融市场秩序，党的十八大以来，从严打击证券违法犯罪活动成为金融领域整治活动的重中之重。2020 年中央全面深化改革委员会第十六次会议审议通过《关于依法从严打击证券违法活动的若干意见》，表明国家对于证券违法犯罪"零容忍"的态度。2021 年 7 月，中共中央办公厅、国务院办公厅印发了《关于依法从严打击证券违法活动的意见》，提出加强资本市场基础制度建设，健全依法从严打击证券违法活动体制机制。

综上所述，随着证券、期货交易市场的发展，面对金融领域违法犯罪现象日趋严重的倾向，国家的司法政策也呈现出越来越严的导向。

2. 准确认定犯罪事实对确保国家金融安全的意义

经济金融犯罪大多属于精心准备、组织实施的故意犯罪，该类案件往往因犯罪嫌疑人、被告人熟悉法律规定和相关行业规则，呈现出犯罪隐蔽性强、专业程度高、证明犯罪难度大的特点。在犯罪嫌疑人、被告人不供认犯罪事实、缺乏直接证据的情形下，要想准确认定犯罪事实，进行定罪量刑更是难上加难。此时，司法工作人员要加强对间接证据的审查判断，拓宽证明思路和方法，通过对间接证据的组织运用，构建证明体系，准确认定案件事实。即使犯罪嫌疑人、被告人拒不承认未公开信息传递过程等犯罪事实，只要其他证据之间能够相互印证，能够形成证明其利用未公开信息犯罪的完整证明体系，足以排除其他可能的，也可以依法认定犯罪事实。具体而言，需要注意以下几点：

一要拥有明确的思路和方法，全面客观补充完善证据。办案人员应当根据犯罪情况，准确把握案件的主要特征和证明的基本要求，明确指控思路和方法，构建清晰明确的证明体系。对于需要补强证据的地方，要充分发挥检察机关的作用，通过引导侦查取证、退回补充侦查等方式，及时补充完善证据。必要时，要与侦查人员直接沟通，说明案件的证明思路、证明方法，以及需要补充完善的证据在证明体系中的证明价值、证明方向和证明作用。在涉嫌利用未公开信息交易的犯罪嫌疑人、被告人不供认犯罪事实，缺乏证明犯意联络、信息传递和利用的直接证据的情形下，应当根据指控思路，围绕犯罪嫌疑人、被告人获取信息的便利条件、时间吻合程度、交易异常程度、利益关联程度、行为人专业背景等关键要素，通过引导侦查取证、退回补充侦查或者自行侦查，全面收集相关证据。

二要重点对比、审查客观证据。在缺乏直接证据的情形下，通过对间接证据证明的客观事实的综合判断，运用经验法则和逻辑规则，依法认定案件事实，建立从间接证据证明客观事实，再从客观事实判断案件事实的完整证明体系。如本案中，可以通过未公开信息所涉证券（期货）品种、交易时间记录与涉案的相应品种、记录等，以对比证明交易的趋同性；可以通过行为人的职务权限、行为信息等，以证明交易信息的来源。

三要根据犯罪特点，排除证据矛盾，确保结论的唯一正确性。运用间接证据证明案件事实时，构成证明体系的间接证据应当能够相互支撑、相互印证，以保持证据链条的完整性，保证证明结论的唯一性。在上述第二点中，运用经验法则和逻辑规则认定的案件事实结论并不具有唯一性，此时还要对证据中是否存在矛盾之处或者相反信息进行审查。当然，这一审查要根据具体的犯罪特点进行。以利用未公开信息交易罪为例，本罪只要能证明行为人知悉未公开信息并实施了趋同交易，就认为行为人利用了未公开信息，至于行为人是否同时利用了自身的专业知识和研究成果，不影响本罪的认定。并不能因为犯罪嫌疑人、被告人拒绝供述或者提出辩解，从而认为无法排除其他可能性，案件事实存疑。如果犯罪嫌疑人、被告人的辩解不符合犯罪特点或者具有不合理之处，由间接证据形成的证据体系、得出的结论仍然具有唯一正确性。

3. 将国有金融机构的公职人员列为监察对象的必要性

2018 年《中华人民共和国监察法》颁布，在第一章总则第一条开篇就揭示了监察法和监察体制改革之间密不可分的关系："为了深化国家监察体制改革，加强对所有行使公权力的公职人员的监督，实现国家监察全面覆盖，深入开展反腐败工作，推进国家治理体系和治理能力现代化，根据宪法，制定本法。"按照党中央的部署要求，监察体制改革之初即着手考虑将行政监察法修改为国家监察法。自党的十八大以来，党内监督得到有效加强，监督对象覆盖了所有党组织和党员。但依照行政监察法的规定，行政监察的对象主要是行政机关及其工作人员，对行使公权力的公职人员并未实现全覆盖。中央纪委法规室主任马森述说道："在过去，行政监察法规定的监察对象范围比较窄，像非党员的村干部、国有企业管理人员等相当一部分行使公权力的公职人员处于纪检监察机关监督不到的空白地带。"国有金融机构的公职人员便是如此，拥有一定的权力，但由于权力行使过程中长期缺乏必要监督，行为人利用职务便利获取的未公开信息，非法提前建仓，为自己谋取利益，导致相关投资者市场收益减少；非法提前撤仓，将交易风险转移给相关投资者，导致投资者承担不应遭受的亏损，从而对金融市场的监管秩序和相关投资者的财产权益造成严重侵害。

为了弥补这一缺陷和空白，《中华人民共和国监察法》第十五条扩大了国家监察的范围，规定监察机关对下列公职人员和有关人员进行监察：（一）中国共产党机关、人民代表大会及其常务委员会机关、人民政府、监察委员会、人民法院、人民检察院、中国人民政治协商会议各级委员会机关、民主党派机关和工商业联合会机关的公务员，以及参照《公务员法》管理的人员；（二）法律、法规授权或者受国家机关依法委托管理公共事务的组织中从事公务的人员；（三）国有企业管理人员；（四）公办的教育、科研、文化、医疗卫生、体育等单位中从事管理的人员；（五）基层群众性自治组织中从事管理的人员；（六）其他依法履行公职的人员。

根据该条文规定，国有金融机构的公职人员也被纳入监察范围之中。这一方面可以避免国有金融机构公职人员违法犯罪存在真空地带，实现了监察全覆盖，体现了党内监督和国家监察的有机统一，真正把权力关进制度的笼子里，确保党和人民赋予的权力用来为人民谋利益；另一方面，就打击违法犯罪而言，这既彰显了国家对证券违法犯罪的严厉打击，又震慑了证券、期货等从业人员，有利于提高政府公信力，维持证券市场的秩序和交易安全，维护社会的和谐稳定。

五、问题拓展讨论

附录：马某利用未公开信息交易案

2011年3月9日至2013年5月30日，被告人马某担任博时基金管理有限公司旗下的博时精选股票证券投资经理，全权负责投资基金和投资股票市场，掌握了博时精选股票证券投资基金交易的标的股票、交易时间和交易数量等未公开信息。马某在任职期间利用其掌控的上述未公开信息，从事与该信息相关的证券交易活动，操作自己控制的"金某""严某甲""严某乙"三个股票账户，通过临时购买的不记名神州行电话卡下单，先于（1—5个交易日）、同期或稍晚于（1—2个交易日）其管理的"博时精选"基金账户买卖相同股票76只，累计成交金额10.5亿余元，非法获利18833374.74元。2013年7月17日，马某主动到广东省深圳市公安局投案，且到案之后能如实供述其所犯罪行，属自首；马某认罪态度良好，违法所得能从扣押、冻结的财产中全额返还，判处的罚金亦能全额缴纳。

广东省深圳市中级人民法院（2014）深中法刑二初字第27号刑事判决认为，被告人马某的行为已构成利用未公开信息交易罪。但刑法中并未对利用未公开信息交易罪规定情节特别严重的情形，因此只能认定马某的行为属于情节严重的情形。马某自首，依法可以从轻处罚；马某认罪态度良好，违法所得能全额返还，罚金亦能全额缴纳，确有悔罪表现。另经深圳市福田区司法局社区矫正和安置帮教科调查评估，对马某宣告缓刑对其所居住的社区没有重大不良影响，符合适用缓刑的条件。深圳市中级人民法院遂以利用未公开信息交易罪判处马某有期徒刑3年，缓刑5年，并处罚金1884万元；违法所得18833374.74元依法予以追缴，上缴国库。

一审宣判后，广东省深圳市人民检察院提出抗诉，认为被告人马某的行为应认定为犯罪情节特别严重，应当依照"情节特别严重"的量刑档次处罚；马某的行为不属于退赃，应当认定为被司法机关追赃。一审判决适用法律错误，量刑明显不当，应当依法改判。广东省高级人民法院二审查明的事实和采信的证据与一审相同，遂裁定驳回抗诉，维持原判。

二审裁定生效后，广东省人民检察院提请最高人民检察院按照审判监督程序向最高人民法院提出抗诉。最高人民检察院抗诉提出,《刑法》第一百八十条第四款属于援引法定刑的情形,应当引用第一款处罚的全部规定;利用未公开信息交易罪与内幕交易、泄露内幕信息罪的违法与责任程度相当,法定刑亦应相当;马某的行为应当认定为犯罪情节特别严重,对其适用缓刑明显不当。本案终审裁定以《刑法》第一百八十条第四款未对利用未公开信息交易罪规定有"情节特别严重"为由,对此情形不作认定,降格评价被告人的犯罪行为,属于适用法律确有错误,导致量刑不当,并且对类似案件及法律适用有重大误导,应当依法纠正。最高人民法院认为第一审判决、第二审裁定认定事实清楚,证据确实、充分,定罪准确,但因对法律条文理解错误,导致量刑不当,应当予以纠正,遂判处维持原判定罪部分,撤销量刑及追缴违法所得部分,认定原审被告人马某犯利用未公开信息交易罪,判处有期徒刑 3 年,并处罚金人民币 1913 万元;违法所得人民币 19120246.98 元依法予以追缴,上缴国库。

问题 1:在社会多元价值交织渗透的复杂背景下,公职人员如何建构科学的价值排序?

问题 2:利用未公开信息交易的违法犯罪行为,严重破坏了公开、公正、公平的证券、期货市场原则,如何预防违法犯罪,有效发挥警示教育的作用?

👍 六、阅读文献推荐

1. 张明楷:《刑法学:下册》(第六版),法律出版社,2021 年。

2. 陈兴良:《共同犯罪论》(第三版),中国人民大学出版社,2017 年。

3. 唐新波、赵玉来、王敏:《证券违法犯罪案件裁判精要》,知识产权出版社,2022 年。

4. 叶良芳:《利用未公开信息交易罪疑难问题的司法认定》,《人民检察》2022 年第 24 期。

5. 于爽、顾佳、杨媛媛:《"双向交流"型利用未公开信息交易行为入罪探析》,《中国检察官》2023 年第 12 期。

6. 刘宪权、林雨佳:《利用未公开信息交易共同犯罪的认定》,《政治与法律》2019 年第 4 期。

7. 上海市人民检察院:《2022 年度上海金融检察白皮书》。